Zu diesem Buch

Politik an Grundwerten orientieren! Wie selbstverständlich kommt Politikern dieser Ausdruck von den Lippen; als wisse jeder präzis und genau, was damit gemeint sei. Die SPD hat sich seit Anfang der siebziger Jahre verstärkt bemüht, sich Klarheit zu verschaffen über den Grundbestand ihrer wertbezogenen Überzeugungen. Hier war sie Vorreiter auch für andere Parteien.

Die hier vorgelegten Texte der Grundwerte-Kommission bieten einen wichtigen Einstieg in die neue Godesberg-Diskussion der SPD. «Die Grundwerte-Kommission der SPD hat stets präzise unterschieden zwischen Grundrechten (z.B. Meinungsfreiheit), Ordnungsprinzipien (z.B. Rechtsstaatlichkeit), wertbezogenen Institutionen (z.B. Zivilcourage) und den Grundwerten politischer Parteien. Wo Sozialdemokraten von Grundwerten sprechen, meinen sie das, was sie früher Prinzipien nannten, also die drei Leitgedanken, Leitbegriffe der Französischen Revolution: Freiheit, Gleichheit, Brüderlichkeit, die als Freiheit, Gerechtigkeit und Solidarität in das Godesberger Programm eingingen und seither auch in den Programmen anderer Parteien Aufnahme fanden. An einem kaum mehr abgrenzbaren Grundwertebegriff, der – wie etwa in einer Ausarbeitung der beiden großen Kirchen von 1979 – sogar die Zehn Gebote einschloß (Grundwerte und Gottes Gebot), hat sich die Kommission nie orientiert.» (Erhard Eppler im Vorwort)

ERHARD EPPLER, seit 1977 Vorsitzender der Grundwerte-Kommission, legt mit diesem Bändchen die sechs Arbeiten der Kommission zum erstenmal geschlossen vor. «Obwohl alle wichtigen Strömungen, die heute in der SPD wirksam sind, auch in der Kommission mitarbeiten, hat die Durchsicht des Godesberger Programms nicht zu neuen Polarisierungen geführt; im Gegenteil, sie hat bestehende Polarisierungen eher gemildert ... Wo nicht mehr Ökologen gegen Ökonomen stehen, sondern das ökonomisch und ökologisch gleichermaßen Vernünftige gesucht wird, kann das Gespräch zwischen Gewerkschaften und Bürgerinitiativen durchaus fruchtbar werden.»

Erhard Eppler (Hg.)

Grundwerte

für ein neues Godesberger Programm

Die Texte
der Grundwerte-Kommission der SPD

rororo
Rowohlt

rororo aktuell – Herausgegeben von Freimut Duve

Originalausgabe

Veröffentlicht im Rowohlt Taschenbuch Verlag GmbH,
Reinbek bei Hamburg, Mai 1984

Umschlagentwurf Werner Rebhuhn (Foto: Traditionsfahne
der deutschen Sozialdemokratie / Archiv der
Friedrich-Ebert-Stiftung, Bonn)
Satz Times (Linotron 202)
Gesamtherstellung Clausen & Bosse, Leck
Printed in Germany
780-ISBN 3 499 15437 4

Inhalt

Erhard Eppler

Vorbemerkung zur Arbeit der Grundwertekommission

Daß in der Sozialdemokratischen Partei Deutschlands eine Grundwertekommission arbeitet, versteht sich nicht von selbst. Keine andere Partei hat etwas Entsprechendes aufzuweisen. Wo ein Programm vorzubereiten ist, werden in allen Parteien ad hoc Kommissionen berufen, die mit der Erledigung ihres Auftrags ihre Tätigkeit einstellen. Daß eine Kommission kontinuierlich Grundsatzfragen diskutiert und die Ergebnisse solcher Arbeit dann – mit Zustimmung des Parteivorstands – der Öffentlichkeit vorlegt, ist auch für die Sozialdemokraten neu: Die Grundwertekommission wurde erst vor einem guten Jahrzehnt erstmals berufen. Sie hat in den letzten Jahren ihre Position so gefestigt, daß der Parteivorstand die formale Notwendigkeit der Neuberufung nach jedem ordentlichen Parteitag nie mit der Frage verband, ob diese Kommission nötig und wünschbar sei.

Man mag darüber streiten, ob der Name «Grundwertekommission» glücklich ist, vor allem, ob er genau ausdrückt, was Auftrag und Selbstverständnis der Kommission ist. Im Jahr 1979 hat die Kommission versucht, die gerade in den siebziger Jahren etwas wirre Diskussion über Grundwerte zu sichten und zu ordnen. Die Kommission sagte damals in ihrer Publikation: «Grundwerte und Grundrechte»:

> «Der bisherige Verlauf der Diskussion hat (...) deutlich werden lassen, daß sich schwerwiegende Mißverständnisse immer wieder daraus ergeben, daß die verschiedenen Teilnehmer an der Diskussion mit den gleichen Ausdrücken unterschiedliche Begriffsinhalte verbinden. Dieser Mangel an sprachlicher Klarheit mindert nicht nur das mögliche Maß an Verständigung. Er kann sogar zu einer ernsthaften Behinderung der demokratischen Willensbildung werden. Dies ist dann der Fall, wenn der Ausdruck ‹Grundwerte› unterschiedslos sowohl für die von allen getragenen Wertentscheidungen gebraucht wird, die in unsere Verfassung eingegangen sind, als auch für die Ziele und Maßstäbe, denen konkurrierende politische und gesellschaftliche Gruppen bei der Erarbeitung ihrer politischen Konzeption folgen. Dieser Mangel an sprachlicher Klarheit führt zur Einengung des legitimen Gestaltungsspielraums

der politischen Kräfte auf den bloßen Vollzug vorgeblicher Verfassungsnormen.»

Die Kommission wollte präzise unterschieden wissen zwischen Grundrechten (z. B. Meinungsfreiheit), Ordnungsprinzipien (z. B. Rechtsstaatlichkeit), wertbezogenen Institutionen (z. B. Familie), Rechtsgütern (z. B. Gesundheit), Tugenden (z. B. Zivilcourage) und den Grundwerten politischer Parteien. Wo Sozialdemokraten von Grundwerten sprechen, meinen sie das, was sie früher Prinzipien nannten, also die drei Leitgedanken, Leitbegriffe der Französischen Revolution: Freiheit, Gleichheit und Brüderlichkeit, die als Freiheit, Gerechtigkeit und Solidarität in das Godesberger Programm eingingen und seither auch in den Programmen anderer Parteien Aufnahme fanden.

An einem kaum mehr abgrenzbaren Grundwertebegriff, der – wie etwa in einer Ausarbeitung der beiden großen Kirchen von 1979 – sogar die Zehn Gebote einschloß (Grundwerte und Gottes Gebot), hat sich die Kommission nie orientiert.

Wie die Grundwertekommission ihre Aufgabe sieht, läßt sich am ehesten ablesen am Titel der ersten ihrer Schriften: «Grundwerte in einer gefährdeten Welt» (1977). Was ist heute die Aufgabe einer Partei, die sich vorgenommen hat, die gesellschaftliche Wirklichkeit an ihren Grundwerten – der Freiheit, der Gerechtigkeit und der Solidarität – zu messen und vor allem: diese Wirklichkeit in Richtung auf mehr Freiheit, Gerechtigkeit und Solidarität hin zu gestalten? Was bedeutet dies in einer Zeit «verlorener Zukunftsgewißheit», die «niemand wiederherstellen» kann? (a. a. O. S. 12f)

Grundwerte, zumal wenn sie allen Parteien gemeinsam sind, stehen in der Gefahr, abstrakt zu bleiben und über dem harten Geschäft des politischen Alltags außer Sichtweite zu geraten. Oder noch schlimmer: Sie können in Sonntagsreden beschworen werden, während sich die praktische Politik an Sachzwängen orientiert, die nur zu oft reine Denkzwänge sind. Grundwerte als ideologische Nebelschwaden, hinter denen sich Interessengruppen um die fetten Bissen raufen – das ist der Argwohn, mit dem junge Menschen noch mehr als ältere eine Arbeit wie die der Grundwertekommission begleiten. Und sie treffen sich dabei mit manchem Politiker, für den eine Partei aus zwei Gruppen von Aktiven besteht: solchen, die Papiere produzieren, und solchen, die diese Papiere lächelnd abheften, um dann ungestört und ungerührt ihrem politischen Geschäft nachzugehen, das eben doch ganz anders sei, als die Papierproduzenten meinten.

Von da ist es dann nur noch ein Schritt zu jener längst zu Tode gehetzten Unterscheidung zwischen «Pragmatikern» und «Ideologen», mit der Konservative in Medien und Parteien ihr ermüdendes Spiel treiben. Dabei ist der Unterschied zwischen beiden allenfalls der, daß die einen sich die theoretischen Vorstellungen bewußt machen, die ihr Handeln bestimmen, während die andern sich von unbewußten, aber deshalb nicht weniger wirksamen und meist strukturkonservativen Theoremen, Urteilen und Vorurteilen leiten lassen.

Politik ist immer pragmatisch, zielgerichtet. Aber wo Pragmatismus zur Ersatzideologie wird, gibt es etwas zu verbergen. Sozialdemokratische Politik hat sich seit hundertzwanzig Jahren dadurch ausgezeichnet, daß sie bezogen war auf programmatische Festlegungen. Wo es nur darum geht, bestehende Machtstrukturen zu erhalten, läßt es sich ohne Theorie ganz gut leben und Politik machen. Wo es darauf ankommt, Gesellschaft in Richtung auf demokratischen Sozialismus hin zu verändern, geht es nicht ohne theoretische Fundierung, auch nicht ohne theoretischen Grundkonsens.

Daher hat die Grundwertekommission sich nicht gescheut, schon in ihrer ersten Schrift zu einzelnen Politikfeldern Stellung zu nehmen: zu Fragen der Zentralisierung und Dezentralisierung, zur Verteilung der Primäreinkommen, zur Notwendigkeit vorbeugender Sozialpolitik, zur Bekämpfung der Arbeitslosigkeit. Aber eben: Sie hat sich dabei immer auf die drei Grundwerte bezogen, die letztlich soviel wert sind, wie sie in politisches Handeln umgesetzt werden. Wer zum Beispiel bei zweieinhalb Millionen Arbeitslosen nicht fragt, was die Solidarität der Arbeitenden mit den Arbeitslosen erfordert, sollte von Solidarität besser nicht mehr reden.

Grundwerteorientierte Politik ist nur möglich innerhalb einer politischen Kultur. Als die Kommission an ihrer zweiten Schrift «Zur politischen Kultur in der Demokratie» arbeitete, war sie sich bewußt, daß es wenige Länder gibt, in denen das, was landläufig unter «Politik» und unter «Kultur» verstanden wird, weiter voneinander entfernt ist als in Deutschland. Wie die theorielose Praxis und die praxisferne Theorie gerade in einem Lande zu Hause ist, das sich einiges auf seine Dichter und Denker zugute hält, so gehören zu unserer Tradition auch die politikferne Kultur und eine geistlose Rauferei um politische Macht, die sich allen kulturellen Maßstäben entzieht, ja sich ihnen von vornherein gar nicht meint stellen zu müssen. In keinem Land mit gewachsener politischer Kultur hätte sich eine Affäre wie die um den Verteidigungminister Wörner und den General Kießling so schamlos operettenhaft beenden lassen. Als die Ausarbeitung zur politischen Kultur 1980 erschien, hatte die Kommission die Hoffnung geäußert, daß andere, auch andere Parteien, sich durch diese Schrift zu weiterführenden Überlegungen angeregt fühlen. Dies war eine schüchterne Aufforderung zum demokratischen Dialog. Die Kommission wartet immer noch auf ein Echo.

1982 trat die Grundwertekommission mit der Schrift: «Die Arbeiterbewegung und der Wandel gesellschaftlichen Bewußtseins und Verhaltens» an die Öffentlichkeit. Wie konnte es dazu kommen, daß eine Partei, die ausgezogen war, eine gesellschaftliche Alternative und damit eine alternative Gesellschaft zu schaffen, nun zum Hauptgegner oder doch mindestens zum bevorzugten Feindbild derer werden konnte, die sich heute als «Alternative» verstehen? Wie war es möglich, daß vieles, was die Arbeiterbewegung selbst auf der internationalen Arbeitstagung der IG-Metall in Oberhausen (1972) angestoßen hatte, aus der Arbeiterbewegung auswanderte und heute von außen mehr oder minder feindselig wieder auf die Partei zukommt? Auch in dieser Schrift hat sich die Kommission nicht auf das hohe Roß der Allwissenden gesetzt, sie hat eigene Versäumnisse dargestellt und allen das Gespräch angeboten. Zur politischen Kultur gehört schließlich auch, daß Parteien sich aus dem Zwang zur unausgesetzten Selbstrechtfertigung befreien und selbstkritisch über sich reflektieren lernen. Wer daraus seinen Zettelkasten für parteipolitische Polemik anreichern will, beweist nur, daß er sich nicht aus jener parteitaktischen Verkrampfung lösen kann, die unsere Demokratie für viele so abstoßend erscheinen läßt.

Schließlich hat sich die Kommission eines Auftrags entledigt, den der Parteivorstand – einem Beschluß des Münchner Parteitags 1982 folgend – der Grundwertekommission übertragen hat: das Godesberger Programm kritisch durchzusehen.

Um Mißverständnisse zu vermeiden: Die Kommission hatte nicht den Auftrag, einen neuen Programmentwurf zu fertigen. Dies ist nach guter sozialdemokratischer Tradition Sache einer eigens zu berufenden Programmkommission. Wohl aber sollte die Grundwertekommission dartun, welche Teile des Programms auch für die Zukunft Bestand haben und welche sich auf eine Welt beziehen, die es so nicht mehr gibt. Daß dabei alle Grundentscheidungen des Godesberger Programms die Jahrzehnte überdauert haben, spricht für die Autoren von 1959. Daß sie nicht ahnen konnten, womit wir uns heute zu plagen haben, spricht nicht gegen sie.

Wer zu begründen hat, was heute noch trägt und was nicht, kommt nicht umhin, die Aufgaben zu beschreiben, die einer neuen Programmkommission gestellt sein werden. Daher finden sich in dem Bericht «Godesberg heute« auch Anregungen für die eine oder andere Neuformulierung, Hinweise auf zeitgemäße Fragestellungen, Vorschläge für eine angemessene Gliederung. Es wird darum gehen, auf den soliden Fundamenten von Godesberg ein neues Programm zu bauen, das jedermann verständlich macht, was die große linke Volkspartei für den Rest dieses Jahrhunderts tun will, um mit der Arbeitslosigkeit fertig zu werden, um die natürliche Umwelt zu schonen und wohl auch wiederherzustellen, um für die Länder der Dritten Welt partnerschaftsfähig zu werden, um das Wettrennen in den atomaren Holokaust zu stoppen.

Eine Grundwertekommission denkt nicht taktisch. Sie schielt nicht nach der einen oder anderen Gruppe. Aber natürlich muß ein neues Grundsatzprogramm all jene zusammenführen, ohne die eine neue Mehrheit links vom Zentrum (Friedrich Naumann) nicht zu erreichen ist. Je unbestechlicher sich ein neues Programm auf die Sach-Fragen konzentriert und je überzeugender die Sach-Antworten sein werden, um so eher werden die neuen sozialen Bewegungen spüren, daß ihr politischer Ort an der Seite der klassischen Arbeiterbewegung ist. Es geht nicht um Stimmenfang, sondern um die richtige Politik. Nur sie gewinnt auch Stimmen.

Gegen die Anregung der Grundwertekommission, auf ein neues Grundsatzprogramm zuzugehen, sind vor allem zwei Einwände zu hören. Der eine greift den Gegensatz zwischen Theorie und Praxis auf und verweist auf die Gefahr, die Partei könne ihre praktische Arbeit über der Programmdiskussion vernachlässigen. Ich halte es nicht für wahrscheinlich, daß Bürgermeister, Gemeinderäte, Landesminister oder Landtagsfraktionen in die Versuchung geraten, ihren täglichen Pflichten zu entlaufen, weil sie alle Energie in die Programmdiskussion stecken. Eher wird es so sein, daß die Mandatsträger ihre Erfahrungen in die Diskussion einbringen wollen und daß sie aus der Programmdebatte Anregungen für ihre Arbeit entnehmen, längst ehe ein Programm verabschiedet ist.

Der Prozeß, der zum Programm führt, ist nicht weniger wichtig als das Programm selbst. Er kann und soll die Praxis befruchten, er wird sie keinesfalls hemmen. Das Programm darf sich nicht hinwegheben oder gar hinwegmogeln über die Einwände derer, die das glanzlose Geschäft der Tagespolitik zu verrichten haben. Denn es muß dann jahrzehntelang die Probe der Praxis bestehen.

Der zweite Einwand lautet, die Partei könne sich zerstreiten und dadurch an Wählern und Einfluß einbüßen. Dagegen sprechen die Erfahrungen der Grundwertekommission. Sie hat ihren Bericht im Konsens vorgelegt. Obwohl alle wichtigen Strömungen, die heute in der Partei wirksam sind, auch in der Kommission mitarbeiten, hat die Durchsicht des Godesberger Programms nicht zu neuen Polarisierungen geführt; im Gegenteil, sie hat bestehende Polarisierungen eher gemildert. Eine Programmdiskussion, in der die klassischen «linken» oder «rechten» Positionen der Vergangenheit aufeinanderprallten, wäre in der Tat fatal. Aber die Partei ist darüber längst hinweg. Wo nicht mit der Instrumentendebatte begonnen wird, sondern danach gefragt wird, wie sich selektives, an Lebensqualität orientiertes Wachstum erzielen lasse, läßt sich auch über Instrumente entspannter reden. Wo nicht mehr Ökologen gegen Ökonomen stehen, sondern das ökonomisch und ökologisch gleichermaßen Vernünftige gesucht wird, kann das Gespräch zwischen Gewerkschaften und Bürgerinitiativen durchaus fruchtbar werden.

Wo versucht wird, die alten Grundwerte in einer neuen, gefährdeten Welt zu realisieren, lassen sich auch Menschen ansprechen, die nicht oder noch nicht Mitglieder der Sozialdemokratie sein wollen. Die Diskussion, die bis zum Ende des Jahrzehnts zu einem neuen Grundsatzprogramm führen soll, braucht sich nicht auf Sozialdemokraten zu beschränken, auch wenn sie zuerst gefordert und zuständig sind. Wer auch immer in der Sozialdemokratie die einzige Alternative zu einer reichlich sterilen Wende nach rückwärts sieht, ganz gleich, ob er es vertrauensvoll oder zähneknirschend tut, sollte sich in die kommende Diskussion einschalten. Es ist gut, wenn auch in Gewerkschaften, kirchlichen Gruppen, in Ökologie- und Friedensbewegung über das neue Grundsatzprogramm der Sozialdemokraten gesprochen wird. Es ist gut, wenn Frauen dafür sorgen, daß ihre Sicht der Dinge dabei stärker durchschlägt als in Godesberg. Schließlich wird ein sozialdemokratischer Parteitag zu entscheiden haben. Aber er soll wissen, was da gedacht und erwartet wird, wo man der Partei in kritischer, distanzierter Solidarität gegenübersteht.

Wer sich auf diese Diskussion vorbereiten will, findet in diesem Bändchen erste Orientierung. Sicher, nicht nur die Arbeiten der Grundwertekommission bilden das Material, mit dem eine Programmkommission arbeiten kann – wenn und insofern sie dies will. Auch anderes wird da einfließen: der Orientierungsrahmen '85, die Ergebnisse anderer Kommissionen, z. B. der Hauff-Kommission. Die Schriften der Grundwertekommission sollen zeigen, wie eine traditionsreiche Partei gerade dadurch sich treu bleibt, daß sie ständig dazulernt. Kontinuität und Wandlung gehören zusammen. Die Texte dieses Bändchens könnten eine Brücke sein zwischen Godesberg und dem, was drei Jahrzehnte nach Godesberg fällig ist.

I. Grundwerte in einer gefährdeten Welt.

5. Oktober 1977

Tendenzwende als Stichwort konservativer Ideologie / Was hat sich wirklich geändert? / Die Erschütterung des Fortschrittsglaubens / Sinnkrise und Angst / Wo gefährden ökonomische und technologische Trends die Freiheit? / Wo drohen ökonomische oder technologische Trends zu weniger Gerechtigkeit zu führen? / Konkurrenzgesellschaft und Solidarität / Wachstum und Grundwerte / Mehr Chancen für Freiheit durch Dezentralisierung und Demokratisierung / Notwendigkeit einer gerechteren Verteilung der Primäreinkommen / Vorbeugende Sozialpolitik als praktizierte Solidarität / Recht auf Arbeit und Solidarität / Durchsetzung grundwerteorientierter Politik

Vorwort

Willy Brandt

Die Grundwertekommission der SPD legt hiermit der Öffentlichkeit ein Diskussionspapier «Grundwerte in einer gefährdeten Welt» vor. Es greift Fragestellungen auf, die weit in die achtziger Jahre einmünden. Die SPD will sich ihnen heute stellen und braucht dazu den kritischen Dialog mit vielen Bürgern.

Um ein mögliches Mißverständnis von vornherein abzuwenden, möchte ich hinzufügen: Dies ist nicht der erste Teil des Entwurfs für ein neues Parteiprogramm. Das «Godesberger Programm» von 1959 ist für uns deutsche Sozialdemokraten nach wie vor verbindliche Leitschnur für unsere politische Arbeit.

Dem widerspricht freilich nicht, daß wir auch Fragestellungen nachgehen, die nach 1959 hinzugekommen sind. Wir haben dies in dem von unserem Parteitag 1975 verabschiedeten «Orientierungsrahmen ’85» getan. Er hat seinen eigenständigen Platz neben dem «Godesberger Programm». Und er hat – das läßt sich heute sagen – auch außerhalb der SPD in weiten gesellschaftlichen Bereichen, wie in den Gewerkschaften und in den Kirchen, aber zum Beispiel auch bei einer Reihe von Bürgerinitiativen, starke Beachtung gefunden.

Und wir tun es jetzt in dem von der Grundwertekommission vorgelegten Diskussionspapier. Wer über Grundwerte nachdenkt, muß sich dessen bewußt sein, daß man auf die Darstellung der entsprechenden ökonomisch-politischen Rahmenbedingungen nicht verzichten kann. Der jetzt vorgelegte Text muß also mit dem Orientierungsrahmen ’85 zusammen gesehen werden. – Unterschiede in der Akzentuierung einzelner Punkte stehen dem nicht entgegen.

Die Funktion dessen, was die Grundwertekommission ausgearbeitet hat, wird auch darin deutlich, daß der Bundesparteitag der SPD in Hannover 1973 bereits gefordert hatte, in Ergänzung der Arbeit am Orientierungsrahmen der Präzisierung der sozialdemokratischen Grundwerte besondere Aufmerksamkeit zuzuwenden. Im Beschluß des hannoverschen Parteitages zum Orientierungsrahmen '85 heißt es deshalb:

«Der Parteitag geht davon aus, daß die Grundwerte des Godesberger Programms – Freiheit, Gerechtigkeit und Solidarität – im Hinblick auf die seit 1959 neu in Erscheinung getretenen Probleme, Konflikte, Herrschaftsverhältnisse, Verhaltensweisen und Werthaltungen zu präzisieren und zu konkretisieren sind.»

Ich hoffe, daß der jetzt vorliegende Text eine breite Resonanz finden wird. Stellungen und Meinungsbekundungen sind uns willkommen und werden sorgfältig ausgewertet. Das durchweg konstruktiv-kritische Echo, das nach der ersten Erläuterung auf einer Bonner Pressekonferenz zu verzeichnen war, ist ermutigend. Dabei ist uns bewußt, daß das Bemühen um eine grundwerteorientierte Politik niemals Angelegenheit einer Partei allein sein kann.

5. Oktober 1977

Die deutsche Sozialdemokratie hat mit dem Godesberger Programm von 1959 klargestellt,

– daß Sozialismus für sie nicht einen Endzustand der gesellschaftlichen Entwicklung, sondern eine niemals endende Aufgabe bedeutet und

– daß die Richtung dieser von ihr angestrebten Entwicklung durch die drei Grundwerte der Freiheit, Gerechtigkeit und Solidarität definiert wird.

Sozialist im Sinne unserer Partei ist derjenige, der sich in jeder Situation immer wieder bemüht, die neuen Probleme im Sinne dieser Grundwerte zu lösen: Sie sind die Maßstäbe, die er an alle politischen Entscheidungen, an alle vorgeschlagenen Maßnahmen oder neuen Institutionen anlegt. Dabei sind für uns demokratische Sozialisten die drei Grundwerte der Freiheit, Gerechtigkeit und Solidarität grundsätzlich gleichrangig: Keiner ist der «höchste Wert», dem alle anderen rücksichtslos zu opfern wären, sondern sie müssen so abgewogen werden, daß eine – soweit wie irgend möglich – zugleich freiheitliche, gerechte und solidarische Ordnung geschaffen wird.

Wir wissen, daß diese Grundwerte älter sind als die moderne demokratisch-sozialistische Bewegung. Ihre Wurzeln reichen zurück in die Grundströmungen der europäischen Tradition – in die Antike, das Christentum mit Einschluß seiner jüdischen Wurzeln und die Philosophie der Aufklärung. Die Sozialdemokratie erhebt keinen Monopolanspruch auf diese Werte, und sie wird erst recht keiner anderen Bewegung oder Organisation einen Monopolanspruch darauf zugestehen. Wohl aber erhebt sie den Anspruch, in besonderem Maße der Tatsache bewußt zu sein, daß wir in einer sich stürmisch verändernden Gesellschaft leben, auf die diese Werte immer neu als kritische Maßstäbe angewandt werden müssen. Im Orientierungsrahmen '85 hat sich die Sozialdemokratie bemüht, aus der Analyse der gesellschaftlichen Probleme der Gegenwart eine Reihe von konkreten Anwendungen dieser grundsätzlichen Werthaltung zu ziehen.

Die folgenden Überlegungen haben einen allgemeinen Zweck: Sie sollen deutlich machen, daß wir uns in einem geschichtlichen Umbruch befinden, in dem ein Handeln im Sinne der Grundwerte schwerer wird als bisher; und sie wollen Wege zeigen, wie der Kampf für sie trotzdem mit Aussicht auf Erfolg geführt werden kann. Es geht uns heute um die Durchsetzung unserer Grundwerte in einer gefährdeten Welt.

Teil I

1. Tendenzwende als Stichwort konservativer Ideologie

Wo sich praktische Politik an Grundwerten orientiert, führt sie notwendig zur Kritik am Bestehenden und zur Forderung nach Reform.

Reformpolitik ergibt sich aus dem Auftrag der arbeitenden Menschen an die Sozialdemokratie, Freiheit, Gerechtigkeit und Solidarität im Alltag unserer Gesellschaft zu verwirklichen. Solche Reformpolitik stellt jeweils bestimmte traditionelle Strukturen unserer Wirtschafts-, Sozial- und Rechtsordnung in Frage und verunsichert Denk- und Verhaltensweisen, die an diesen Strukturen orientiert sind.

Die Reformpolitik der Sozialdemokratie hat damit begonnen, gesellschaftliche und rechtliche Privilegien abzubauen. Ob bei der Reform des Ehe- und Familienrechts, bei der Reform des Betriebsverfassungsgesetzes, bei der Erweiterung der Mitwirkung der Arbeitnehmer durch das Betriebsverfassungsgesetz und durch das Mitbestimmungsgesetz oder bei der Reform der beruflichen Bildung, ob bei der Reform des Bodenrechts oder des Strafvollzugs; in allem ging es um das Ziel: dem mündigen und mitverantwortlichen

Bürger unter gerechteren gesetzlichen Ausgangsbedingungen eine größere Chance solidarisch verantwortlicher Freiheit zu geben. Auch die Reform des Strafrechts, insbesondere des § 218, war darauf angelegt, die verantwortliche Selbstentscheidung durch mehr solidarische Hilfe zu stützen.

Dieses Konzept mußte den erbitterten politischen und ideologischen Widerstand derer auf den Plan rufen, die ihre gesellschaftliche Machtposition dadurch gefährdet sahen. Vielfältig sind die gesellschaftlichen Interessen und die ideologischen Gründe, die von Anfang an zu einer Art von konzertierter Aktion unterschiedlichster Gruppen gegen eine Reformpolitik der Strukturreformen geführt haben. Der Widerstand führte zum Teil dazu, daß Reformen unvollständig blieben. Als ein weltwirtschaftlicher Umbruch nicht nur das Konzept in Frage stellte, sondern darüber hinaus Angst um das Erreichte aufkommen ließ, artikulierte sich dieser Widerstand im Begriff der «Tendenzwende».

Seine Funktion ist es, die Folgen der weltweit gewandelten und erschwerten Rahmenbedingungen politischen und ökonomischen Handelns als die Folgen sozialdemokratischer Reformpolitik zu deuten, daraus das Ende dieser Politik zu folgern und die Rückkehr zu Rezepten zu propagieren, die der heutigen Aufgabenstellung noch weniger angemessen sind, als sie es in der Aufbauphase der Bundesrepublik waren. Da auch die Reformpolitik Zeit braucht, um sich auf neue Aufgaben einzurichten, konnten sich ihre Gegner unter dem Stichwort «Tendenzwende» zu gemeinsamer Aktion zusammenschließen und einer verunsicherten Bürgerschaft veraltete Aktions- und Verhaltensmuster als Rettung aus der Krise anpreisen.

Diese Umdeutung eines historischen Umbruchs erlaubte es den Gegnern der Reformpolitik, das Konzept einer Demokratisierung der Gesellschaft als Gefährdung gesellschaftlicher Freiheit, die zunehmende Selbstbestimmung des einzelnen als Auflösung von Sitte und Ordnung zu diffamieren. Die CDU/CSU versuchte, zeitweise nicht ohne Erfolg, der Öffentlichkeit die wirtschaftlichen und gesellschaftlichen Krisen der letzten Jahre als Krisen einer im Ansatz falschen Reformpolitik zu deuten. So konnte sie die radikal veränderte Gesamtsituation nach dem Herbst 1973 für ihre Politik der Erhaltung traditioneller Herrschafts- und Rechtsverhältnisse nutzen. Diesen Prozeß der Verfestigung von Machtstrukturen ließ sie durch eine ideologische Offensive begleiten. In ihr spielte die formale Übernahme der Grundwerte des Godesberger Programms Freiheit, Gerechtigkeit und Solidarität eine nicht unwichtige Rolle. Diese programmatische Modernisierung kann aber nicht verbergen, daß sie in erster Linie der ideologischen Absicherung bestehender Macht- und Besitzstände dient. So können dieselben Grundwerte, die, ernst genommen, zur Reform unserer Gesellschaft drängen, auch verwendet werden, um Reformen gerade in dem Augenblick zu verhindern, in dem sie unerläßlich geworden sind.

2. Was hat sich wirklich geändert?

Seit der Verabschiedung des Godesberger Programms im Jahre 1959 haben sich die technologischen, ökonomischen, gesellschaftlichen und politischen Voraussetzungen für eine Politik des demokratischen Sozialismus einschneidend verändert.

– Das Weltwährungssystem, die weltweite Arbeitsteilung und der Welthandel befinden sich in einem Prozeß rapiden Wandels. Der Zusammenbruch des Systems fester Wechselkurse war ein Symptom dieser Veränderungen. Die Leitwährungsfunktion des durch den Vietnam-Krieg entwerteten Dollars verfiel. Vermachtung von Märkten, leichtfertige Geldpolitik und andere Überforderungen der produktiven Möglichkeiten in vielen Volkswirtschaften führten zu weltweit hohen, zugleich aber außerordentlich unterschiedlichen Inflationsraten. Daraus ergaben sich Zahlungsbilanzungleichgewichte und Beeinträchtigungen des freien Welthandels, aus denen wiederum Beschäftigungseinbrüche resultierten.

– Die Anwendung modernster Technologie verändert die industrielle Welt in wachsendem Tempo. Automation, elektronische Datenverarbeitung, neue Kunststoffe und Atomenergie sind eindrucksvolle Beispiele dieses Prozesses.

– Die Auswirkungen dieser technologischen Veränderungen auf die natürlichen Lebensbedingungen der Menschen und der Gesellschaft lassen Grenzen technologischer Naturbeherrschung und -veränderung erkennen. Zunächst in den großen Städten haben wir gelernt, daß einzelne Arten des Wachstums Kosten und Schäden verursachen können, die größer sind als die mit solchem Wachstum verbundenen Vorteile. Die weltweite und massierte Anwendung der Atomtechnologie zur Stromerzeugung wirft ähnliche Probleme in verschärfter Form auf. Daraus ergibt sich die generelle Frage nach Richtung und Ziel wirtschaftlichen Wachstums.

– Die erkennbare Verknappung einiger wichtiger Rohstoffe wirkt sich auf die wirtschaftlichen und sozialen Strukturen der Industrieländer wie der Entwicklungsländer aus. Der Anstieg der Ölpreise ist auch ein Symptom für den beginnenden Kampf um eine andere Verteilung von Reichtum und Macht in der Welt.

– Millionen von Arbeitslosen in Industrieländern, davon allein eine Million in der Bundesrepublik, für die offensichtlich nicht allein durch konjunkturpolitische Ankurbelungsmaßnahmen Arbeitsplätze geschaffen werden können, erfordern eine Beschäftigungspolitik, die sich einer Vielfalt u. a. strukturpolitischer, verteilungspolitischer, sozialpolitischer und bildungspolitischer Mittel bedient.
– Größere Belastungen der sozialen Sicherungssysteme und geringere Steuereinnahmen auf Grund verringerten Wachstums führen zu Finanzierungsproblemen. Dadurch wird die Fixierung der Sozialpolitik auf generelle Erweiterung der Leistungen statt struktureller Bereicherung zum nachträglichen Ausgleich von Ungerechtigkeiten und sozialen Schäden in Frage gestellt.
– Die gigantische Konzentration von Kapitalien, Marktkontrolle, technischem, organisatorischem und handelspolitischem Wissen sowie die Organisation weltweiter Teilmärkte durch einzelne Unternehmen findet ihren Ausdruck in multinationalen Konzernen, die sich den gängigen Formen nationaler Wirtschaftspolitik, Handelspolitik, Marktregulierung, Technologiepolitik oder öffentlicher Unternehmenskontrolle entziehen. Eine internationale Ordnung, die nach wie vor auf dem Prinzip souveräner Nationalstaaten basiert, ist kaum geeignet, Aufgaben zu meistern, die sich aus der zunehmenden ökonomischen, ökologischen und politischen Interdependenz und Verflechtung ergeben.
– Der ökonomische Abstand zwischen den Industrieländern und den meisten Entwicklungsländern des Südens nimmt weiter zu. Die Frage, ob der Export unserer technisch-industriellen Lebensweisen den Entwicklungsländern wirklich nachhaltig helfen kann, beginnt die Menschen zu bewegen. Daraus ergeben sich auch Fragen nach Richtung und Ziel unserer eigenen technologischen Entwicklung.
– In vielen Bereichen zeigt sich, daß die Fortsetzung bisheriger Trends in der ökonomisch-technischen Entwicklung eine humane Zukunft gefährdet. Beispiele dafür sind:
○ Die Entleerung unserer Innenstädte,
○ Die Zersiedlung unserer Landschaft,
○ Die Technisierung unseres Gesundheitswesens,
○ Die Zunahme von Randgruppen.

Die kaum mehr überschaubare Verflechtung gesellschaftlicher und internationaler Fakten und Krisen hat – ebenso wie die zunehmende Bürokratisierung von Lebensbereichen – die Art, wie die Bürger der Bundesrepublik Gesellschaft und Politik erfahren, verändert. Demokratische Gesellschaften, die auf Information und Einsicht der

Bürger angewiesen sind, stehen hier vor neuen Herausforderungen, wenn sie die Gefahr bannen wollen, daß kurzschlüssige, demagogische Heilslehren ein zustimmendes Echo finden.

Das Godesberger Programm ging von raschem und stetigem wirtschaftlichem Wachstum aus. Heute wissen wir: Weder technologischer noch wirtschaftlicher Fortschritt sind selbstverständlich und problemlos. Und trotz relativen Wohlergehens prägen Unruhe, Ratlosigkeit und Orientierungslosigkeit das Bewußtsein wichtiger Gruppen von Bürgern heute mehr als vor 20 Jahren.

In dieser Situation wächst bei manchen die Neigung zu einem Konservatismus, der sich an das Bestehende klammert; bei anderen bricht das Streben nach scheinradikalen Lösungen hervor. In einzelnen Gruppen entstand ein neuer Kult der Gewalt, der eine neue Gefährdung unserer demokratischen Ordnung hervorbrachte: den Terrorismus.

Selbst vielfach Produkt ideologischer Verirrung und persönlicher Verzweiflung, hat der Terrorismus mit seinen weltweiten Querverbindungen zerstörerische Gewalt zu einer neuen Realität in der Bundesrepublik gemacht. Die Herausforderung des demokratischen Rechtsstaates führt zum Ruf der Bürger nach mehr Sicherheit. Dabei zielen die Terroristen auf eine Zuspitzung gesellschaftlicher Konflikte als erwartete Folge provozierter Überreaktion des Staates auf Terrorakte. Sie gehen irrtümlich davon aus, daß die Mehrheit der Arbeitnehmer auf diese Weise zu Gegnern des Staates und der bestehenden Gesellschaftsordnung werden. Statt dessen zeigt sich, daß konservative und reaktionäre Kräfte in dieser Situation Zulauf bekommen und den Terrorismus als Argument für den Abbau von Demokratie und Rechtstaatlichkeit und zur Verhinderung gesellschaftspolitischer Reformen nutzen.

Teil II

1. Die Erschütterung des Fortschrittsglaubens

Die Wirkung der gesellschaftlichen Veränderungen auf das Bewußtsein der Zeitgenossen äußert sich in der zunehmenden Erschütterung des Glaubens an einen gesetzmäßigen Fortschritt der geschichtlichen Entwicklung. Doch es war dieser Glaube, der seit der Aufklärung und der industriellen Revolution, also seit rund 200 Jahren, alle modernen und sich modernisierenden Gesellschaften getragen und dem Leben von Hunderten Millionen Menschen auch dann einen auf diesseitige Hoffnung gegründeten Sinn gegeben hat, wenn sie den Halt eines religiösen Welt- und Lebensverständnisses verloren hatten. Die Erschütterung der Fortschrittsgewißheit bedeutet daher, daß diese Menschen den vielfältigen Gefahren und den unübersehbaren Abhängigkeiten einer immer komplexeren und weltweit verflochtenen Gesellschaft zunehmend ohne die innere Sicherheit gegenüberstehen, die ein ordnendes, optimistisches Weltbild ihnen lange Zeit gegeben hat.

Dieses Weltbild beruhte auf der doppelten Erfahrung der schnellen Entfaltung der wissenschaftlichen Erkenntnisse und technischer Fähigkeiten einerseits, der industriellen Produktion andererseits, schließlich auf der deutlichen Tendenz zur Beschleunigung beider Prozesse. Das Bild des wissenschaftlichen, technischen und ökonomischen Fortschritts, der zunehmend als gesetzmäßig und unaufhaltsam erschien, wurde von den großen Geschichtsphilosophen des ausgehenden 18. und des 19. Jahrhunderts, von Condorcet und Comte zu Hegel und Marx, auf das Ganze der Entwicklung der menschlichen Verhaltensweisen und Institutionen, der Gesellschafts- und Staatsformen übertragen: Die Menschheit sollte sich gemäß diesen Denksystemen entweder gradlinig-evolutionär oder dialektisch-revolutionär, entweder durch den Fortschritt des vernünftigen Bewußtseins oder durch den Zwang der materiellen Interessen zu immer höheren Organisationsformen entwickeln, die einer Verwirklichung individueller Freiheit, sozialer Gerechtigkeit und vernünftiger Solidarität immer günstiger sein würden. Selbst Rückschläge wie die periodischen Wirtschaftskrisen erschienen den einen als bloße Zwischenfälle im langfristigen Prozeß der inneren und der internationalen Wirtschaftsexpansion, den anderen geradezu als Triebkräfte neuen sozialen Fortschritts durch den Klassenkampf.

Der Kern des Fortschrittsglaubens, der als Weltbild der Neuzeit wirksam wurde, war so die Überzeugung, daß die Automatik der wissenschaftlichen, technischen und ökonomischen Entwicklung auch die Durchsetzung der humanistischen Werte befördere und garantiere. Für die demokratische Arbeiterbewegung schien sich diese Erwartung im Zuge zunehmender materieller Besserstellung und wachsender sozialer Sicherheit auf Grund ihres gewerkschaftlichen Kampfes, aber auch im Prozeß fortschreitender Demokratisierung der Gesellschaft auf Grund ihres parteipolitischen Kampfes zu erfüllen. Zugleich verflachte der Fortschrittsglaube für breite bürgerliche Schichten zu der Vorstellung, der materielle, quantitative Fortschritt sei nicht nur die Grundlage und Garantie, sondern selbst schon das Ganze des gesellschaftlichen Fortschritts. Nur wenige bedeutende

Denker erkannten frühzeitig, daß der wirtschaftliche und administrativ so erfolgreiche Prozeß der Rationalisierung und Bürokratisierung der modernen Welt zugleich ein Prozeß zunehmender Machtkonzentration, zunehmender Abhängigkeiten und entsprechend abnehmender persönlicher Entscheidungsfreiheit war.

Erst die geschichtlichen Schocks unseres zwanzigsten Jahrhunderts – die Hekatomben von Opfern zweier Weltkriege, die Massenverbrechen moderner, hochorganisierter Diktaturen im Deutschland Hitlers und im Rußland Stalins, das weltweite Massenelend der Wirtschaftskrise von 1929–1932 und die weltweite Bedrohung durch atomare Vernichtung seit 1945 – haben den optimistischen Glauben an die Gesetzmäßigkeit eines Fortschritts im humanistischen Wertsinne wieder und wieder erschüttert und zunehmend untergraben. Rabiate Unvernunft mit den Waffen der Wissenschaft und technisches Raffinement im Dienste der Unmenschlichkeit sind zu bitteren Erfahrungen der heute lebenden Generation geworden.

Besonders im letzten Jahrzehnt hat der technisch-produktive Fortschritt immer mehr seinen im Wertsinne zweideutigen Charakter enthüllt: Über die verheerenden Möglichkeiten der Rüstungstechnik und der Repressionstechnik hinaus hat sich ein neues Bewußtsein der Gefahren der Umweltzerstörung und der Erschöpfung einzelner Rohstoff- und Energiequellen gebildet, das gewahr wird, wie leicht die Entwicklung der Produktivkräfte von der Entfesselung destruktiver Kräfte begleitet sein kann. Weit entfernt davon, den Fortschritt zu menschlicheren Lebensverhältnissen zu garantieren, kann der technische Fortschritt je nach den Umständen ein menschenwürdiges Leben gefährden.

Schließlich aber ist unter dem Eindruck der Energiekrise, der weltwirtschaftlichen Rezession und der zunehmenden Verteilungskämpfe zwischen den hochindustriellen Staaten und den Entwicklungsländern vielen Menschen zweifelhaft geworden, ob und in welchem Umfang materieller Fortschritt im Sinne von Wirtschaftswachstum der Industrieländer überhaupt weiter möglich ist. An die Stelle des Vertrauens in die wohltätige Automatik des wissenschaftlichen, technischen und ökonomischen Fortschritts ist so einerseits die Ungewißheit über seine Fortsetzbarkeit in der Zukunft, andererseits die Sorge um die zerstörerischen Begleiterscheinungen einer unkontrollierten technisch-ökonomischen Entwicklung getreten. Die verlorene Zukunftsgewißheit, die aus beiden Wurzeln stammt, bestimmt heute als geistige Unterströmung das Klima jeder politischen Diskussion.

Niemand kann diese verlorene Gewißheit wiederherstellen. Aber auch in der ungewissen Welt von heute ist eine Orientierung möglich, wenn wir die Frage in den Mittelpunkt stellen, welche Art von Fortschritt wir von unseren Werten her wollen. Diese Orientierung an einem Fortschrittsverständnis im Sinne unserer Grundwerte – an Freiheit, Gerechtigkeit und Solidarität – wird uns zeigen, daß in einer Welt, deren Bevölkerung in ihrer großen Mehrheit in unerträglicher Armut lebt, ein Verzicht auf materiellen Fortschritt, der sich auch in wirtschaftlichem Wachstum niederschlägt, nicht zu rechtfertigen ist und daß entsprechende Wege gefunden werden müssen, weiteres, der Hebung der Lebensqualität dienliches Wachstum zu ermöglichen. Sie wird uns daher zugleich Maßstäbe für die bewußte Kontrolle der technischen und ökonomischen Prozesse im Sinne eines humanen Fortschritts liefern. Was sich vor Jahren erstmals in der Losung von der «Qualität des Lebens» ausdrückte, war das wachsende Verlangen der Menschen nach Maßstäben, die umfassender und menschlicher sind als rein quantitative Zuwächse. Nur wenn wir diese Maßstäbe bewußt machen, aus ihnen überzeugende Schlußfolgerungen ziehen und die Automatik der Entwicklung auf dieser Grundlage kontrollieren und korrigieren, bekommt der Begriff des Fortschritts wieder einen glaubwürdigen Sinn, einen nicht als gesetzmäßig erwarteten, sondern frei gewollten, einen nicht materiell eingeengten, sondern einen humanen sozialistischen Sinn.

2. Sinnkrise und Angst

Solange die Menschen noch die Gewißheit eines wertorientierten Fortschritts hatten, war für sie die Erfahrung, daß die gesellschaftlichen Verflechtungen immer undurchschaubarer wurden, noch erträglich; mit dem Verlust dieser Gewißheit wuchsen Grundgefühle der Orientierungslosigkeit, des Ausgeliefert- und Bedrohtseins. Wenn Menschen nicht mehr wissen, wie es weitergehen soll, bekommen sie Angst.

Manche flohen aus den Orientierungskonflikten in die totale – und damit letztlich totalitäre – Utopie einer vermeintlich konfliktfreien Ordnung. Solche diesseitigen Heilserwartungen – wie die Hoffnung auf die Überwindung jeglicher Entfremdung des Menschen durch Aufhebung der Arbeitsteilung und jedweder Herrschaft von Menschen über Menschen, auf die gänzliche Befreiung von Eigeninteressen und Leistungsdruck – müssen jedoch unerfüllt bleiben. Manche flohen in die «große Verweigerung», andere in die aktivistische Rebellion – bis hin zum Terrorismus; wieder andere zogen die Konsequenz karrieristischer Anpassung ohne innere Loyalität. Auch der

Widerstand gegen Reformen konnte sich auf solche Fehlhaltungen stützen. Aus alledem bauten sich neue Konflikte und Ängste auf – es entstand eine Spirale der Angst.

Viele Menschen leiden täglich unter der Erfahrung, daß ihre Arbeit infolge eines Übermaßes von Arbeitsteilung und Arbeitszerlegung und wegen des damit einhergehenden Mangels an unmittelbarer Kommunikation mit Arbeitskollegen keine Befriedigung gewährt und keinen Sinn vermittelt. Wo aber in der Arbeitswelt kein Sinn erfahren wird, verschärft sich die Frage nach dem Sinn des Lebens.

Solche Entfremdung und solcher Gemeinschaftsverlust in der Arbeit lassen sich nicht durch Konsumsteigerung und auch nicht durch Freizeit kompensieren; viele zerbrechen an der wachsenden Spannung zwischen einer in der Arbeitswelt abverlangten strengen Disziplin und dem Versuch, in der Freizeit die unterdrückten Bedürfnisse und Begierden ungezügelt zu befriedigen. Der in ein Arbeits- und ein Freizeitwesen zerrissene Mensch findet in der Freizeit kaum noch Muße; auch dort sieht er sich vielmehr dem Druck der Konkurrenz um Besitz und Statussymbole und Optimierung der Leistung ausgesetzt.

Wertideen gewinnen ihre bindende Kraft im Rahmen einer erlebten Gemeinschaft. Zur Bindung an eine Gemeinschaft, die dem Handeln des einzelnen in einer Welt stürmischer Veränderungen Sinn und Halt geben soll, gehört aber auch ein lebendiges und kritisches Bewußtsein der Geschichte dieser Gemeinschaft. Die sozialistische Arbeiterbewegung hat immer einen Teil ihrer Kraft aus der Kenntnis der Geschichte ihrer Kämpfe bezogen. Das gleiche gilt von der Bindung an die Nation oder an die werdende Gemeinschaft Europas. Wenn wir heute viele Erscheinungen der Vereinzelung und Vereinsamung gerade in der jungen Generation erleben, so ist einer der Gründe der weitverbreitete Verlust eines Geschichtsbewußtseins, das die Gemeinschaftsbindung des einzelnen vertiefen könnte.

Flucht ist aber keine Antwort auf die Sinnfrage – weder die Flucht in falsche Privatheit und Innerlichkeit, noch die Flucht in die totale gesellschaftliche Utopie, noch die Flucht in die Diskreditierung technischer und wirtschaftlicher Errungenschaften, noch in die Projektion des Unbehagens auf persönliche und ideologische Sündenböcke.

Krise – Sinnkrise – ist jedoch nicht nur Gefahr: Die Dringlichkeit, mit der sie heute viele bewegt, bedeutet auch eine belebende Herausforderung und damit eine Chance. Viele glauben, die Sinnfrage erfordere religiöse Antworten, eine neue religiöse Bewegung (sei es in den bestehenden, sei es in neuen Gemeinschaften) bahne sich bereits an. In der Tat gibt es dafür Zeichen. Zeitpunkt, Stärke und Richtung einer religiösen Erneuerung stehen jedoch in niemandes Verfügung. Politische Parteien können sie dankbar zur Kenntnis nehmen, zumal wenn sie auch der Gesellschaft Impulse zur solidarischen Erneuerung geben.

Von anderen wird die Frage nach dem Sinn des menschlichen Lebens innerweltlich beantwortet; Freiheit und Demokratie setzen voraus, daß niemand die Befähigung des anderen in Frage stellt, aus seinen sittlichen Überzeugungen heraus sein Leben selbstverantwortlich zu führen und für die Schaffung menschenwürdiger gesellschaftlicher und politischer Verhältnisse mitverantwortlich einzutreten. Daß der pluralistisch-demokratische Staat nicht neue Religiosität noch überhaupt letzte Antworten auf die Sinnfrage vermitteln oder gar setzen kann, liegt – um der Demokratie wie auch um der Religion willen – auf der Hand.

Andererseits ist es aber durchaus ein Politikum, wenn die Sinnfrage vieler Menschen unbeantwortet bleibt; daher stellt sich dem Staat die Aufgabe, die Bedingungen für den freien Austausch der Fragen und der Antworten zur Sinnkrise zu gewährleisten.

Die Sozialdemokratische Partei sollte es als ihre Aufgabe betrachten, Garant – und auch selbst Forum – für freien Austausch solcher Fragen und Antworten zu sein. Die Partei des Godesberger Programms ist dazu besser befähigt als jede andere.

Konturen neuer Lebensformen zur Selbstverwirklichung in Solidarität zeichnen sich ab – Versuche, aus der Isolierung des Ich herauszutreten in Du- und Wir-Beziehungen, in denen Geben, Teilen und Mitteilen, Verstehen und Engagement für Schwächere wichtiger sind als die Motivationen des Konkurrenzkampfes und der Macht. In vielen Familien bilden sich partnerschaftliche, d. h. auf gegenseitige Förderung gerichtete Beziehungen heraus; auch die Eltern-Kind-Beziehungen finden neue, tragfähige Formen. Zu beobachten ist auch eine neue Ehrfurcht vor der Natur und die Sorge um ihre Verletzlichkeit. Das heute noch dominierende Ziel des Habens weicht mancherorts dem Lebensziel, sich selbst und für andere jemand zu sein. In der Hinwendung zu kleineren, überschaubaren Einheiten des Zusammenlebens wird das Bedürfnis nach personaler Bindung spürbar. Die Suche nach einem neuen Lebensstil, der Solidarität auch mit den Menschen der Entwicklungsländer und mit der nächsten Generation zu üben versucht, stimmt auch da hoffnungsvoll, wo überzeugende Formen noch nicht gefunden sind.

Teil III

1. Wo gefährden ökonomische und technologische Trends die Freiheit?

In den sechziger Jahren ging man allgemein davon aus, daß die ökonomischen und technologischen Entwicklungstrends als politisch neutral anzusehen seien und dem Staat die Aufgabe zukomme, ihre Abläufe zu verstetigen und sie dem Gemeinwohl nutzbar zu machen. Warnungen, daß die unkritische Hinnahme dieser Trends die Durchsetzung der Grundwerte beeinträchtigen könnte, gab es kaum. Denn stets hatte die Industriegesellschaft im Erfinden, Produzieren, Anwenden und Verbrauchen von immer komplizierteren technischen Apparaten eine Voraussetzung dafür gesehen, die Freiheitsforderung der Französischen Revolution zu verwirklichen. Heute erkennen wir, daß von einem unkritisch als Sachzwang hingenommenen technisch-industriellen Entwicklungsprozeß ernste Freiheitsbedrohungen ausgehen.

Private Großindustrie und staatlich geförderte Forschung planen von langer Hand technische Wunderwelten voraus, die nachträglich zu Sachzwängen zu werden drohen. Eine öffentliche Diskussion darüber ist erst in den Anfängen; eine demokratische Entscheidung über die Grundrichtung des ökonomisch-technologischen Prozesses findet noch nicht statt. Die enormen Vorausinvestitionen schränken die Möglichkeit von Alternativen und damit die Freiheit weiter ein und lassen so alle diejenigen zu Dissidenten werden, die sich weigern, von Experten diktierte Normen widerspruchslos hinzunehmen.

Je weiter die Komplizierung von Lebenssachverhalten, die Zentralisierung der Entscheidungen und die Konzentration von Macht in Staats- und Konzernbürokratien voranschreiten, um so schwieriger wird es, Möglichkeiten wirksamer demokratischer Partizipation des Bürgers zu schaffen. Eine eindimensionale Vorstellung von Fortschritt reduziert die Demokratie auf ihre formalen Abläufe; der demokratisch aktive Bürger wird für planende Technokraten mehr und mehr zum irritierenden Störfaktor.

In den Unternehmen und Verwaltungen führen immer weiter getriebene Arbeitsteilung und Zentralisierung von Entscheidungen dazu, daß Arbeiter und Angestellte zunehmend an Selbstbestimmung, Kompetenz und Gestaltungsspielraum im Arbeitsprozeß einbüßen.

Um die Voraussetzungen für die ökonomisch-technische Entwicklung zu sichern und die durch sie verursachten Schäden und Ungerechtigkeiten auszugleichen, sind auf allen Ebenen staatlicher Organisation umfangreiche Bürokratien entstanden, die – obwohl im Dienste der Bürger stehend – diesen oft als anonyme Macht gegenübertreten. Wachsende Bürokratisierung macht den Bürger mehr und mehr zum Objekt staatlicher Maßnahmen.

Wo kommunale Lebensqualität zunehmend vermindert wird – z. B. durch destruktive Verkehrs- und Sanierungspolitik, bürokratische Gebietsreform und bürgerferne Verwaltung –, wird die freie Entfaltung bürgerlichen und demokratischen Lebens erschwert.

Die größte Bedrohung der Freiheit geht davon aus, daß immer teurere, kompliziertere und gefährlichere Technologien immer aufwendigere allgegenwärtige Sicherheitsmaßnahmen notwendig machen. Wo, wie im Falle der Kernenergie, die Möglichkeit eines Unfalls oder eines terroristischen Anschlags mit allen Mitteln verhindert werden muß oder wo moderne Informationstechnologien und Überwachungsmethoden die Möglichkeit einer nahezu totalen Erfassung des Bürgers bieten, ist die Freiheit gefährdet. Wenn die bedrückende Vision des «Atomstaates» nicht Wirklichkeit werden soll, dürfen sich die Menschen dem ökonomisch-technischen Entwicklungsprozeß nicht unterwerfen. Sie müssen den Einsatz der Technik nach Kriterien der Humanität und der sozialen und ökologischen Vernunft lenken. Hierzu haben die Demokraten – und vor allem die demokratischen Sozialisten – die Aufgabe, rechtzeitig ein Forum für die rationale Diskussion und Lenkung der Entwicklung bereitzustellen.

2. Wo drohen ökonomische und technologische Trends zu weniger Gerechtigkeit zu führen?

Die Hoffnung, durch fortgesetztes ökonomisches Wachstum, über steigende Steuereinnahmen und daraus finanzierte staatliche Leistungen soziale Ungerechtigkeiten in unserer Gesellschaft zu überwinden, hat sich als trügerisch erwiesen. Nach einer Phase der Stagnation und des Rückgangs der Wirtschaftstätigkeit konnten zwar wieder erhebliche Wachstumsraten (1976: 5,6 Prozent) erzielt werden; doch besteht kein Grund zu der Annahme, daß die zu erwartenden oder erreichbaren Wachstumsraten der nächsten Jahre Vollbeschäftigung automatisch wiederherstellen. Die Knappheit der öffentlichen Mittel führt gleichzeitig dazu, daß die Schwierigkeiten bei der Finanzierung der Systeme der sozialen Sicherheit, der Gesundheitsfürsorge und der Bildung wachsen. Dadurch werden in der Tendenz bestehende soziale Benachteiligungen vertieft und neue Ungerechtigkeiten geschaffen.

Das drängendste Problem ist die Arbeitslosigkeit. Da private Neuinvestitionen überwiegend mit Rationalisierungen verbunden sind und in einigen Wirtschaftsbereichen (z. B. Elektroindustrie, bürotechnische Berufe usw.) starke Rationalisierungsschübe noch ausstehen, muß bei fortdauerndem Wirtschaftswachstum mit erheblicher Arbeitslosigkeit gerechnet werden. Gelingt es nicht, bisher unerledigt gebliebene Arbeit – z. B. auf dem Feld sozialer Dienste – zu leisten und das gesellschaftliche Gesamtarbeitsvolumen gerechter zu verteilen, erzeugen wir eine gesellschaftliche Randgruppe von Dauerarbeitslosen; viele junge Menschen verlieren ihre Zukunftschance, und die ohnehin dürftigen Ansätze einer Emanzipation der Frau, die mit der Möglichkeit beruflicher Tätigkeit gekoppelt sind, werden zunichte.

Die Gefahr der Entsolidarisierung der Gesellschaft im ganzen und der Arbeitnehmerschaft im besonderen nimmt zu und damit die Gefahr, daß einzelne, relativ privilegierte Gruppen ihre Besitzstände ohne Rücksicht auf sozial Schwächere erweitern. Die herkömmliche Sozialpolitik allein wird die sich vertiefenden und neu aufbrechenden Ungerechtigkeiten nicht aus der Welt schaffen können. Im Gegenteil. Mit zunehmender Deutlichkeit zeigt sich, daß eine weitgehend kompensatorische Sozialpolitik, die grundlegende Ungleichheiten in der Gesellschaft und zerstörerische Wirkungen inhumaner und unsozialer Arbeits- und Lebensbedingungen nicht aufzuheben, sondern nur nachträglich auszugleichen versucht, immer aufwendiger, bürokratischer und ineffektiver wird. Der Versuch, durch forciertes wirtschaftliches Wachstum in den alten Gleisen des Industriesystems aus den bestehenden Schwierigkeiten herauszukommen, führt zu neuen Ungerechtigkeiten und zur Vertiefung bereits bestehender gefährlicher Disparitäten.

Die herkömmliche Wachstumspolitik ist immer auch Konzentrationsförderungspolitik und damit eine Benachteiligung der kleineren und mittleren Unternehmen und ihrer Arbeitnehmer. Darüber hinaus nimmt die Ungleichheit der Lebensbedingungen zwischen den Ballungsräumen und den strukturschwachen Gebieten zu, die Kluft zwischen den armen Ländern der Dritten Welt und den reichen Industrieländern öffnet sich weiter. Der rasant steigende Verbrauch nicht regenerierbarer Rohstoffe und die fortschreitende Zerstörung unserer natürlichen und sozialen Umwelt sind im Begriff, den nach uns kommenden Generationen, gerade auch in den armen Ländern, die Chance zu nehmen, in Frieden und unter menschenwürdigen Bedingungen zu leben.

3. Konkurrenzgesellschaft und Solidarität

In unserer Gesellschaft, die dem einzelnen prinzipiell Rechtsgleichheit mit allen anderen zusichert, wird reale Ungleichheit meist durch den Hinweis auf unterschiedliche Leistung und ihr entsprechende Entlohnungen (Entschädigungen, Gewinne) gerechtfertigt. Die bei uns bestehenden gesellschaftlichen Ungleichheiten werden daher vor allem durch den Verweis auf den unterschiedlichen gesellschaftlichen Nutzen der Beiträge von einzelnen und Gruppen gerechtfertigt. Das Leistungsprinzip gilt als entscheidendes Verteilungsprinzip für gesellschaftliche Positionen und Chancen. Da in diesem Denken gesellschaftliche Ungleichheit natürliche Ungleichheit widerspiegelt, bestimmt die individuelle oder die Gruppenleistung die Rangordnung innerhalb der arbeitsteiligen Gesellschaft. Daß dabei mit einem verengten Leistungsbegriff gearbeitet wird, daß oft ökonomische Macht definiert, was Leistung sei, wird übersehen. Dadurch wird das Bedürfnis des einzelnen, über andere zu dominieren, einseitig stimuliert. Ein solcher Leistungsbegriff rechtfertigt eine Form der Konkurrenz, die den Erfolgreichen mit wirtschaftlichen und gesellschaftlichen Vorteilen belohnt, ohne zu fragen, ob dieser Erfolg im Interesse oder auf Kosten der Gesellschaft errungen wurde. Arbeit wird zu einem Mittel, sich selbst rücksichtslos im Verdrängungskampf gegen andere durchzusetzen. Dem – von niemand geleugneten – Eigeninteresse wird ein so hoher Eigenwert zugesprochen, daß andere, gegenläufige «Anlagen» des Menschen eine weit geringere Chance erhalten, sich zu verwirklichen. Der Orientierungsrahmen '85 sagt:

«Der herkömmliche Leistungsbegriff vernachlässigt fast vollständig den sozialen Zusammenhang menschlicher Tätigkeit. Er bewertet vorwiegend die individuelle Leistung, die lediglich an anderen individuellen Leistungen gemessen wird. Er ist Ausdruck eines auf die Spitze getriebenen Konkurrenzprinzips, d. h. des Kampfes aller gegen alle. Das Bedürfnis der Gesellschaft und der in ihr lebenden einzelnen nach Zusammenarbeit und gegenseitiger Hilfe bleibt unbefriedigt» (1. 7).

Alle Menschenbilder, die auf einem einseitig individualistischen Denkansatz beruhen, verkürzen und verstümmeln menschliche Möglichkeiten. Wir haben die Aufgabe, das nicht zu leugnende Eigeninteresse des Menschen so mit seinem – ebenso unleugbaren – Solidaritätsbewußtsein und Solidaritätsbedürfnis zu verbinden, daß für den einzelnen und für die Gesamtheit, für die Nächsten und für die Fernsten, der größte Nutzen erwachsen kann. Es ist eine schöpferische Aufgabe politischen Handelns, den persönlichen Leistungswillen des einzelnen so zu richten und zu ermutigen, daß er sich nicht gegen seinesgleichen durchsetzen muß, sondern – in Zusammenarbeit mit seinesgleichen und im Dienst an seinesgleichen – zugleich den persönlichen und den gemeinsamen Nutzen mehrt.

Das wird um so dringlicher, als die Konkurrenzgesellschaft an der Summe ihrer Egoismen zugrunde zu gehen, d. h. sogar des materiellen Erfolgs verlustig zu gehen droht, auf den sie zu ihrer Rechtfertigung verweist.

Teil IV

1. Wachstum und Grundwerte

Die demokratisch regierten Industrieländer Westeuropas, Nordamerikas und Japans haben im Vierteljahrhundert nach dem Zweiten Weltkrieg ein geschichtlich beispielloses Wachstum von Produktion und Produktivität erlebt. Dies hat nicht nur zu einer ebenso beispiellosen Erhöhung des Lebensstandards in diesen Ländern, sondern auch zu einer bedeutenden Erweiterung der sozialen Sicherheit und der sozialen Rechte geführt und zur Erhaltung und Erweiterung der politischen Freiheitsrechte beigetragen. Die gleichzeitige Zunahme der unverantwortlichen Verschwendung in den kapitalistischen Gesellschaften des Massenkonsums und die durch sie beschleunigten Gefahren der Umweltzerstörung und Ressourcenerschöpfung haben dann in Teilen der Öffentlichkeit eine Reaktion gegen den «Wachstumsfetischismus» hervorgerufen. Die Diskussion über die Zukunft der Kernenergie ist teilweise unter der Losung «Mehr Wachstum oder mehr Sicherheit?» geführt worden.

Der Verlust des Vertrauens in die Automatik des materiellen Fortschritts und die Besinnung auf einen grundwerteorientierten Fortschrittsbegriff führen notwendig dazu, daß das Wirtschaftswachstum für uns heute nicht mehr die zentrale Rolle als Fortschrittskriterium einnehmen kann, die es bis in die Mitte der sechziger Jahre innehatte. Aber daraus, daß wir uns hüten müssen, Wachstum mit Fortschritt gleichzusetzen, folgt keineswegs, daß die Chancen für eine Politik im Sinne der Grundwerte von jedem ökonomischen Wachstum unabhängig wären. In einer Gesellschaft ohne Wirtschaftswachstum werden alle Verteilungskämpfe notwendig schärfer, nicht etwa nur die zwischen Arbeitern und Unternehmern, sondern die zwischen den Beziehern von durch Lohnkämpfe veränderlichen und von festen Einkommen, zwischen Industriearbeitern und Gehaltsempfängern im Dienstleistungssektor, zwischen Industrieländern und Entwicklungsländern. In einer Gesellschaft mit sich verschärfenden Verteilungskämpfen aber wird es entsprechend schwerer, Gerechtigkeit und Solidarität zu verwirklichen – und wenn die Konflikte sich immer weiter verschärfen, wird nach allen Erfahrungen schließlich auch die Freiheit gefährdet. So gewiß eine grundwerteorientierte Politik nicht unter Zurückstellung aller anderen Kriterien auf Maximalwachstum abzielen kann, so gewiß ist, vom Standort der Grundwerte betrachtet, auch eine Welt ohne Chancen für wirtschaftliches Wachstum eine gefährdete Welt.

2. Mehr Chancen für Freiheit durch Dezentralisierung und Demokratisierung

Die heute deutlich werdenden Grenzen des Wachstums, der Ressourcen, des sozialen Leistungssystems, der Planbarkeit von Politik, der Finanzierbarkeit der öffentlichen Haushalte; die ökologische Krise, die mit der Entwicklung und Verwendung von Kernenergie verbundenen Gefahren, die Rolle der multinationalen Konzerne, weltweite Inflation und Arbeitslosigkeit – all diese und weitere globale Probleme der Gegenwart schränken die Handlungsfähigkeit nationaler Regierungen ein. Die Nationalstaaten verfügen nicht über hinreichende Kompetenzen und Mittel, die genannten Probleme allein aus eigener Kraft zu lösen. Angesichts dieser Situation ist die Schaffung supranationaler integrierter Einheiten und deren demokratische Kontrolle nötig. Die SPD unterstützt daher den Prozeß der europäischen Integration sowie die Arbeit der Vereinten Nationen und ihrer Unterorganisationen.

Niemand kann verantworten, darauf zu warten, bis solche und ähnliche Institutionen geschaffen sind. Geboten sind vielmehr sofortige Bemühungen, auch auf lokaler, regionaler und nationaler Ebene. Zudem beschwört die vermehrte Bildung übergreifender Organisationen und Institutionen die Gefahr herauf, daß die Politik für die Individuen noch undurchsichtiger, von ihnen noch weniger beenbflußbar wird. Der Grundwert der Freiheit erfordert, daß diese Tendenz kompensiert wird durch eine Dezentralisierung und Demokratisierung des Willensbildungs- und Entscheidungsprozesses. Die Schaffung von mehr konkreten Partizipationsmöglichkeiten für die Bürger in den sie betreffenden Belangen wird deshalb verstärkt ein Postulat sozialdemokratischer, grundwerteorientierter Politik.

Das – auch in der Sozialdemokratie – früher weit verbreitete Vorurteil, daß eine gerechtere und vernünftigere Gestaltung der Lebensumstände nur durch die Schaffung größerer Planungseinheiten und weitere Zentralisierung von Entscheidungen zu erreichen sei, hat sich vielfach als Hindernis sachgerechter und humaner Problemlösung erwiesen. Die zunehmende Verlagerung von Entscheidungen auf die Spitzen anonymer Konzern- und Staatsbürokratien und die damit Hand in Hand gehende wachsende Komplizierung der Lebenssachverhalte hat keineswegs immer zu größerer Leistungsfähigkeit geführt; und sie birgt eine ernste Gefahr für Freiheit und Demokratie. Wenn es nicht gelingt, Entscheidungskompetenzen stärker zu den Betroffenen zu verlagern und die vom Bürger politisch zu beurteilenden Sachverhalte so zu vereinfachen, daß die Bürger auch konkret Verantwortung übernehmen können, gehen wir einer Ära nicht demokratischer, sondern technokratischer Herrschaft entgegen. Demokratische Partizipation ist nur möglich, wenn die politisch zu entscheidenden Fragen für den einzelnen Bürger prinzipiell überschaubar und dann auch entscheidbar sind.

Deshalb brauchen wir eine Dezentralisierung der Entscheidungsstrukturen und – wo immer dies sachlich gerechtfertigt und möglich erscheint – auch eine Stärkung der kommunalen Selbstverwaltung. Unsachgemäße Zentralisierung trägt dazu bei, daß an den Bedürfnissen der unmittelbar Betroffenen vorbeientschieden wird, daß unproduktive, bürgerferne Bürokratien entstehen und dem einzelnen die Übernahme konkreter Verantwortung in Staat und Gesellschaft erschwert oder genommen wird. Hier liegt eine Quelle der Konflikte, die das Schlagwort von der «Unregierbarkeit» der hochentwickelten Industriestaaten hervorgerufen haben. Denn:

«Die Bereitschaft des Bürgers, getroffene Entscheidungen solidarisch zu tragen, wird um so größer sein, je durchsichtiger die Prozesse der Willensbildung und Entscheidung für ihn sind und je mehr Möglichkeiten der Mitwirkung er am Zustandekommen der Entscheidung hat». (OR '85, 2.4.9).

Freilich gibt sich kein Sozialdemokrat der Illusion hin, daß alle Probleme unserer Gesellschaft durch direkte Demokratie in autonomen Kleingemeinschaften gelöst werden können. Ohne zentralisierte Konsensbildung und Organisation sind viele wirtschaftliche, soziale und ökologische Probleme nicht zu bewältigen. Aber zentralisierte Konsensbildung und dezentrale Entscheidungsspielräume schließen sich nicht aus. Vielmehr kann eine sachgerechte Zentralisierung mit dazu beitragen, Freiräume für Selbstorganisation und bürgernahe Entscheidungsstrukturen zu schaffen. Andererseits ist es in vielen Fällen sowohl effektiver als auch demokratischer, gesellschaftliche und ökologische Vernunft durch Veränderung der Entscheidungskriterien und Binnenstrukturen kleiner Einheiten in diesen selbst zu verankern, als sie durch ein Übermaß an zentralen Vorschriften und bürokratischen Kontroll- und Eingriffsinstanzen von außen zu erzwingen. Dies gilt sowohl für den wirtschaftlichen Bereich, wo auf dem Wege der Mitbestimmung und der Vergesellschaftung neue dezentrale Entscheidungsstrukturen erfolgreich zur Geltung gebracht werden können, wie für die Beteiligung der Bürger an den Planungsprozessen in den Kommunen.

Unser Staat braucht einerseits eine Verstärkung seiner Regierungsfähigkeit, andererseits eine Aktivierung der Mitverantwortung aller seiner Bürger, Gruppen und Organisationen. Wir brauchen einerseits das auf Sachverstand und politische Entscheidungsbereitschaft gegründete staatliche Handeln, andererseits eine reichere Differenzierung der gesellschaftlichen Ebenen dieses Handelns. Deshalb ist eine förderative Durchstrukturierung – eine Aufgliederung und Zuordnung für Konkurrenz und Zusammenwirken – der politischen Handlungsebenen erforderlich: von den Kommunen und den gesellschaftlichen Teilsystemen über Regionen und Länder zum Nationalstaat und von dort zu supranationalen Gebilden.

3. Notwendigkeit einer gerechteren Verteilung der Primäreinkommen

Das Godesberger Programm setzt als Grundwert nicht, wie die Französische Revolution, die Gleichheit, sondern die Gerechtigkeit. Es strebt daher auch nicht die Gleichheit aller Einkommen an. Dafür fordert es, weil «Einkommen und Vermögen ...ungerecht verteilt» sind, eine «zielbewußte Einkommens- und Vermögenspolitik» und stellt fest: «Die Lohn- und Gehaltspolitik ist ein geeignetes und notwendiges Mittel, um Einkommen und Vermögen gerechter zu verteilen.»

Heute wird eine gerechtere Einkommenspolitik zur Schlüsselfrage sozialdemokratischer Politik. Die Einkommensrelationen haben sich in der Bundesrepublik in den letzten zwanzig Jahren kaum in Richtung auf mehr Gerechtigkeit verschoben; in einigen Bereichen sind sie zusätzlich verzerrt worden.

Verzerrte Einkommensstrukturen blockieren zunehmend unsere Politik. Es gibt heute mehr Gründe als je zuvor, die für weniger Ungleichheit in den Einkommen sprechen, zum Beispiel:

– Die Produktionskapazitäten in unserer Industrie sind, vor allem bei langlebigen Kosumgütern, häufig nicht ausgelastet. Die Sparrate ist unvermindert hoch. Nur in den unteren Einkommensbereichen besteht noch ein Bedarf, der über die Ersatzbeschaffung hinausgeht. Es ist nicht nur eine Forderung der Gerechtigkeit, sondern auch der wirtschaftlichen Vernunft, daß er gedeckt wird.

– Es kann notwendig werden, vernünftiges Haushalten mit knappen Ressourcen durch Verteuerung von Gütern anzuregen oder zu erzwingen (Öl, Benzin, elektrischer Strom, knappe Rohstoffe). Politisch ist dies nur vertretbar und durchsetzbar, wenn es nicht dazu führt, daß eine Einkommensgruppe davon gar nicht berührt wird, während andere vom Konsum praktisch ausgeschlossen werden.

– Bisher ging es darum, die Maschen des sozialen Netzes enger zu flechten. Inzwischen muß verhindert werden, daß dieses Netz aus seiner Verankerung reißt. Wir müssen dafür sorgen, daß weniger Menschen das Netz brauchen. Es zeigt sich, daß die nachträgliche Korrektur krasser Einkommensunterschiede durch Sozialpolitik Mittel erfordert, deren Aufbringung durch die Mehrheit der Arbeitenden diesen zunehmend als Belastung erscheint. Als Konsequenz kommen wieder die Grenzen des Sozialstaates in die Diskussion. Für Sozialdemokraten wird Sozialpolitik nicht weniger dringlich. Jedoch ändern sich die Methoden und Ansätze. Einer der neuen Ansätze muß eine weniger ungleiche Verteilung der Primäreinkommen – und der Renten – sein.

– In diesem Zusammenhang muß endlich auch für Frauen der gleiche Lohn für gleichwertige Arbeit durchgesetzt werden.

– Obwohl die Zahl der Arbeitslosen hoch bleibt und geburtenstarke Jahrgänge ins Arbeitsleben drängen, ist das Angebot an öffentlich finanzierten Humandienstleistungen nach wie vor unzureichend. Im Bildungswesen, in der Gesundheitsvorsorge, in der Jugendarbeit und Altenpflege, in den offenen sozialen Hilfen, im Strafvollzug fehlen eine große Zahl von Stellen, weil sie die Haushalte der Gebietskörperschaften und der Sozialversicherungsträger überfordern würden. Kraß überhöhte Einkommen in Teilen der Dienstleistungsbereiche reduzieren daher die Chancen – vor allem junger Menschen – auf einen Arbeitsplatz.

– In unseren Schulen erstickt der Konkurrenzkampf um Noten jede fruchtbare Pädagogik. Es ist möglich, Chancen in der Berufswelt stärker von den Schulzeugnissen abzukoppeln. Trotzdem wird keine Humanisierung der Schule gelingen, solange in der Schule darüber entschieden werden muß, ob ein junger Mensch Aussichten auf das Fünf- oder Zehnfache eines Facharbeitereinkommens hat.

– Die Notwendigkeit einer Abflachung des Nord-Süd-Gefälles wird von Jahr zu Jahr dringlicher. Eine Bereitschaft breiter Schichten kann dazu nur gewonnen werden, wenn auch das Einkommensgefälle in den Industrieländern und innerhalb der Entwicklungsländer verringert wird.

Auf eine gerechte Einkommenspolitik können alle hinwirken, die in Regierungen, Parlamenten, Gewerkschaften oder Sozialversicherungsträgern Verantwortung tragen. Eine auf stärkere Angleichung – nicht völlige Gleichheit – der Einkommen gerichtete Politik kann und darf sich nicht auf die für den privaten Verbrauch zur Verfügung stehenden Einkommen beschränken. Bei insgesamt geringerem realem Wirtschaftswachstum und angesichts der Bindung der realen Zuwächse für andere Zwecke – Wohlstandstransfer in weniger entwikkelte Länder, steigende Rohstoff- und Energiepreise u. a. m. – muß sich Einkommenspolitik auch auf die Investitionsquote, d. h. auf die Zuwächse des Produktivvermögens erstrecken.

4. Vorbeugende Sozialpolitik als praktizierte Solidarität

Solidarität bedeutete in den frühen Jahren der Arbeiterbewegung, durch Verbundenheit im Kampf und unter Verzicht auf unmittelbare persönliche Vorteile Selbsthilfe zu üben, Pflichten in der Gemeinschaft zu übernehmen und für die Schwachen einzutreten. Heute bedeutet Solidarität im Verständnis der Sozialdemokratie vor allem das Bemühen um Verhinderung von Not. Dies ist die primäre Aufgabe zeitgemäßer Sozialpolitik. Einer solchen Sozialpolitik stehen erhebliche Widerstände entgegen:
– Als Ergebnis des sozialen Fortschritts sind Sozialdemokraten nicht mehr täglich mit krassem materiellem Elend konfrontiert.
– Durch die oft unvermeidliche Bürokratisierung sind staatliche und sonstige öffentliche Sozialmaßnahmen mehr und mehr zu einem anonymen und dem einzelnen undurchschaubaren Verrechnungsvorgang geworden. Das Erlebnis der Solidarität ist geschwunden und damit das Bewußtsein ihrer Bedeutung als Motivation der Sozialpolitik.
– Die Umorientierung von einer nachfolgenden auf eine vorbeugende Sozialpolitik – die auf die Dauer nicht nur menschliches Leid mindern, sondern auch Geld sparen würde – verursacht zunächst erhebliche personelle und sachliche Kosten.
– Da in der Bundesrepublik die Sozialpolitik zunehmend verteilungspolitische Funktionen erhalten hat (Wohngeld, Kindergeld, Sparförderung, Ausbildungsförderung), können viele Arbeitnehmerfamilien

ihren Lebensstandard nur mit Hilfe von Sozialleistungen halten. Nicht selten besteht das reale Monatseinkommen einer vierköpfigen Facharbeiterfamilie zu mehr als einem Drittel aus Sozialleistungen. Diese können nur durch eine andere Verteilung der Primäreinkommen verringert werden.

– Das Finanzierungssystem unserer Sozialleistungen hat die Sozialabgaben schneller steigen lassen als die direkten Steuern. Die sogenannte Belastungsgrenze wird im Bewußtsein vor allem der besser verdienenden Arbeitnehmer durch die derzeitige Höhe der Sozialabgaben markiert. Solidarität betrachten sie fälschlich als ein ihnen abverlangtes Opfer.

Eine vorbeugende Sozialpolitik soll verhindern, daß der Bürger zum verwalteten Objekt der Sozialbürokratie wird. Das ist nur möglich durch Verbesserung der Primäreinkommen: Die Lohnpolitik der Tarifpartner – auch im öffentlichen Dienst – muß darauf gerichtet sein, die Löhne der unteren Einkommensgruppen anzuheben. Das bedingt auch die Abschaffung der Leichtlohngruppen, die in der Regel eine willkürliche Benachteiligung einer großen Zahl arbeitender Frauen darstellen. Hinzukommen muß ein staatlicher Einkommensausgleich entsprechend der Kinderzahl und dem Einkommen des Ehepartners. Das Familieneinkommen soll einen Stand erreichen, der es den Müttern vorschulpflichtiger und schulpflichtiger Kinder gestattet, sich frei von finanziellem Zwang zu entscheiden, ob und in welchem Umfang sie eine bezahlte Erwerbstätigkeit übernehmen wollen. Dies bedeutet kein Festhalten an dem traditionellen Rollenverständnis, daß der Mann für das Familieneinkommen zu sorgen hat, während der Frau die Pflichten der Pflege und Erziehung der Kinder sowie der Haushaltsführung obliegen. Arbeitsrechtliche und sozialpolitische Regelungen sollen sichern, daß die Ehepartner ohne Nachteile über die Verteilung ihrer Tätigkeit und ihrer Aufgaben entscheiden können.

– Kinder und Jugendliche sind in ihrer Entwicklung heute mehr gefährdet als früher. Will man soziale Kosten sparen, die durch Jugendkriminalität und Heimerziehung entstehen, so müssen erheblich höhere Mittel für die Jugendpflege bereitgestellt werden. Zwei Gruppen von Kindern und Jugendlichen bedürfen besonderer Hilfe.

○ Jedes fünfte in den letzten Jahren in der Bundesrepublik geborene Kind stammt von ausländischen Eltern ab. Aufgabe der Sozialpolitik ist es, diese Kinder zu fördern, im Schul- und Wohnbereich ihre Isolierung zu verhindern und ihnen die Chance zur Integration in unsere Gesellschaft zu bieten, bzw. sie auf das Leben im Heimatland ihrer Eltern vorzubereiten.

○ 1976 lebten in der Bundesrepublik 780000 alleinstehende Familienvorstände mit 1,2 Millionen Kindern unter 18 Jahren. Kindergärten, Ganztagsschulen und Angebote einer offenen Jugendarbeit sind für die Entwicklungschancen dieser Kinder wichtig.

– Für alle älteren Mitbürger ist eine über den heutigen Sätzen der Sozialhilfe liegende Grundrente zu schaffen. Aktive Altenhilfe, praktische Dienstleistungen und Geselligkeitsangebote sind soziale Aufgaben geworden. Sie müssen darauf gerichtet sein, den alten Menschen, auch den Pflegebedürftigen, ein als sinnvoll empfundenes Leben in der Gemeinschaft zu ermöglichen.

– Vorbeugende Sozialpolitik soll vor allem die Entstehung physischer und psychischer Krankheiten bekämpfen. Deren Ursachen liegen zum Teil in den heutigen Arbeits- und Lebensbedingungen. Sie zu verbessern ist eine Aufgabe des Staates und der ihn tragenden gesellschaftlichen Kräfte. Zu diesem Aufgabenkreis gehören:

○ Humanisierung der Arbeit und strengere Arbeitsschutzvorschriften

○ Erhöhung der Verkehrssicherheit

○ Förderung einer gesunden privaten Lebensführung

○ Psychosomatische Vorsorge und Beratung, psychologische Beratung und Lebenshilfe.

– Gesellschaftspolitische Reformen und sozialpädagogische Bemühungen können dazu beitragen, den Ursachen von Alkoholismus, Drogensucht und Kriminalität entgegenzuwirken, auch wenn diese nie ausreichen werden, sie zu beseitigen. Suchtkranke und straffällig Gewordene bedürfen unserer Solidarität.

Die Fülle und Vielgestaltigkeit sozialer Aufgaben erfordern ein Ineinandergreifen von staatlichen Maßnahmen und von Initiativen, die von einzelnen und von Gruppen getragen werden. Damit erhält der einzelne die Freiheit, sich als Persönlichkeit eigener Prägung in die Gemeinschaft einzufügen, und die Fähigkeit, sich in ihr zu behaupten. Die Voraussetzungen dafür zu schaffen ist ein Gebot der Solidarität.

In einer Welt, in der auf Grund wirtschaftlicher, technologischer und ökologischer Gegebenheiten die gegenseitige Abhängigkeit der Menschen und Staaten laufend zunimmt, kann Solidarität nicht mehr an den nationalen Grenzen haltmachen.

Solidarität, als eine aus der gemeinsamen Verbundenheit folgende gegenseitige Verpflichtung verstanden, gewinnt damit notwendigerweise eine europäische und eine weltweite Dimension.

In der Solidarität wird Eigeninteresse nicht verlängert, sondern aufgehoben. In einer gegenüber Störungen empfindlich gewordenen Welt liegt unsere Solidarität mit den Schwachen auch im eigenen

Interesse. Solidarität wandelt sich zur Vorbedingung für das Überleben aller. Dies erfordert eine Neubestimmung unserer Haltung zu fremden Staaten und ihren Bewohnern. In Europa ist dies teilweise gelungen, im Verhältnis zu den Entwicklungsländern ist es noch zu leisten. Das setzt ein entsprechendes politisches Bewußtsein beim Bürger voraus. Hier gilt es, Versäumtes rasch nachzuholen. Parteien und Regierung können diese Verantwortung nicht länger auf andere Institutionen und Gruppen – wie etwa die Kirchen – abschieben.

5. Recht auf Arbeit und Solidarität

Bis zur Mitte der siebziger Jahre war Massenarbeitslosigkeit den Entwicklungsländern mit hoher Geburtenrate und geringer wirtschaftlicher Entwicklung vorbehalten. Inzwischen haben auch die meisten Industrieländer damit zu kämpfen.

Da in der Bundesrepublik das Bruttosozialprodukt über zwei Jahrzehnte durchschnittlich noch rascher wuchs als die Produktivität pro Arbeitsstunde, wurde die steigende Nachfrage nach Arbeitskraft durch ausländische Arbeitnehmer gedeckt.

Seit 1974 führen die Begrenztheit von Märkten, der internationale Konkurrenzdruck und neue Rationalisierungsschübe dazu, daß der Zuwachs der Produktivität die Steigerung der Produktion übertrifft. Es wird also tendenziell Arbeitskraft freigesetzt.

Die Hoffnung, ein rasanter Aufschwung werde dies grundlegend ändern, schwindet. Rationalisierungsinvestitionen, aus Gründen der Konkurrenzfähigkeit notwendig und wünschenswert, beleben die Investitionsgüterindustrie, vernichten aber mehr Arbeitsplätze, als sie schaffen. Steuerliche Anreize zur Investition verpuffen, da die Investitionstätigkeit der Wirtschaft weniger durch Schwierigkeiten der Finanzierung als durch unbefriedigende Markterwartungen begrenzt wird, solange keine neuen Innovationsschübe stattfinden. Staatliche Investitionsprogramme, auf dem Kreditmarkt finanziert, schaffen Arbeitsplätze, wirken aber bisher nicht als Initialzündung für einen selbsttragenden Wachstumsprozeß. Das Angebot an Arbeitsplätzen bei öffentlich finanzierten Dienstleistungen wird eingeschränkt, da die Mittel fehlen.

In den kommenden Jahren drängen geburtenstarke Jahrgänge auf den Arbeitsmarkt, während geburtenschwache, durch den Zweiten Weltkrieg dezimierte Jahrgänge aus dem Arbeitsprozeß ausscheiden. Wachstumsraten, die den Produktivitätszuwachs so weit übertreffen, daß dadurch die Arbeitslosigkeit sinkt, sind wenig wahrscheinlich.

Daher läßt sich das Recht auf Arbeit heute nicht mehr ohne Solidarität verwirklichen. Auch wenn ein einklagbares Recht auf Arbeit unserer Gesellschafts- und Wirtschaftsordnung widerspricht, ist nicht einsichtig zu machen, warum politisch das Recht auf Eigentum einen höheren Rang einnehmen soll als das Recht auf Arbeit. Die Rechtsgemeinschaft des Staates hat die Verpflichtung, für einen hohen Beschäftigungsstand zu sorgen. Die Arbeit steht unter dem besonderen Schutz des Staates. Allen Arbeitsfähigen und Arbeitswilligen Arbeit zu ermöglichen hat im Rahmen eines sozialen Rechtsstaates Vorrang.

Es entspricht der Solidaritätsidee der Arbeiterbewegung, wenn als ein Mittel zur Bekämpfung der Arbeitslosigkeit vorgeschlagen wird, durch Arbeitszeitverkürzung die Arbeit gleichmäßiger zu verteilen. Dies ist nur möglich, wenn der Produktivitätszuwachs der Wirtschaft überwiegend in mehr Freizeit an Stelle von mehr Reallohn weitergegeben wird. Es müßte also die Mehrheit auf Realeinkommenszuwächse verzichten, damit die Minderheit eine größere Arbeitschance bekommt. Auch wenn im gegenwärtigen Zeitpunkt gewichtige Argumente vor allem gegen eine Verkürzung der Wochenarbeitszeit vorgetragen werden, zeigt sich bei gründlicher Untersuchung der Alternativen, daß auch andere Formen der Bekämpfung von Arbeitslosigkeit Solidarität erfordern.

Umfassende Investitionsprogramme der öffentlichen Hände müssen, wenn sie nicht als Initialzündung wirken können, vom Steuerzahler finanziert werden, sei es direkt über Steuern, sei es über die Verzinsung und Amortisation von Krediten. Auch die Verzinsung und Amortisation von Staatsschulden muß aus Steuermitteln bezahlt werden; die Sparer schießen in der Zukunft liegende Steuereinnahmen vor. Zinsgünstige Kredite an Länder mit schwacher Zahlungsbilanz und großem Bedarf schaffen Arbeitsplätze, müssen aber letztlich doch von denen bezahlt werden, die in Arbeit stehen. Zusätzliche Stellen für Humandienstleistungen können, vor allem für die geburtenstarken Jahrgänge, Arbeit schaffen, sie müssen aber direkt vom Steuerzahler finanziert werden.

Eine Senkung des Rentenalters wird von denen zu bezahlen sein, die Rentenbeiträge und Steuern zu entrichten haben.

Dasselbe gilt, wenn Jahrgänge durch längere Schulzeit als Beitrags- und Steuerzahler ausfallen und zusätzliche Mittel für ihre Ausbildung brauchen.

Dies bedeutet, daß die Bekämpfung der Arbeitslosigkeit ebenso Aufgabe der Solidargemeinschaft ist wie der Lebensunterhalt für die Arbeitslosen. Was auch immer heute gegen die Arbeitslosigkeit getan werden kann, erfordert in derselben Weise unsere Solidarität wie die Arbeitslosigkeit selbst. In jedem Fall muß ein beträchtlicher Teil des durch den Produktivitätszuwachs erreichbaren Zuwachses der Realeinkommen entweder für die Arbeitslosigkeit oder für ihre Bekämpfung aufgewandt werden. Setzt sich diese Einsicht durch, so ist der Weg frei für Diskussion und Entscheidung darüber, welche der Maßnahmen in welcher Kombination und Reihenfolge gegen die Arbeitslosigkeit zu ergreifen sind. Es geht dann nur noch darum, in welcher Form unsere Solidarität mit denen gefordert sein wird, die dasselbe Recht auf Arbeit haben wie wir. Daß für Sozialdemokraten finanzielle Opfer für die Beseitigung von Arbeitslosigkeit Vorrang haben vor Opfern zur Finanzierung von Arbeitslosigkeit, versteht sich von selbst.

Teil V

Durchsetzung grundwerteorientierter Politik

Wer eine Gesellschaftsordnung anstrebt, in der die Menschen ihr Leben an den Grundwerten der Freiheit, der Gerechtigkeit und der Solidarität orientieren, kann seine Ziele nicht durch Zwang, emotionale Verführung oder Manipulation zu erreichen versuchen; er wird sich nicht auf bürokratische Gängelung, obrigkeitliche Bevormundung oder blinden Autoritätsglauben stützen. Nur durch umfassende Information und vernünftige Diskussion, nur in der Form gleichberechtigter Zusammenarbeit und freiwilliger Solidarität kann die Politik des demokratischen Sozialismus verwirklicht werden.
Das bedeutet:

Grundwerteorientierte Politik kann nicht allein durch Beeinflussung der staatlichen und kommunalen Institutionen, durch Gesetzgebung, Regierung und Verwaltung, gewissermaßen von «oben» nach «unten», sie muß auch durch Information, Aufklärung, Mobilisierung und vermehrte Mitbestimmung der Menschen in allen Lebensbereichen, also von «unten» nach «oben» betrieben werden. Das heißt:

– Grundwerteorientierte Politik muß an die konkreten, täglich erfahrbaren Interessen und Bedürfnisse der Menschen anknüpfen und ihnen von daher den Einfluß auf die politische Gestaltung der gesamten Gesellschaft eröffnen. Sozialdemokratische «Vertrauensarbeit» in allen Bevölkerungsgruppen und auf allen Feldern gesellschaftlichen Lebens ist daher nicht etwa nur ein anderes Wort für Parteipropaganda, sondern bezeichnet ein Wesensmerkmal demokratisch sozialistischer Politik; sie ist kein bloßes Mittel, sondern trägt ihren Zweck in sich. Das heißt:

– Grundwerteorientierte Politik muß die erstrebte, durch mehr Freiheit, Gerechtigkeit und Solidarität geprägte neue Gesellschaftsordnung durch die Veränderung des praktischen, alltäglichen Verhaltens in den eigenen Reihen anschaulich und glaubwürdig machen. Das heißt:

– Grundwerteorientierte Politik darf nie vergessen, daß der politische Weg dem politischen Ziel entsprechen muß, daß der Zweck die Mittel nicht heiligt, sondern daß es Mittel gibt, die jeden Zweck entwerten.

Die praktische Folgerung ist:

«Die Politik des demokratischen Sozialismus ist durch staatliche Maßnahmen und durch die Partei allein nicht durchzusetzen. Sie bedarf einer breiten Bewegung in der gesamten Gesellschaft» (Orientierungsrahmen '85, 1. 11).

II. Grundwerte und Grundrechte

15. Januar 1979

1. Die Verwendung der Begriffe in der Grundwertediskussion

Die in den letzten Jahren in Gang gekommene Diskussion über die Grundwerte ist aus vielen Gründen zu begrüßen. Sie eröffnete eine neue Möglichkeit des Gesprächs der demokratischen Parteien miteinander und mit den gesellschaftlichen Gruppen und Kräften über das, was sie verbindet, und das, was sie unterscheidet. Insofern stellt sie auch eine Selbstbesinnung auf die Grundlagen unserer politischen Ordnung dar. Sie muß weitergeführt werden.

Der bisherige Verlauf der Diskussion hat jedoch deutlich werden lassen, daß sich schwerwiegende Mißverständnisse immer wieder daraus ergeben, daß die verschiedenen Teilnehmer an der Diskussion mit den gleichen Ausdrücken unterschiedliche Begriffsinhalte verbinden. Dieser Mangel an sprachlicher Klarheit mindert nicht nur das mögliche Maß an Verständigung. Er kann sogar zu einer ernsthaften Behinderung der demokratischen Willensbildung werden. Dies ist dann der Fall, wenn der Ausdruck «Grundwerte» unterschiedslos sowohl für die von allen getragenen Wertentscheidungen gebraucht wird, die in unsere Verfassung eingegangen sind, als auch für die Ziele und Maßstäbe, denen konkurrierende politische und gesellschaftliche Gruppen bei der Erarbeitung ihrer politischen Konzeption folgen. Dieser Mangel an sprachlicher Klarheit führt zur Einengung des legitimen Gestaltungsspielraums der politischen Kräfte auf den bloßen Vollzug vorgeblicher Verfassungsnormen.

Daher liegt die Gefahr, daß die eigenen politischen Ziele und Maßstäbe als Inhalt der Verfassung ausgegeben werden. Dann erscheint die abweichende inhaltliche Bestimmung der Grundwerte durch andere Gruppen nicht länger als legitime politische Herausforderung, sondern als eine Abweichung von der Verfassung selber. Der ungeklärte Sprachgebrauch schränkt auf diese Weise – beabsichtigt oder nicht – den notwendigen Handlungsspielraum für demokratische Willensbildung ein.

Daher bedarf es zunächst einer Verständigung über die in der Diskussion verwendeten Begriffe. Es gilt vor allem zu unterscheiden zwischen

- verbindlichen Grundrechten unseres Grundgesetzes,
- wertbezogenen Ordnungsprinzipien der Verfassung (etwa Sozialstaatlichkeit, Rechtsstaatlichkeit, Gewaltenteilung etc.),
- wertbezogenen Institutionen (z. B. Familie, Staat),
- Rechtsgütern (z. B. Leben, Gesundheit, Freizügigkeit),
- Tugenden des politischen Bürgers (z. B. Rechtlichkeit, Zivilcourage, Offenheit, Toleranz),
- Grundwerten der konkurrierenden politischen Parteien (Freiheit, Gerechtigkeit, Solidarität).

Rechtlich verbindliche Geltung beanspruchen in unserem Gemeinwesen zunächst die Grundrechte und Verfassungsprinzipien, die in den Art. 1 bis 20 des Grundgesetzes niedergelegt sind. Die in ihnen zum Ausdruck kommenden Wertentscheidungen über die Organisation von Staat und Gesellschaft sind in Art. 79 Abs. 3 des Grundgesetzes der Veränderung oder gar Aufhebung prinzipiell entzogen. Sie sind unwiderruflich und prägen so die unverfügbare Identität unserer Verfassungsordnung.

Art. 1 erklärt den Schutz der Würde des Menschen für die grundlegende Aufgabe aller Politik und stellt so den nachfolgenden Grundrechten und Verfassungsprinzipien den obersten Verfassungswert voran.

Grundrechtsschutz genießen bestimmte grundlegende individuelle Rechtsgüter (wie Leben, Gesundheit, Freizügigkeit).

Institutionen – zum Beispiel der demokratische Staat selber, seine Gemeinden, Ehe und Familie – sind wertbezogene Ordnungen des gesellschaftlichen Lebens, die teilweise – wie etwa Ehe und Familie (Art. 6) oder die kommunale Selbstverwaltung (Art. 28 Abs. 2) – verfassungsrechtlich besonders garantiert sind.

Verfassungsprinzipien, etwa Demokratie, Rechts- und Sozialstaatlichkeit oder der Föderalismus sind herausgehobene objektive, auf immer weitere Entfaltung angelegte Strukturen und Zielbestimmungen des politischen Gemeinwesens.

Die Grundrechte, die verfassungsrechtlich anerkannten und geschützten Institutionen und die Verfassungsprinzipien stellen die verfassungsrechtlichen Wertvorgaben für die politische Gestaltung von Staat und Gesellschaft dar.

Es erscheint zur Vermeidung von Mißverständnissen geboten, die Grundwerte der politischen Parteien davon deutlich zu unterscheiden. Von ihnen lassen sich die Parteien bei der politischen Ausfüllung des vom Grundgesetz abgesteckten Rahmens für die Gestaltung von

Staat und Gesellschaft leiten. Das Godesberger Grundsatzprogramm der Sozialdemokratie beginnt in Entsprechung zum Grundgesetz mit der Feststellung:

«Die Sozialisten erstreben eine Gesellschaft, in der jeder Mensch seine Persönlichkeit in Freiheit entfalten und als dienendes Glied der Gemeinschaft verantwortlich am politischen, wirtschaftlichen und kulturellen Leben mitwirken kann.»

Dieser Gedanke ist in den drei Grundwerten des demokratischen Sozialismus – Freiheit, Gerechtigkeit und Solidarität – konkreter gefaßt. Die Grundwerte der Parteien sind Maßstäbe für individuelles Handeln, für die Bewertung der gesellschaftlichen Wirklichkeit und für das politische Wollen, das diese Wirklichkeit verändernd gestaltet.

Sie unterscheiden sich dadurch von den Tugenden, die in unklarem Sprachgebrauch ebenfalls von einigen als Grundwerte bezeichnet worden sind. Eine Vielzahl vor allem öffentlicher Tugenden (Gesinnungen, Haltungen, Überzeugungen) ist für die Lebens- und Funktionsfähigkeit der Verfassung und der demokratischen Parteien von hoher Bedeutung. Solche Tugenden, etwa Toleranz, Zivilcourage, Offenheit, Rechtlichkeit, Wahrhaftigkeit werden weder von der Verfassung normiert, noch in der Regel von den Grundsatzprogrammen der demokratischen Parteien postuliert, sondern vorausgesetzt.

Eine demokratische Partei kann ihre Mitglieder auf Grundwerte verpflichten. Nicht für verbindlich erklären kann eine demokratische Volkspartei aber die Ableitung und Begründung dieser Grundwerte. Das Godesberger Programm nennt christliche Ethik, den Humanismus und die klassische Philosophie die Wurzeln des demokratischen Sozialismus in Europa. Ob der einzelne Sozialdemokrat sich aus christlichem Glauben heraus zu den Grundwerten des demokratischen Sozialismus bekennt, ob er die Wertbegründung in einem als objektiv verstandenen Naturrecht oder in einer anderen Ethik verankert sieht, bleibt jenseits dessen, was die Partei programmverbindlich aussagen kann. Keine Begründung darf in der Partei für sich Allgemeinverbindlichkeit in Anspruch nehmen – nicht etwa, weil der Versuch, eine einheitliche Überzeugung durchzusetzen, gescheitert wäre oder notwendig scheitern müßte, sondern weil die bewußte und gewollte Selbsteinschränkung der Partei auf das Abstimmbare und auf die Gestaltung «des Vorletzten» Ausdruck der Achtung vor der Würde des Menschen ist, dessen fundamentale Wertüberzeugungen der Mehrheitsregel nicht unterworfen werden können und dürfen.

Die demokratische Verfassung der Bundesrepublik ist möglich geworden, weil die Grundwerte der wichtigen politischen Kräfte in entscheidenden Bereichen übereinstimmen. Die Demokratie bleibt lebendig, solange die Parteien auf diesem Boden unterschiedliche Vorstellungen zur demokratischen Entscheidung stellen können.

Für die deutsche Sozialdemokratie sind ihre Grundwerte seit ihrer Entstehung die entscheidende Orientierung gewesen, nicht unter dem Namen Grundwerte, der sich erst in den fünfziger Jahren dieses Jahrhunderts einzubürgern begann, wohl aber ihrem Inhalt und ihrer Funktion nach. Die Geschichte der Grundwerte des demokratischen Sozialismus ist nicht nur die Dokumentation eines über einhundertjährigen Kampfes um ihre Verwirklichung, sondern auch eine Quelle für ihr Verständnis. Denn ihren lebendigen und konkreten Sinn in der Gegenwart gewinnen sie aus der Geschichte und den Erfahrungen, denen sie entstammen.

2. Das sozialdemokratische Grundwerteverständnis und seine Geschichte

Das Godesberger Programm von 1959 ist das erste Grundsatzprogramm der SPD, in dem «Grundwerte des sozialistischen Wollens» bewußt zum Bezugspunkt der gesamten Programmaussagen und -forderungen gemacht worden sind. Dennoch hat die Entwicklung der Forderungen des demokratischen Sozialismus aus ethischen Prinzipien eine lange Tradition. Sie reicht zurück in die Entstehungszeit der deutschen Sozialdemokratie. Den Programmdenkern der sozialdemokratischen Arbeiterbewegung war von Anfang an bewußt, daß die Gesellschaftsveränderungen, die der demokratische Sozialismus anstrebte, nicht etwa in der Abkehr von den freiheitlichen Prinzipien der Französischen Revolution zu gewinnen waren, sondern vielmehr dadurch, daß man diese Prinzipien ernster nahm als das Bürgertum. Es ist kein Zufall, daß in die Traditionsfahne des Allgemeinen Deutschen Arbeitervereins von 1863, auf den die heutige Sozialdemokratie ihre Geschichte zurückführt, die Worte «Freiheit – Gleichheit – Brüderlichkeit» eingestickt sind.

Der Ursprungsimpuls der Sozialdemokratie bestand also darin, die Liberalen und ihre Forderung nach Freiheit, Gleichheit und Brüderlichkeit für alle beim Wort zu nehmen und diese auf die ganze Gesellschaft zu erstrecken. Die Arbeiterklasse sollte sich dadurch emanzipieren; daß sie für sich die gleichen Rechte in Anspruch nahm wie die übrigen Teile der Gesellschaft.

Im «Kommunistischen Manifest» von 1848 – einem auch für die Geschichte der SPD bedeutsamen Dokument – heißt es:

«An die Stelle der alten bürgerlichen Gesellschaft mit ihren Klassen und Klassengegensätzen tritt eine Assoziation, worin die freie Entwicklung eines jeden die Bedingung für die freie Entwicklung aller ist.»[1]

Und in einem der ersten Programmdokumente der deutschen Arbeiterbewegung, der Schrift «Die Menschheit wie sie ist und wie sie sein sollte», bestimmte Wilhelm Weitling die Aufgabe der sozialistischen Umgestaltung der Gesellschaft als «die richtige Bestimmung der Ausdehnung der persönlichen Freiheit innerhalb der Grenzen der gesellschaftlichen Gleichheit».

Ferdinand Lassalle, der eigentliche Begründer der organisierten Sozialdemokratischen Arbeiterbewegung, faßte denselben Gedanken in voller Klarheit. Nach einer Kritik an dem liberalistischen Freiheitsverständnis, das zur Aufhebung der Freiheit für die wachsende Zahl der sozial Schwachen geführt hatte, führte er aus:

«Die sittliche Idee des Arbeiterstandes sei daher die, daß die ungehinderte freie Betätigung der individuellen Kräfte durch das Individuum für sich allein noch nicht ausreiche, sondern daß zu ihr in einem sittlich geordneten Gemeinwesen noch hinzutreten müsse: die Solidarität der Interessen, die Gemeinsamkeit in der Entwicklung.»[2]

Nicht unter dem Namen Grundwerte, aber als deutlich bewußte Prinzipien lagen diese Forderungen den ersten Programmen der deutschen Sozialdemokratie zugrunde. Auch August Bebel als Führer der wenig später gegründeten Sozialdemokratischen Arbeiterpartei war sich dieser Grundprinzipien der Arbeiterbewegung uneingeschränkt bewußt:

«Die bürgerliche Demokratie geht von der Ansicht aus, daß die politische Freiheit eigentlich alles sei, was der Mensch verlangen könne, höchstens habe der Staat für eine ausreichende Bildung aller Staatsbürger zu sorgen und die Steuern so einzurichten, daß keiner ungerecht betroffen werde. Das sind drei Dinge, die wir akzeptieren, die aber nicht ausreichen. Der Staat soll allerdings – so meinen auch die Sozialdemokraten – die Freiheit garantieren, aber auch darauf sehen, daß die Freiheit des einen der Freiheit des anderen keinen Schaden bringt ... als Zweck betrachtet die Sozialdemokratie die Herstellung der ökonomischen Gleichheit, also die Errichtung eines auf voller Freiheit und Gleichheit basierenden Staats- und Gesellschaftswesens. Die Freiheit hört da auf, wo sie hinübergreift in die Sphäre des anderen, d. h., wo sie durch ihre Übergriffe die Gleichheit verletzt.»[3]

Im wichtigsten Dokument der deutschen Sozialdemokratie vor dem Ersten Weltkrieg, dem Erfurter Programm von 1891, treten zwar die dem damals vorherrschenden naturwissenschaftlichen Denken entsprungenen und über den Marxismus in die Partei eingeflossenen

Vorstellungen des Sozialismus als einer naturnotwendigen Entwicklung der Geschichte in den Vordergrund, die endgültig erst im Godesberger Programm als unhaltbar überwunden wurden. Daneben enthält aber auch dieses Programm die nun schon traditionellen Prinzipien des sozialistischen Wollens. Es nennt die «höchste Wohlfahrt und allseitige harmonische Vervollkommnung aller Menschen» und «gleiche Rechte und gleiche Pflichten aller» als Kriterien der angestrebten neuen Gesellschaftsordnung. Und weiter heißt es dort:

«Von diesen Anschauungen ausgehend bekämpft sie in der heutigen Gesellschaft nicht bloß die Ausbeutung und Unterdrückung der Lohnarbeiter, sondern jede Art der Ausbeutung und Unterdrückung, richte sie sich gegen eine Klasse, eine Partei, ein Geschlecht oder eine Rasse.»[4]

Diese Prinzipien dienten nicht lediglich als Maßstab der erstrebten neuen Staats- und Gesellschaftsordnung der Zukunft. Sie waren vielmehr die Grundlage der politischen Tagesarbeit der Sozialdemokratie im Kaiserreich, die sich auf die Erkämpfung und Ausweitung der demokratischen Rechte und die Verbesserung der sozialen Lage der benachteiligten Schichten des Volkes konzentrierte.

Im Zuge der weiteren Entwicklung präzisierte die von Eduard Bernstein angestoßene revisionistische Bewegung innerhalb der Sozialdemokratie diese Prinzipien und befreite sie von den geschichtsdeterministischen Überlagerungen des Erfurter Programms.

Für Bernstein stand schon 1899 fest:

«Wo irgendeine wirtschaftliche Forderung des sozialistischen Programms in einer Weise oder unter Umständen ausgeführt werden sollte, daß die freiheitliche Entwicklung dadurch ernsthaft gefährdet erschien, hat die Sozialdemokratie sich nie gescheut, dagegen Stellung zu nehmen. Die Sicherung der staatsbürgerlichen Freiheit hat ihr stets höher gestanden als die Erfüllung irgendeines wirtschaftlichen Postulats. Die Ausbildung und Sicherung der freien Persönlichkeit ist der Zweck aller sozialistischen Maßregeln, auch derjenigen, die äußerlich sich als Zwangsmaßregeln darstellen. Stets wird ihre genauere Untersuchung zeigen, daß es sich dabei um einen Zwang handelt, der die Summe von Freiheit in der Gesellschaft erhöhen, der mehr und einem weiteren Kreise Freiheit geben soll, als er nimmt.»[5]

Bekanntlich hat Bernsteins Aufforderung an seine Partei, durch Reformen allein dieses Ziel zu erreichen, in jenen Jahren zu großen Auseinandersetzungen geführt, schien die Reformierbarkeit des halbabsolutistischen Kaiserreichs vielen Sozialdemokraten doch fraglich.

Erst unter demokratischen politischen Bedingungen hat sich Bernsteins Ansatz durchsetzen können. Über die von ihm übereinstimmend mit der Parteimehrheit beschriebenen Grundwerte des Sozialismus hat es indessen keine Auseinandersetzungen gegeben.

Konsequenterweise war es daher das Hauptziel der deutschen Sozialdemokratie in der Revolution von 1918, die Demokratie in Deutschland voll wirksam werden zu lassen. Es war der sozialdemokratische Präsident dieser ersten deutschen Republik, Friedrich Ebert, der auf die Aufnahme von Grundrechten in die Weimarer Reichsverfassung drängte. Solange diese Demokratie bestand, war die Sozialdemokratie – auch in der Opposition – ihre wichtigste politische Stütze. Ebenso wie in ihrer praktischen Politik bekräftigte sie in ihren beiden während dieser Zeit verabschiedeten Grundsatzprogrammen ihre traditionellen Prinzipien.

Eine erneute praktische Probe auf ihre Prinzipien bestand die Sozialdemokratie, als ihre Reichstagsfraktion als einzige unter allen anwesenden Fraktionen des Reichstages der Weimarer Republik Hitlers Ermächtigungsgesetz die Zustimmung verweigerte. In einer Stunde der Gefahr für Leib und Leben der sozialdemokratischen Politiker erklärte der Parteivorsitzende Otto Wels im Reichstag:

«Wir deutschen Sozialdemokraten bekennen uns in dieser geschichtlichen Stunde feierlich zu den Grundsätzen der Menschlichkeit und der Gerechtigkeit, der Freiheit und des Sozialismus. Kein Ermächtigungsgesetz gibt Ihnen die Macht, Ideen, die ewig und unzerstörbar sind, zu vernichten.»

Durch den Zusammenbruch der ersten deutschen Demokratie, die sie mit aufgebaut und getragen hatte, sowie durch die Erfahrung des Faschismus und Stalinismus vertiefte sich das Bewußtsein der Sozialdemokratie, daß diese Prinzipien das Entscheidende aller ihrer Programmforderungen ausdrücken. Richtig ist, daß sich die Sozialdemokratie bis zum Ende der Weimarer Republik als Partei der Klasse der Lohnarbeiter verstand. Dies stellte jedoch keinen zwingenden Gegensatz zu ihrer Orientierung an allgemein gültigen werthaften Prinzipien dar. Vielmehr bedeutete es die konsequente Zuwendung zu denjenigen, die durch ihre gesellschaftliche Stellung von der Geltung dieser Prinzipien am weitesten entfernt waren. Kurt Schumacher hat diesen Zusammenhang unmittelbar bei der Neubegründung der Sozialdemokratie nach 1945 hervorgehoben:

«Der deutsche Sozialismus ist entstanden aus der deutschen klassischen Philosophie und aus dem Ideengehalt der großen westeuropäischen Revolutionen, vor allem aus den Ideen von 1789, wie sie damals in die Öffentlichkeit kamen und die Welt eroberten. Diese Idee der Menschenrechte ist nicht das Ideal der Bürger, es gibt darüber hinaus keine Idee besonderer Arbeiterrechte. In den menschlichen Rechten der

Freiheit, der Gleichheit, der Brüderlichkeit, der Menschlichkeit sind auch alle Klassenforderungen der Arbeiter enthalten ...»[6]

Im Godesberger Programm sind unter dem Namen Grundwerte die Prinzipien des sozialistischen Wollens ins Zentrum gerückt, die die Deutsche Arbeiterbewegung seit jeher geleitet hatten. Zugleich werden die vulgärmarxistischen und geschichtsdeterministischen Vorstellungen, welche die Parteitheorie lange beherrscht und in einem unaufgelösten Gegensatz zu der wertorientierten Praxis der Partei gestanden hatten, entschieden abgelehnt. Godesberg bedeutet damit für die Parteigeschichte den vollen Durchbruch der Motivationskraft sozialdemokratischer Wertvorstellungen auch in der Theorie.

Die Grundwerte des demokratischen Sozialismus «Freiheit, Gerechtigkeit und Solidarität» sind im Godesberger Programm selbst durch die «Grundforderungen für eine menschenwürdige Gesellschaft» interpretiert und im Orientierungsrahmen '85 der SPD auf dieser Grundlage präzisiert.

Freiheit verwirklicht die Würde des Menschen, die in seinem Anspruch auf Selbstverantwortung liegt.

Gerechtigkeit ist die Forderung nach gleicher Freiheit für jedermann.

Solidarität heißt entgegen dem sorgsam gepflegten Vorurteil der politischen Gegner der Sozialdemokratie schon im Godesberger Programm nicht der bloße Zusammenhalt einer Kampfgemeinschaft, sondern die aus der gemeinsamen Verbundenheit folgende gegenseitige Verpflichtung aller Menschen untereinander.

Diese drei Grundwerte bedingen nach dem Verständnis der Sozialdemokratie einander und sind gleichwertig. Darin unterscheidet sich unser Grundwerteverständnis von dem der CDU, die das Rangverhältnis der Grundwerte für verschiedene politische Situationen jeweils offen lassen will, und von dem der Liberalen, die der Freiheit den Vorrang auch vor der Gerechtigkeit und der Solidarität einräumen.

Nach sozialdemokratischem Verständnis setzt die Verwirklichung der Freiheit die Fähigkeit des Menschen zu vernünftiger Selbstbestimmung und Eigenverantwortung voraus. Auf dieser ethischen Grundlage entfaltet sich Freiheit in drei Dimensionen:

– der persönlichen Dimension, das heißt, der Entwicklung der individuellen Fähigkeiten zur Selbstbestimmung, vor allem durch die Möglichkeit zu Bildung und Weiterbildung. Ohne sie ist der Anspruch des Menschen auf vernünftige Selbstbestimmung nicht zu verwirklichen.

– der demokratisch-rechtsstaatlichen Dimension, die in der klassischen Forderung der Freiheit von willkürlichen und ungerechten Beeinträchtigungen der Handlungssphäre des Individuums durch den Staat oder durch Dritte zusammengefaßt ist.
– und der Dimension der sozialen Institutionen, weil ohne die «tatsächliche Möglichkeit» zur Selbstentfaltung Freiheit eine bloße Illusion bleiben müßte.

Anders als im Denken der Konservativen, ist die Freiheit für Sozialdemokraten nicht nur eine Wesensbestimmung des Menschen – gleichgültig, unter welchen Umständen er leben muß; Freiheit ist für uns zugleich eine gesellschaftliche Aufgabe und Leistung. Dieses Freiheitsverständnis bedeutet von vornherein, daß der einzelne seine Freiheitschance solidarisch im Hinblick auf die Gemeinschaft und den anderen wahrnimmt. Es schließt den Respekt vor dem gleichen Freiheitsrecht aller anderen ein.

Gerechtigkeit soll den gleichen Anspruch eines jeden auf freie Selbstentfaltung verwirklichen. Sie bezieht sich damit auf die Freiheit im oben dargelegten, unverkürzten Sinne. Dieser Sachverhalt ist im Orientierungsrahmen '85 mit dem Ausdruck «gleichwertige Lebenschancen» umschrieben. Er fordert mehr als nur gleiche Startchancen oder gar nur eine unbestimmte Chancengerechtigkeit. Es geht darum, die eklatanten Ungerechtigkeiten abzubauen und allen die Befriedigung ihrer Grundbedürfnisse zu ermöglichen, ohne damit eine Gleichheit der Ergebnisse zu erzwingen. Das bedeutet zugleich eine Absage an alle, die eine Gleichförmigkeit des individuellen Lebens ohne Freiheit und Vielfalt bezwecken.

Solidarität behält im Verständnis der Sozialdemokratie zunächst die traditionelle Bedeutung des Füreinander-Einstehens der um die Verwirklichung von Freiheit und Gerechtigkeit kämpfenden benachteiligten Gruppen. Darüber hinaus ist sie aber eine allgemein menschliche Einstellung, die aus der gegenseitigen Abhängigkeit und Verbundenheit der Menschen das Bewußtsein entstehen läßt, «daß wir als Freie und Gleiche nur dann menschlich miteinander leben können, wenn wir uns füreinander verantwortlich fühlen und einander helfen» (OR '85, 1,2).

Damit bringt die Solidaritätsforderung der Sozialdemokratie die Erkenntnis zum Ausdruck, daß sich Freiheit und Gerechtigkeit «durch Institutionen allein nicht sichern» lassen, sondern eine neue solidarische Haltung der Menschen erfordern. Die Bereitschaft zur Solidarität kann um so stärker wachsen, je mehr Freiheit und Gerechtigkeit in Staat und Gesellschaft verwirklicht sind. Hier unterscheidet sich das Solidaritätsverständnis der Sozialdemokratie deutlich von dem der anderen politischen Strömungen. Die Liberalen erwähnen die Forderung nur am Rande, die Konservativen verleihen ihr einen zwiespältig defensiven Charakter. Solidarität läuft in ihrem Verständnis vielfach auf die Forderung an die unteren Ränge der Gesellschaft hinaus, die fortbestehenden gesellschaftlichen Ungleichheiten zu tragen und zu dulden und sich auf das Wohlwollen der oberen Ränge der Gesellschaft zu verlassen.[7]

Die «Grundforderungen» als erste Konkretisierungen der Grundwerte im Godesberger Programm leiten aus unserem Grundwerteverständnis unmittelbar die Verpflichtung zur Demokratie als allgemeiner Staats- und Lebensordnung und die Absage an jede Art der Diktatur ab.

Aus ihnen ergibt sich die Bejahung der Grundrechte und Prinzipien des Grundgesetzes der Bundesrepublik Deutschland, das Sozialdemokraten aus eben diesem Grundwerteverständnis heraus wesentlich mitgeschaffen und mitgeprägt haben.

3. Grundrechte und Grundwerte

Die Grundrechte sind ursprünglich und in geschichtlicher Perspektive Abwehrrechte des einzelnen gegenüber der Staatsgewalt. Im liberalen Bezugssystem der frühen Menschenrechtsdokumente – etwa der «Virginia Bill of Rights» von 1776 oder der französischen Erklärung der Menschen- und Bürgerrechte von 1789 – sind Grundrechte gleichbedeutend mit Grundfreiheiten, mit der punktuellen, noch keinesfalls systematisierten Ausgrenzung besonders sensibler Lebensbereiche aus der Reichweite der staatlichen Machtausübung. Noch in der konstitutionellen Monarchie stand diese ausgrenzende, abwehrende Funktion der rechtsstaatlichen Garantien ganz im Vordergrund der Diskussion.

Auf dem Boden der Weimarer Reichsverfassung wurde eine weitere Bedeutung der Grundrechte entdeckt: Man erkannte in den Grundrechten Elemente der Ordnung des Gemeinwesens. Heute hat sich die auch in die Rechtsprechung des Bundesverfassungsgerichts («Einrichtungsgarantien») eingegangene Anerkennung der Funktion bestimmter Grundrechte als Institutsgarantien voll durchgesetzt. Der grundrechtliche Schutz von Ehe und Familie enthält beispielsweise außer der grundgesetzlichen Anerkennung der Eheschließungsfreiheit (eines subjektiven Grundrechts) auch die Garantie von Ehe und Familie als Institution. Ähnlich unterscheidet man im Rahmen der Eigentumsgarantie das subjektive Recht des einzelnen Eigentümers auf den Genuß und Schutz (etwa gegen rechtswidrige hoheitliche Beeinträchtigung) seines Eigentums von der Gewährleistung des Eigentumsrechts als eines zentralen Instituts unserer Rechtsordnung. Die Beispiele ließen sich vermehren.

In einem weiteren Schritt hat das Bundesverfassungsgericht die objektiv-rechtliche Bedeutung der Grundrechte noch vertieft, indem es bestimmten Verfassungsartikeln den Charakter wertentscheidender Grundsatznormen zuerkannte. Die etwa in Art. 6 GG enthaltene Wertentscheidung verpflichtete den Staat, bei der Gestaltung der gesamten Rechtsordnung auf Ehe und Familie Rücksicht zu nehmen; die Verfassungsnorm strahlt somit etwa in das Zivilrecht, das Recht des Strafvollzugs, das Steuerrecht usw. aus. Von den drei Funktionen der Grundrechte – der Verleihung subjektiver Rechte an den einzelnen, der Gewährleistung bestimmter Institutionen (Einrichtungen) und der Normierung bestimmter Wertprinzipien – beanspruchen die beiden zuletzt genannten objektiv-rechtlichen Funktionen für unser Thema das größte Interesse.

Das Godesberger Programm hat sich die Anerkennung der Grundrechte als objektiver Wertentscheidungen und konstitutiver Bestimmungen des rechtsstaatlichen Gemeinwesens zu eigen gemacht:

«Die Grundrechte sollen nicht nur die Freiheit des einzelnen gegenüber dem Staat sichern, sie sollen als gemeinschaftsbildende Rechte den Staat mitbegründen.»

Damit bringt also auch unser Programm zum Ausdruck, was das Grundgesetz von einem nur liberalen Verfassungsverständnis auszeichnet: Die Verfassung des Grundgesetzes ist nicht nur eine formale Ordnung, nicht nur ein System von Verfahrensregeln, sondern eine materielle, auf Werte gegründete und auf Wertentfaltung angelegte Ordnung. Dies bedeutet allerdings nicht, daß die Verfassung ein geschlossenes hierarchisches System der Grundrechte enthält oder voraussetzt.

Im Grundgesetz, das aus der Verneinung der gerade zerbrochenen Unrechtsordnung erwuchs, beanspruchen die Menschenwürde, das Recht auf Leben und körperliche Unverschrtheit und das Recht auf freie Entfaltung der Persönlichkeit besonderen Rang. Besonders bedeutsam sind außer dem Gleichheitssatz auch die fundamentalen Strukturprinzipien und Staatszielbestimmungen der Rechtsstaatlichkeit, Demokratie und Sozialstaatlichkeit. Gemeinsamkeiten im Grundwerteverständnis der politischen Parteien, die die Verfassung schufen, haben zu den für alle verbindlichen Grundrechten und Prinzipien des Grundgesetzes geführt.

Wie die Grundrechte der Verfassung sind auch die Grundwerte der

SPD in der christlichen Ethik, im Humanismus und in der klassischen Philosophie verwurzelt. Wie die Grundrechte bedürfen die Grundwerte des demokratischen Sozialismus der Entfaltung in der Geschichte, der Aktualisierung und Bewährung im Lebensprozeß der Gesellschaft und der immer neuen Bestätigung vor neuen Erfahrungen und in der Anwendung auf konkrete Situationen. Im Bekenntnis des Grundgesetzes zu unantastbaren Grundrechten, die in ihrem Kernbereich der Abstimmung entzogen sind, und in der Festlegung des Godesberger Programms auf die Grundwerte der Freiheit, Gerechtigkeit und Solidarität kommt ferner eine gemeinsame Erfahrung zum Ausdruck: nämlich die des Staatsunrechts und des Unrechtsstaats in der nationalsozialistischen Gewaltherrschaft und auf andere Weise in der kommunistischen Diktatur. Für den Verfassungsgeber folgte daraus, daß die Grundrechte unmittelbar geltendes Recht – und nicht wie in der Weimarer Republik bloß Programmsätze – und in ihrer Substanz der Änderung entzogen sein müßten. Dem entspricht es, daß die Sozialdemokratie in Godesberg Grundwerte bewußt zum Ausgangspunkt ihres Programms gemacht hat.

Bei aller ihrer Verwandtschaft in Ursprung und Ziel darf eines nicht übersehen werden: Die Grundwerte der SPD sind nicht mit den Verfassungsgrundsätzen des Grundgesetzes identisch und gehen auch nicht in ihnen auf. Die Verfassung will und kann keine perfekte und vollständige Regelung des staatlichen und gesellschaftlichen Lebens sein. Unsere Politik ist daher auch nicht einfach Verfassungsvollzug. Vielmehr steckt die Verfassung lediglich den Rahmen ab, innerhalb dessen sich jede Politik halten muß, der jedoch auf unterschiedliche Weise gefüllt werden kann. Als Maßstäbe einer den Verfassungsrahmen ausfüllenden und die Grundrechte aktualisierenden Politik führen die Grundwerte daher über die Grundrechte hinaus. Sie stehen nicht etwa im Gegensatz zu den Grundrechten, die als unverzichtbare Maßstäbe respektiert werden, an denen sich die unterschiedlichen, wenn auch in gleicher Weise legalen politischen Konkretisierungen der Verfassung orientieren.

Gerade einige jüngere Entscheidungen des Bundesverfassungsgerichts geben Anlaß, dies besonders hervorzuheben. Die Offenheit der Verfassung darf nicht dadurch zurückgenommen werden, daß in den Verfassungstext detaillierte Wertentscheidungen hineingelesen und zur Grundlage von Rechtsentscheidungen gemacht werden. Dies könnte die politische Gestaltungsfreiheit des Gesetzgebers und des souveränen Volkes einengen und die politischen Kräfte lähmen. Der Verfassungspositivismus, der von politisch ganz entgegengesetzten Seiten vorgetragen wird, enthält einen zutreffenden Kern: die Verfassung enthält keinen vollständigen, alle gesellschaftlichen Fragen verbindlich regelnden Wertkanon. Sozialdemokratische Verfassungspolitik wird deswegen nicht nur die Werthaltigkeit, sondern auch die Offenheit der Verfassung für politischen und gesellschaftlichen Wandel und die Dialektik von Konsens und Konflikt im Verfassungsleben betonen müssen.

In der Art, wie sie den verbindlichen Verfassungsrahmen füllen wollen, unterscheiden sich die politischen Parteien voneinander. Daß sie die Grundwerte Freiheit, Gerechtigkeit und Solidarität verschieden interpretieren, macht politische Auseinandersetzungen nötig. Daß sie sich auf dieselben Grundwerte berufen, ist aber ein Hinweis darauf, daß sie denselben Verfassungsrahmen füllen wollen. Die Grundrechte und Verfassungsprinzipien konnten bei der Gründung der Bundesrepublik nur deshalb verbindlich gemacht werden, weil die verfassungstragenden Parteien wußten, daß sie bei aller Unterschiedlichkeit der Interpretation in Grundwerten übereinstimmten. Die Entscheidung über die Bereiche, in denen es keine Übereinstimmung gab, sollte dem demokratischen Prozeß überlassen bleiben. Gäbe es keine Übereinstimmung im Grundwertebereich, so wäre die freiheitliche Verfassung nicht lebensfähig. Gäbe es eine vollständige Übereinstimmung, so könnte sich keine Demokratie entfalten. Die Offenheit des Grundgesetzes für unterschiedliche Konkretisierungen seiner Grundrechte und Verfassungsprinzipien entspricht dem Willen der Väter der Verfassung und den Voraussetzungen der pluralistischen Demokratie.

Sie läßt sich beispielhaft am Streit um die paritätische Mitbestimmung verdeutlichen. Die Grundrechte, die in den hier vor allem relevanten Grundgesetzartikeln 9 und 14 verankert sind, lassen ganz verschiedene gesetzliche Regelungen der Mitbestimmung im Unternehmen zu. Weder die vordem geltende unterparitätische, noch die von der SPD geforderte paritätische Lösung können als grundrechtswidrig oder grundrechtsgeboten angesehen werden. Maßgebend für die politische Entscheidung über das Ausmaß der Mitbestimmung sind somit nicht die Grundrechte, sondern die Grundwerte. Im Rahmen der verfassungsgemäßen Möglichkeiten tritt die SPD für eine paritätische Mitbestimmung ein, weil diese nach ihrer Auffassung allein den drei Grundwerten der Freiheit, Gerechtigkeit und Solidarität in ihrer Gleichgewichtigkeit angemessen ist. Eine unterparitätische Lösung dagegen bleibt hinter dem aus sozialdemokratischer Sicht gebotenen Maß an Freiheit, Gerechtigkeit und Solidarität für die Betriebsangehörigen zurück. Den damit nicht genügend beachteten Grundwerten der Gerechtigkeit und der Solidarität mißt die Sozialdemokratie für ihre Politik jedoch eine erheblich größere Bedeutung zu als ihre politischen Gegner. Daher will sie den von der Verfassung offen gelassenen Raum durch paritätische Mitbestimmung füllen.

Das Grundgesetz fordert in seinem Art. 21 von den politischen Parteien, auf seinem Boden alternative Gemeinwohldefinitionen zu erarbeiten, zur Abstimmung zu stellen und gegebenenfalls durchzusetzen, die immer ein «Entwurf auf das Ganze hin» sein sollten (Adolf Arndt).[8] Dabei ist die Verteidigung der Verfassung und insbesondere der Grundrechte gegen offene Angriffe, aber auch gegen die versteckte Aushöhlung, ein unverzichtbares Mindestziel sozialdemokratischer Politik;[9] erst dann können immer mehr Freiheit, Gerechtigkeit, Solidarität verwirklicht werden.

4. Staat und Grundwerte

Im Mittelpunkt der Grundwertedebatte der letzten Jahre steht das Problem der Verantwortlichkeit für die Wahrung und Pflege der Grundwerte: Ist der Staat oder die Gesellschaft zuständig? Kristallisationspunkt der Diskussion war namentlich die Rede Helmut Schmidts vor der Katholischen Akademie in Hamburg am 23. Mai 1976.

Staat und Gesellschaft sind in der heutigen Wirklichkeit und unter dem Grundgesetz nicht mehr reinlich zu scheidende Gegensätze. Gerade aus der Überwindung der frühliberalen und für die konstitutionelle Monarchie charakteristischen Trennung von Staat und Gesellschaft leiten Sozialdemokraten die Unausweichlichkeit der Gesellschaftspolitik und die Notwendigkeit ihrer bewußten Gestaltung her. Der moderne Staat kann nicht umhin, auf den gesellschaftlichen Wertfundus einzuwirken; man denke allein an die staatliche Verwaltung des Bildungswesens. Zu fordern ist, daß die Einwirkung bewußt und in Kenntnis und Verantwortung ihrer Folgen vorgenommen wird.

Zwischen der staatlichen Rechtsordnung und dem gesellschaftlichen Wertmilieu besteht ein Wechselverhältnis. Einerseits bedürfen Rechtsnormen um ihrer Effektivität willen eines – je nach der Regelungsmaterie – Mindestmaßes an Resonanz im Wertbewußtsein der Bürger. Soll im freiheitlichen Gemeinwesen das Recht respektiert werden, so ist ein hohes Maß an Zustimmung der Bürger nötig. Andererseits kann auch der Gesetzgeber (und nicht etwa nur die staatliche Kultusverwaltung) auf das Wertmilieu in gewissem Umfang einwirken. Das gilt nicht nur dort, wo – eine nicht seltene Tatsache des sozialen Lebens – die weithin praktizierte private Moral und die überwiegend anerkannte öffentliche Moral auseinanderklaffen. Namentlich auf Wertumschichtungen und -veränderungen kann die Gesetzgebung beschleunigend oder verzögernd wirken. (Beispiel für eine antizipatorische Rechtsreform: Teile des neuen Eherechts, etwa das gesetzgeberische Leitbild der Partnerschaft) Der Grundgedanke der Strafrechtsreform, nur «sozialschädliches Verhalten» sei zu bekämpfen, ist oft mißverstanden worden. Sozialschädlichkeit ist kein wertfreier sozialer Befund, sondern ein Werturteil; auch Strafgesetzgebung ist mithin nicht nur eine nutzenorientierte Sozialtechnik, sondern wie alle Politik Wertverwirklichung. Der These von der «sittenbildenden Kraft» des (Straf-)Rechts ist entgegenzuhalten, daß die gesetzgeberische Einwirkung auf gesellschaftliche Werthaltungen nur in einem engen Rahmen möglich und wirksam ist.

Ob der Staat und insbesondere der Gesetzgeber zur Einwirkung auf das gesellschaftliche Wertmilieu berechtigt oder sogar verpflichtet ist, beurteilt sich nach der Verfassung, namentlich an Hand der Grundrechte und der Staatszielbestimmungen der Demokratie, Rechtsstaatlichkeit und Sozialstaatlichkeit, deren Sinn und Geltung immer weiter zu entfalten ihm aufgetragen ist. Da die freiheitliche, rechtsstaatliche soziale Demokratie für ihre Verwirklichung von gemeinsamen Werthaltungen, Gesinnungen und Tugenden abhängig ist, die sie selber nicht normiert, sondern voraussetzt (beispielsweise Toleranz, Diskussionbereitschaft, Redlichkeit, Friedfertigkeit, Wahrheitsliebe, Gemeinsinn), wird man geradezu von einem Verfassungsauftrag an die Staatsorgane auszugehen haben, diese Haltungen zu fördern. Der weltanschaulich neutrale Staat ist also – wie auch Helmut Schmidt auf dem Hamburger Parteitag der SPD 1977 ausgeführt hat – nicht wertneutral.

Im übrigen tritt die staatliche Wertverwirklichung nicht in Konkurrenz zum gesellschaftlichen Prozeß der Wertverwirklichung, des Wertwandels und der Wertpflege. Eines der bedeutsamsten – werthaften! – Strukturprinzipien der Verfassung ist es gerade, den Bürgern und den pluralen gesellschaftlichen Kräften Raum für die Entwicklung, Wahrung und Verwirklichung ihres eigenen Ethos zu geben. Das Grundgesetz will die offene Gesellschaft. Gerade die verfassungsrechtlich gewährleistete Offenheit und Freiheit der Prozesse, in denen sich gesellschaftlicher Wandel vollzieht, bietet den Menschen Orientierung an. Alle konkreten Ordnungen, in die der Bürger hineingestellt ist, verkörpern mehr oder weniger effektive Wert- und Normensysteme. Die SPD, die sich in ihrem Godesberger Programm zum Pluralismus bekennt, bejaht das Vorhandensein und die Geltung solcher konkurrierender Normen. Sie nimmt aus diesen pluralistischen Prozessen Impulse auf und wirkt durch das Angebot ihres Grundwerteverständnisses prägend darauf zurück.

Anmerkungen

1 Karl Marx/Friedrich Engels, Manifest der Kommunistischen Partei, Berlin (O), 1964, S. 66

2 Ferdinand Lassalle, Die Wissenschaft und die Arbeiter, in: ders., Reden und Schriften, hg. v. Friedrich Jenaczek, München, 1970, S. 22

3 August Bebel, Unsere Ziele. Eine Streitschrift gegen die «Demokratische Korrespondenz» (1870), Berlin, 1919[14], S. 19/20

4 Dieter Dowe/Kurt Klotzbach, Programmatische Dokumente der deutschen Sozialdemokratie, Bonn-Bad Godesberg, 1973, S. 178

5 Eduard Bernstein, Die Voraussetzungen des Sozialismus und die Aufgaben der Sozialdemokratie (1899), Bonn-Bad Godesberg, 1973[5], S. 184/185

6 Kurt Schumacher, Rede auf dem Parteitag der SPD 1946 in Hannover

7 Vergl. dazu z. B. die Formulierung von Kurt Biedenkopf: «Wenn trotz Gleichheit der Chance die Ergebnisse ungleich sind und dies als eine legitime, in Solidarität getragene und geduldete Folge menschlicher Ungleichheit anerkannt wird, so hat diese Ungleichheit, auch bezogen auf die Selbsterfüllung des einzelnen, einen völlig anderen Stellenwert, als wenn der einzelne sich seiner Talente und der Konsequenzen gewissermaßen ständig schämen muß.» (Die Politik der Unionsparteien – die freiheitliche Alternative zum Sozialismus. Vortrag vor der Katholischen Akademie in Bayern, München, 9. Dezember 1973)

8 Adolf Arndt, Rechtsdenken in unserer Zeit (1965), in: ders., Gesammelte juristische Schriften. Ausgewählte Aufsätze und Vorträge 1946–1972, hg. v. E. W. Böckenförde und W. Lewald, München, 1976, S. 37

9 Adolf Arndt, Das nicht erfüllte Grundgesetz (1960), a.a.O., S. 141, 147

III. Zur politischen Kultur in der Demokratie

Januar 1980

Kultur und Demokratie

Mangelnde demokratische Tradition / Staatsgläubigkeit / Falsche Professionalisierung – Sachzwangideologie / Politische Macht und politische Kultur / Fremdbestimmung und Stress in der Arbeitswelt / Falsche Polarisierung / Mangelnde Klarheit über bestehende Alternativen / Mangelnde Attraktivität der Partei- und Gewerkschaftsarbeit / Der überforderte Politiker / Politische Kultur in der Demokratie / Demokratische Partizipation / Konsens und Konflikt / Mut zum Zukunftsentwurf und Fähigkeit zum Realismus / Was muß sich ändern?

Die Grundwertekommission beim Parteivorstand der SPD hat in ihrer ersten Veröffentlichung versucht, die Gefahren und Chancen zu bestimmen, die sich in diesen Jahren des Umbruchs für eine Politik ergeben, die auf die Verwirklichung der Grundwerte des Godesberger Programms gerichtet ist («Grundwerte in einer gefährdeten Welt», 1977). Sie hat dann versucht, klärend in eine Diskussion einzugreifen, in der der Begriff der Grundwerte sich immer mehr verwischte und so auch zum Instrument einer Politik zu werden drohte, die aus dem Angebot des Grundgesetzes ein starres Ordnungsgefüge machen wollte («Grundwerte und Grundrechte», 1979). Sie legt jetzt ein Papier vor, das den Defiziten und Chancen einer politischen Kultur in der Bundesrepublik Deutschland nachgeht und vor allem die Aufgaben deutlich macht, die daraus für eine an den Grundwerten des Godesberger Programms orientierte Politik entstehen.

Politik und Kultur sind der deutschen Tradition allzu häufig als Gegensätze verstanden worden: hier die Pflege des Wahren, Schönen und Guten durch eine Bildungsschicht, dort das schmutzige Geschäft der Politik.

Die Tradition unserer westlichen Nachbarn sah dagegen Kultur als Gesamtheit aller Lebensäußerungen einer Gesellschaft. Zu diesen Lebensäußerungen gehört auch das politische Leben.

Die Grundwertekommission ist sich bewußt, daß sie keine umfassende Darstellung der Probleme geben konnte, die mit dem Begriff «politische Kultur» verbunden sind. Sie hofft, daß andere, auch andere Parteien, sich durch diese Schrift zu weiterführenden Überlegungen angeregt fühlen.

Die Grundwertekommission hielt es für ein Gebot politischer Kultur, die Einzelformulierungen einer solchen Schrift nicht durch Mehrheitsabstimmungen in der Kommission, sondern durch beharrliche Suche nach Konsens festzulegen. Dies schließt nicht aus, daß jedes einzelne Kommissionsmitglied Stellen finden wird, an denen es selbst eine andere Aussage oder Formulierung für angemessener gehalten hätte.

Diese Ausarbeitung der Grundwertekommission wird wenige Wochen nach dem Tode Carlo Schmids der Öffentlichkeit übergeben. Wenn es einen Politiker in der Geschichte der Bundesrepublik gegeben hat, dessen ganzes Wirken der Versöhnung von Kultur und Politik in einer politischen Kultur gegolten hat, dann war dies Carlo Schmid. Daher möchte die Grundwertekommission dieses Papier dem Andenken Carlo Schmids widmen.

Erhard Eppler

Worum es geht

Seit dem Inkrafttreten des Grundgesetzes am 23. Mai 1949 sind dreißig Jahre vergangen, dreißig Jahre, in denen sich die Demokratie in der Bundesrepublik allen historischen Belastungen aus der Vergangenheit zum Trotz behaupten und stabilisieren konnte. Das Grundgesetz und die demokratischen Institutionen, deren Funktionen und Kompetenzen es regelt, haben sich bewährt. Die Demokratie in der Bundesrepublik erscheint heute gefestigter, als sie es je auf deutschem Boden war.

Dennoch gibt es Signale, die zur Beunruhigung Anlaß geben. Einige davon sind erst in den letzten Jahren deutlicher sichtbar geworden:

– Immer weniger Bürger beteiligen sich aktiv in Parteien und Verbänden, unzureichende Partizipationsmöglichkeiten und enttäuschende Erfahrungen in und mit Führungsgremien entmutigen die Mitglieder. Die wenigen Aktiven sind mit Ämtern und Funktionen überhäuft. Leerlauf, das Überwuchern der Sachdebatten durch Regularien und eine pseudo-wissenschaftliche Sprache schrecken ab.

– Es verstärkt sich der Eindruck, die Parteien taktieren zu häufig im Blick auf die jeweils anstehende Wahl, Parteibeschlüsse und politische Grundsätze gingen in der Tagespolitik unter oder würden schlicht vergessen, politischer Karrierismus gehe oft vor Engagement in der Sache.

– Viele Bürger fühlen sich und ihre Interessen durch die politischen Parteien nicht mehr ausreichend vertreten.

– Politik erscheint vielen immer mehr als ein System von Sachzwängen in der Folge von technischen Innovationen, administrativer Routine und Entscheidungen der wirtschaftlich Mächtigen. Indem auch die Parteien Politik häufig als ein System von Sachzwängen präsentieren, bestärken sie beim Bürger das Gefühl der Ohnmacht.

– Enttäuschung und Besorgnis darüber breiten sich aus, daß Politik sich immer mehr darauf verengt, wirtschaftliche Abläufe oder Interessen abzusichern.

– Medien und Parteien neigen mitunter dazu, neue Ideen und Lösungsversuche zu ignorieren oder sie in Außenseiterpositionen abzudrängen.

– Wichtige Aufgaben, die von allen Sachkundigen ähnlich gesehen werden, bleiben oft liegen, weil realistische Lösungsversuche eine Welle der Demagogie auslösen oder weil eine solche Reaktion befürchtet wird.

– Insbesondere junge Menschen vermissen zukunftsweisende Perspektiven und eine Reformpolitik, die Zukunft öffnet und sichert.

– Kontroverse Diskussionen innerhalb der Parteien werden als Störung von Disziplin und Ordnung oder als Ausdruck von Führungsschwäche denunziert und auf allzu simple Weise personalisiert; kaum je werden sie als Beitrag zu produktivem Ideenwettbewerb verstanden. Dieser Verzerrung wird häufig durch unsachliche innerparteiliche Polemik und persönliche Animositäten Vorschub geleistet.

– Die Art und Weise, wie «Demokratie als Wettbewerb zwischen den Parteien» praktiziert wird, stößt immer mehr Menschen ab, denn

– die Parteien kommen untereinander kaum je noch in ein für den Bürger nachvollziehbares ernsthaftes und produktives Sachgespräch (die Verjährungsdebatte des Bundestags war eine rühmliche Ausnahme).

– Oft dienen Sachfragen nur noch als Aufhänger und Transportmittel für ideologische Scheingefechte, in denen dem Gegner unterschoben werden soll, er habe den Boden der gemeinsamen demokratischen Grundüberzeugungen verlassen, es gehe um Freiheit oder Unfreiheit, Recht oder Unrecht, Verfassungstreue oder Verfassungsverrat.

– Die Parteien schöpfen zu wenig aus eigener programmatischer und politischer Substanz und bestreiten ihre öffentliche Auseinandersetzung mit Feindbildern vom politischen Gegner, die nach eigenen taktischen Bedürfnissen zurechtgemacht sind.

– Eine Folge ideologischer Schein- und Schaukämpfe ist es, daß Kompromisse schwieriger werden und Abstimmungsniederlagen nicht mehr demokratisch hingenommen werden. Die allzu häufige Anrufung der Gerichte bis hin zum Bundesverfassungsgericht gegen demokratisch gefällte Mehrheitsentscheidungen hängt damit zusammen.
– Das Ansehen der Demokratie, ihrer Institutionen und Parteien leidet unter persönlichem Fehlverhalten einzelner Mandats- und Funktionsträger. Klaffen Anspruch und Wirklichkeit bei einzelnen Politikern allzu weit auseinander, so erscheint manchen Bürgern Politik im ganzen als zynischer Mißbrauch ihrer eigenen Vertrauensbereitschaft.
– Die oft schematiche und bürokratische (manchmal leichtfertige, manchmal jedoch ideologisch verbohrte) Handhabung des Verfassungsschutzes und die Denunzierung «Radikaler» schlechthin zu Verfassungsfeinden behindert argumentative Auseinandersetzung. Viele junge Menschen haben Angst davor, sich gesellschaftskritisch zu äußern. Sie verweigern sich der Politik, nicht selten der Gesellschaft.

Andererseits sind wir Zeugen neuer Formen des mitmenschlichen und politischen Engagements:
– Viele Menschen versuchen in ihrem alltäglichen Verhalten, in Ehe, Familie und Beruf an die Stelle autoritärer Lebensformen demokratische, partizipative zu setzen.
– Viele Menschen arbeiten in gemeinwohlorientierten Bürgerinitiativen und in Projektgruppen von Parteien und Verbänden an der Lösung von Problemen mit, von denen sie unmittelbar betroffen sind. Die Zahl der Menschen, die sich in Bürgerinitiativen betätigen, ist in den letzten Jahren beträchtlich gewachsen.
– Ein großer Teil der in solchen Initiativen Tätigen engagiert sich dort mit einem Kraft- und Zeitaufwand, der oft weit über das hinausgeht, was die Parteien vom durchschnittlichen Mitglied gewohnt sind.

Von vielen Bürgern wird dieses Engagement als notwendige Ergänzung ihrer Mitgliedschaft in einer der großen Parteien betrachtet.
– In Gewerkschaften, Kirchen, Akademien und ähnlichen Einrichtungen hat die Diskussion über Fragen der politischen Orientierung an Intensität und Breite zugenommen. Eine wachsende Zahl von Menschen bekundet Sorge im Blick auf politische Zukunftsfragen und Interesse an ihrer Lösung.
– Nicht wenige Bürger versuchen, alternative Möglichkeiten des Zusammenlebens und -arbeitens beispielhaft zu praktizieren oder soziale Aufgaben durch Organisation von Selbsthilfe anzupacken.
– Nicht wenige Bürger orientieren ihr Handeln an der Solidarität mit

anderen. Die Zahl derer wächst, die sich für die Not weit jenseits des eigenen Gesichtskreises engagieren, so insbesondere in der Dritten Welt.

Politische Verhaltensweisen und politisches Bewußtsein sind also in einem Wandlungsprozeß begriffen, von dem heute schwer zu sagen ist, wohin er führen wird. Während die einen traditionelle Formen politischer Betätigung kritisieren, um partizipatorische und selbstorganisierte Formen politischer Aktivität ins Spiel zu bringen, ziehen andere aus einer äußerlich ähnlichen Kritik des «politischen Systems» eher autoritäre und demokratiefeindliche Konsequenzen.

Eine dritte Gruppe lehnt jede Form der politischen Betätigung als nutzlos ab und zieht sich ins Private zurück.

Alle drei Haltungen nehmen vor allem bei der Jugend deutlich zu. Eine apolitische Grundhaltung, aber auch wachsende Anfälligkeit von Jugendlichen für autoritäre und für neonazistische Ideologien könnten auf längere Sicht zu einer Bedrohung der Demokratie werden. Der Verlust an Zukunftssicherheit schlägt sich auch nieder in Zweifeln an der Fähigkeit demokratischer Institutionen, mit den Aufgaben der Zukunft fertig zu werden. Solche Unsicherheit läßt sich von verantwortungslosen Politikern in einer Weise ausbeuten, die Demokratie gefährdet.

Kultur und Demokratie

In Deutschland gibt es eine Tradition, die den Begriff der Kultur um ihre gesellschaftliche und politische Dimension verkürzt und auf das individuell und privat anzueignende Wahre, Gute und Schöne in Kunst und Wissenschaft verengt: Kultur wird zum Besitz, zur Zuflucht weniger, die meinen, sich elitär von den gesellschaftlichen und politischen Bezügen distanzieren zu können.

In der Demokratie müssen dagegen Idee und Wirklichkeit der Kultur in doppelter Hinsicht erweitert werden: Die Demokratie kann keine Kultur akzeptieren, in der die einen für die Arbeit geboren sind, die anderen für die Pflege des Schönen. Außerdem kann Demokratie nur gesichert werden, wenn die wissenschaftliche und ästhetische Kultur auf demokratische Lebensformen bezogen ist.

Nicht zufällig haben die älteren Demokratien einen umfassenderen, im guten und weiten Sinne auch politischen Begriff von Kultur. Dort wird auch nicht hochmütig Kultur in Gegensatz zu Zivilisation gestellt.

Kultur zeigt sich vor allem im Umgang von Menschen mit Menschen und Dingen. Die Frommen politischen Lebens sind nämlich auch Ausdruck der Kultur, sie sind niemals jenseits von Kultur. Demokratische politische Kultur meint die freie Teilhabe und Mitwirkung aller, sie meint den Willen eines jeden, die Freiheit des jeweils anderen auch als Garantie der eigenen Feiheit zu wahren. Sozialdemokraten geht es um eine demokratische politische Kultur. Politische Kultur ist nicht das Ganze der Kultur, wohl aber eine ihrer unverzichtbaren Komponenten.

Der Begriff der politischen Kultur zielt daher nicht auf die Politisierung kultureller Lebensäußerungen oder auf ihre Indienstnahme für politische Zwecke, sondern macht deutlich, daß alle kulturellen Lebensäußerungen politischen Bedingungen unterliegen und ihrerseits auf diese zurückwirken.

Ursachen von Defiziten

1. Mangelnde demokratische Tradition

Herrschaftliche und untertänige Verhaltensweisen haben jahrhundertelang das Leben der meisten Menschen von frühester Kindheit an geprägt. Die tägliche Erfahrung in vielen Elternhäusern, Kirchen und Schulen war in der Vergangenheit eine wirksame Vorbereitung für die Anpassung an autoritäre Herrschaftsordnungen, die die meisten Menschen dann in Arbeitswelt, Politik und Gesellschaft geduldig ertragen lernten.

Der politische Neubeginn nach dem Zweiten Weltkrieg konnte in Deutschland nicht an eine längere Tradition funktionierender Demokratie anknüpfen, Zwar gab es seit dem 18. Jahrhundert demokratische Strömungen in Deutschland, sie blieben jedoch lange auf kleine und einflußarme Gruppen beschränkt. Ihre Vertreter wurden selten zu populären Symbolfiguren einer anerkannten Sache, und es entstand keine demokratische Volksbewegung, die von genügend breiten Schichten getragen worden wäre.

Die Revolution von 1848/49 vermochte ihr Ziel – verfassungsmäßig verbriefte Rechte für das Volk in einem geeinten Deutschland – nicht zu erreichen.

Die Gründung des Deutschen Reiches war das Ergebnis der Machtpolitik eines konservativen preußischen Staatsmannes, der drei erfolgreiche Kriege für sie einzusetzen verstand. Die Verfassung des

Reiches ging nicht aus einer breiten Diskussion von Volksvertretern hervor, sie entstand als ein von der Staatsspitze konzipierter Akt, als Geschenk der Obrigkeit an die Bürger. Sie festigte obrigkeitliche Machtpositionen, gewährte zwar gewisse demokratische Rechte, schloß aber eine wirksame parlamentarische Kontrolle und Verantwortung der Regierung aus. Die Spaltung der Liberalen, der Kulturkampf und das Sozialistengesetz entfremdeten große und wichtige Bevölkerungsteile dem neugegründeten Reich. Versteht man Nation im Sinne westlicher Traditionen als politische Willensgemeinschaft auf der Basis gemeinsamer Grundüberzeugungen, so war die Gründung des Reiches verbunden mit der Spaltung der Nation.

Während die Diskriminierung der politisch organisierten Katholiken und der linken Liberalen teilweise überwunden werden konnte, wurden die Sozialdemokraten im wilhelminischen Staat weiter als «Reichsfeinde» und «vaterlandslose Gesellen» diffamiert. Die deutsche Arbeiterbewegung, die angesehenste und zahlenmäßig stärkste der Sozialistischen Internationale, galt im Deutschen Reich nicht als legitimer und notwendiger Bestandteil des Gemeinwesens, sondern als Störer des inneren Friedens. Gehorsam gegenüber Autoritäten war weithin oberste Pflicht und Tugend des Bürgers. Daraus resultierte eine Haltung, die soziale und politische Konflikte von vornherein verurteilte und damit unfähig machte, Konflikte durchzustehen und sie fair zu regeln.

Die parlamentarische Demokratie der Weimarer Republik wurde im Gefolge eines – lange Zeit für unmöglich gehaltenen – militärischen Zusammenbruchs eingeführt. Die Sozialdemokratie übernahm die politische Verantwortung in einer Situation, in der sie mit der Hypothek des verlorenen Krieges belastet wurde. Sie war entschlossen, Zustände zu vermeiden, wie sie nach der Oktoberrevolution in Rußland eingetreten sind, und sie vertraute darauf, daß die alten Machteliten, auf deren Mitarbeit sie angewiesen war, in einer parlamentarischen Demokratie loyal sein würden.

Daß schon wenige Jahre nach der Schaffung der Republik ein Generalfeldmarschall, der aus seiner monarchistischen Gesinnung nie einen Hehl gemacht hatte, Reichspräsident wurde – übrigens nur mit Hilfe der Bayerischen Volkspartei und gegen einen Kandidaten des Zentrums –, daß bei einem Referendum eine Mehrheit gegen die Enteignung der deutschen Fürsten entschied, daß in der Endphase der Republik die Stärke der antidemokratischen Parteien rechts und links eine parlamentarische Mehrheitsbildung unmöglich machte, daß damit das Parlament faktisch ausgeschaltet war, illustriert die verhängnisvolle Rolle obrigkeitsstaatlichen und antirepublikanischen Denkens.

Gleichgültigkeit, Verachtung und Feindschaft gegenüber der parlamentarischen Demokratie auf seiten der Reichswehr, der hohen Bürokratie, der Richterschaft und weiter Kreise des Bürgertums, aber auch auf seiten der extremen Linken, bildeten den Hintergrund, auf dem sich die nationalsozialistische Bewegung entwickeln konnte. Der Untergang der Weimarer Republik bedeutete für deutsche Demokraten eine schwere Erschütterung ihres eigenen Selbstbewußtseins, zugleich gab er einen entscheidenden und bis heute anhaltenden Impuls, aus den Fehlern von Weimar zu lernen.

2. Staatsgläubigkeit

Immer noch betrachtet ein Teil der Bürger Politik als Staatsangelegenheit, bei der sie selbst nur als Betroffene, kaum je als selbständig und selbstverantwortlich Handelnde vorkommen. Dieser passiven Haltung vieler Bürger zur Politik entspricht die Neigung vieler Politiker und Verwaltungen, sich und ihresgleichen als allein zuständig für politische Fragen zu fühlen.

Sicher wirkt hier obrigkeitsstaatliches Denken früherer Epochen nach. Aber auch eine im Prinzip richtige staatliche Sozialpolitik kann ambivalent wirken, wenn sie nicht nur Sicherheit und Freiheitsspielräume schafft, sondern auch zu immer komplizierteren Gesetzesregelungen führt und Eigeninitiativen der Bürger lähmt.

Viele Bürger verlassen sich allzu rasch auf die Hilfe des Staates, auch da, wo sie selber diese Hilfe in Nachbarschaften und kleinen Gruppen wirksamer erbringen könnten. Andererseits gibt es jedoch massive Hindernisse für eine wirksame Selbshilfe der Bürger. Viele Bereiche des Lebens sind durch perfektionistische Gesetzgebung so unübersichtlich geworden, daß der Bürger sich vielfach nur noch mit Hilfe professioneller Berater zurechtfindet. Es bleibt Aufgabe, durch vorbeugende und strukturgestaltende Eingriffe des Gesetzgebers «die Fähigkeit der Bürger zur selbstverantwortlichen Lösung gesellschaftlicher Probleme in ihrem eigenen Lebens- und Arbeitsbereich zu verbessern», wie es der Orientierungsrahmen '85 der SPD fordert.

Heute aber macht sich – zugleich Ursache und Folge mangelnden Willens zu selbstverantwortlichen Lösungen – weithin auch eine Subventionsmentalität breit, die aus Gründen der Gleichbehandlung ganz zwangsläufig umfangreiche staatliche Regelungen nach sich zieht. Wenn aber einmal gewährte Sozialleistungen nicht von Zeit zu Zeit daraufhin überprüft werden, ob sie noch ihren ursprünglichen Zweck erfüllen, und wenn sie nicht gegebenenfalls umgelenkt oder abgebaut werden, so entsteht die Gefahr einer Auswucherung der öffentlichen Verwaltung, die dem Gerechtigkeitsempfinden der Bürger ebenso widerspricht, wie sie ihre Eigeninitiative lähmt. Staatsgläubigkeit kann dann in Staatsverdrossenheit umschlagen.

Im übrigen läßt sich, gerade unter den Bedingungen geringeren Wirtschaftswachstums, der finanzielle Spielraum für die Bewältigung neuer sozialer Aufgaben nur durch rechtzeitige Korrekturen gewinnen.

3. Falsche Professionalisierung – Sachzwangideologie

In den letzten Jahren ist die Zahl der politischen Fragen gewachsen, bei deren Beantwortung es keinen Entscheidungsspielraum mehr zu geben scheint. Politik in einer hochindustrialisierten Gesellschaft mit ihrer weltwirtschaftlichen Verflechtung hat zudem Züge eines Geschäftes von und für Fachexperten angenommen. An die Stelle der unbefangenen Erörterung alternativer Möglichkeiten auf Grund sichtbar zu machender Wertentscheidungen tritt allzu häufig das scheinbar wertfreie Expertengespräch über das vermeintlich einzig Mögliche und Gebotene. Selbst für den engagierten Bürger wird so kaum mehr erfahrbar, daß Politik der Vollzug von Bürgerinteressen, die Entscheidung über Alternativen ist.

Dieser politische Stil einer falschen Professionalisierung, der Wertentscheidungen hinter angeblichen Sachzwängen verschwinden läßt, verdeckt Entscheidungsspielräume, die Ansätze für Bürgerengagement sein können. Häufig finden Bürger, daß vieles von dem, was sie betrifft und bewegt, in den Erörterungen der Politiker nicht vorkommt. Politik erscheint ihnen dann als fremdes Geschäft und der Politiker als der ferne Experte. Sowohl um vorhandene Entscheidungsspielräume den Bürgern deutlich sichtbar als auch um Sachzwänge, wo sie tatsächlich bestehen, durchschaubarer zu machen, brauchen wir Formen des sprachlichen Verkehrs zwischen Politiker und Bürger, die diesem jederzeit die Möglichkeit des informierten Engagements öffnen.

Alltagsleben und politisches Handeln des Bürgers dürfen nicht als zwei getrennte Bereiche erscheinen, deren Denk- und Verhaltensweisen miteinander nichts zu tun haben. Der Bürger muß erkennen können, daß er in der Politik seine ureigensten Probleme offen und kontrovers diskutieren und mitentscheiden kann.

Selbstverständlich sind die Diskussions- und Entscheidungsspielräume in der Politik begrenzt. Der aktive Politiker muß Initiativ- und

Führungsaufgaben wahrnehmen; er muß unter knappen Zeitbedingungen Entscheidungen fällen. Um so mehr aber ist Vertrauens- und Überzeugungsarbeit eine der vornehmsten Aufgaben der Mandats- und der Funktionsträger. Leider versagen manche vor dieser Aufgabe, indem sie die Menschen entweder demagogisch unterfordern oder elitär überfordern.

Die Bürger, aber auch die Mitglieder der Parteien beklagen, daß ihre Abgeordneten und Funktionäre immer weniger zuhören können.

4. Politische Macht und politische Kultur

Jede politische Kultur wird mit der Tatsache fertig werden müssen, daß Politik immer auch Kampf um Macht ist. Politik ist kein intellektueller Disput, an dessen Ende ein Unparteiischer entscheidet, wer der Wahrheit näher ist. Auch wer Politik als Dienst am Bürger und für das Ganze versteht, muß sich im Machtkampf behaupten, damit er diesen politischen Dienst leisten kann. Wo Macht nur noch um der Macht willen erstrebt wird, erstickt jede politische Kultur. Wo das Ringen um Macht an sich schon als verdammenswürdig erscheint, bewegen wir uns nicht mehr im Bereich der Politik.

Politische Kultur in der Demokratie ist also auch der immer gefährdete Versuch, politischen Machtkampf in Formen auszutragen, bei denen die Mittel den Zwecken angemessen sind. Sie kann sich nicht entfalten, wo der Zweck der Machterhaltung oder Machtgewinnung jedes Mittel heiligt. Demokratie geht davon aus, daß es Mittel gibt, die jeden Zweck entheiligen. In jüngster Zeit wird Machtkampf häufig mit den verfeinerten Mitteln wissenschaftlicher Semantik und Werbepsychologie ausgetragen. Feindbilder werden entworfen, getestet und durch ständige Wiederholung ins öffentliche Bewußtsein gebracht. Begriffe werden mit generalstabsmäßigen Methoden besetzt, und zwar meist völlig unabhängig von der praktischen politischen Arbeit. So dringen militärische Vokabeln in die politische Sprache ein und beginnen sie zu beherrschen, besonders in der Vorbereitung von Wahlkämpfen. Politische Auseinandersetzung wird zur psychologischen Kriegsführung.

Daß dies einer demokratischen politischen Kultur zuwiderläuft, liegt auf der Hand. Schon Kurt Schumacher hat diese Gefahr erkannt. Er sagte:

«Die Demokratie beruht auf dem Prinzip der Gegenseitigkeit und der Ehrlichkeit. Demokratie kann nur leben, wenn die Menschen selbständig sind und den Willen zur Ojektivität haben. Aber die technokratische und geradezu kriegswissenschaftliche Handhabung der politischen Mittel führt zum Gegenteil.»

Machtverhältnisse und Machtkämpfe dürfen aber auch nicht verdeckt oder ideologisch kaschiert werden. Machtverhältnisse und nicht Naturereignisse oder gottgewollte Ordnungen waren es auch, die den Obrigkeitsstaat und althergebrachte autoritäre Lebensordnungen hervorgebracht haben. Es gehört zu den Grundfiguren konservativer Argumentation, dies zu verschleiern und dafür zu sorgen, daß konsolidierte, fest verankerte Macht nicht als solche empfunden wird, sondern nur die Gegenmacht, die etablierte Macht herausfordert. Aus Geschichte und gesellschaftlicher Wirklichkeit wissen wir, daß die meisten Führungsverhältnisse eher ausbeuterischen als väterlich-fürsorglichen Charakter hatten, daß nicht die «Natur» des Menschen, sondern – oft bedenkenlose – Machtanwendung herrschender Machteliten in Wirtschaft, Staat und Kirche Untertänigkeit erzwungen hat.

Wer im Besitz unkontrollierter Macht ist, versteht die Ausbreitung einer demokratischen politischen Kultur meist als Bedrohung seiner Machtposition. Daher der Widerstand gegen das demokratische Prinzip. Die historisch von Liberalen und Sozialisten durchgesetzte Demokratie trifft heute auf den Widerstand der Machteliten gegen eine Übertragung des demokratischen Prinzips auf Bereiche der Gesellschaft: so der Widerstand der meisten Kapitalbesitzer gegen reale Mitbestimmung der abhängig Arbeitenden, der Widerstand vieler Professoren und Lehrer gegen Demokratisierungskonzepte – und zwar keineswegs nur irrationale, sondern auch gegen ernstzunehmende Forderungen der Lernenden nach Mitsprache, Mitbestimmung und Beteiligung. Widerstand leisten aber auch viele Behördenchefs, Verbands- und Parteifunktionäre, die eine intensivere Information und Beteiligung von Bürgern, Bürgerinitiativen oder Mitgliedern am Prozeß der Meinungsbildung und Entscheidung unbequem finden – nicht selten sogar als Gefährdung ihrer bislang kaum kontrollierten Macht betrachten. Eine Mehrheit der Männer leistet noch immer Widerstand gegen die zu Recht heftiger gewordenen Forderungen der Frauen nach Gleichberechtigung in Ehe und Familie, Beruf und öffentlichem Leben.

5. Fremdbestimmung und Stress in der Arbeitswelt

Leistungsdruck und geisttötende Monotonie in der Arbeitswelt, die durch zunehmende Technisierung und Automation zum Teil noch verstärkt werden, die Bedrohung der Arbeitsplätze, die Gefahr beruflicher Dequalifizierung und sozialen Abstiegs, die durch umfangreiche Rationalisierungen heraufbeschworen werden, verstärken das Abhängigkeitsgefühl der Arbeitnehmer und bewirken politische Apathie. Mangelnde Mitwirkungs- und Mitbestimmungsmöglichkeiten fördern auch Rivalitäten unter den Arbeitnehmern und führen zu ihrer Vereinzelung, die einem demokratischen Engagement entgegenwirkt. Die Arbeitnehmer werden entmutigt, sich um den Gang des Ganzen im Betrieb zu kümmern; sie lernen, selbst fragwürdige Anweisungen möglichst widerspruchslos zu befolgen und auch unberechtigte Kritik einzustecken; Arbeitnehmer, die kritisch denken und ihre Interessen selbstbewußt artikulieren, sind vielen Vorgesetzten immer noch ein Dorn im Auge und gefährden häufig ihre Aufstiegsmöglichkeiten oder sogar ihren Arbeitsplatz.

Daher muß die Mitbestimmung der Arbeitnehmer – am Arbeitsplatz, in den Betrieben und Unternehmen – ausgedehnt und wirksamer gestaltet werden. Dazu können auch die Vergrößerung und Verselbständigung von Arbeitsaufgaben in «teilautonomen Arbeitsgruppen» beitragen, wenn ihre Einführung von den Betriebsräten und Personalräten mitgetragen wird und nicht deren Rechte zur Mitgestaltung der Arbeitsorganisation beeinträchtigt. Wo unnötige Monotonie und Hierarchie in der Arbeitsorganisation abgebaut wurden, hat sich gezeigt, daß eine effektive Gestaltung der Arbeitsprozesse sehr gut mit einem hohen Maß an Beteiligung, Selbst- und Mitbestimmung der Arbeitenden in Einklang zu bringen ist.

Wenig verschlägt dagegen das immer wiederkehrende Argument aller Autoritätsgläubigen: Die «Leute» wollten gar nicht mitbestimmen, sie wollten und könnten gar nicht eigenverantwortlich arbeiten. Es ist einsehbar, daß Menschen, die zeit ihres Lebens – und besonders ihres Berufslebens – auf widerspruchsloses Befolgen von Anweisungen hin erzogen worden sind, ohne langfristige – und strikt freiwillige – Bildungs- und Einübungsprozesse in ausreichendem Maße zu verantwortlicher Selbst- und Mitbestimmung weder am Arbeitsplatz noch in der Politik kommen können.

Dazu sind systematischer Abbau des Stress; in der Arbeitswelt und die schrittweise Verkürzung der Arbeitszeit nötig. Arbeitszeitverkürzung hat daher auch eine demokratische Funktion, sie ist nicht nur arbeitsmarktpolitisch notwendig.

Dafür ist noch sehr viel qualifizierte Gewerkschaftsarbeit und auch ein verändertes Selbstverständnis der Führungskräfte erforderlich.

Unsere Demokratie kann nicht lebendiger, die Bereitschaft zu aktiver Beteiligung von mehr Menschen an unseren öffentlichen Angelegenheiten nicht geweckt werden ohne den Ansatz in der Arbeitswelt.

6. Falsche Polarisierung

Eine besondere Gefährdung für unsere Demokratie und für die Bereitschaft vieler Bürger, aktiv an ihr teilzunehmen, liegt in der Polarisierung zwischen den großen Parteien, der keine politische Substanz entspricht. In der Politik gibt es immer wieder grundsätzliche Auseinandersetzungen, die auch zu Polarisierungen führen können. Zugleich aber gibt es immer eine Fülle von politischen Sachfragen, in denen die Parteien voneinander lernen und mit der Zeit ihre Positionen einander annähern. Gefährlich ist eine substanzlose Polarisierung, bei der ideologische Konfrontation nicht Ausdruck, sondern Ersatz für Sachkonflikte ist. Sie zeigt sich in der Tendenz, den innenpolitischen Gegner als unzuverlässig in der Vertretung der nationalen Interessen oder in der Wahrung der inneren Sicherheit gegen Feinde der Demokratie zu diffamieren oder ihn der Friedensgefährdung zu bezichtigen.

Den Bürgern entgeht auf die Dauer nicht, daß sie getäuscht werden, wenn die Parteien in der öffentlichen Auseinandersetzung um Scheinalternativen ringen, wenn sie gegen selbstgefertigte Zerrbilder der anderen Seite ankämpfen, anstatt die tatsächlichen Gegensätze klar beim Namen zu nennen. Alte, tiefverwurzelte Vorurteile gegen Politik als ein seiner Natur nach schmutziges Geschäft bekommen auf diese Weise neue Nahrung. Zugleich spüren viele Bürger, daß die falsche Polarisierung das Erarbeiten und Gegenüberstellen alternativer Vorschläge behindert. So kann der Eindruck entstehen, daß die Lösung drängender Existenzprobleme von den Parteien nicht mehr zu erwarten ist. Falsche Polarisierung führt dazu, daß viele sich von der Politik abwenden und nach alternativen Formen des politischen Engagements suchen, die mehr Redlichkeit und Wahrhaftigkeit versprechen. Diese Haltung kann sich leicht mit einer Verzweiflung am Sinn der Parteidemokratie selbst verbinden.

Produktiver Wettbewerb, das Ringen um Sachalternativen, macht für den Bürger die verschiedensten Aspekte eines Problems sichtbar und ist einer freien Meinungsbildung dienlich. Dies gilt um so mehr, je eher Politiker frei und gelöst genug sind, den – notwendigerweise relativen – Wahrheitsgehalt in der Argumentation der Gegenseite anzuerkennen. Es schadet nichts, wenn auch für den Bürger erkennbar wird, wie konkurrierende Parteien voneinander lernen. Und es kommt der politischen Kultur zugute, wenn sich die Fähigkeit der Distanz zur eigenen Sache und besonders zur eigenen Person in einem Schuß Humor äußert.

Der Parteienkampf darf nie auf die – und sei es moralische – Vernichtung des Gegners abzielen; jede Partei muß vielmehr ein Interesse daran haben, daß konkurrierende Parteien intakt bleiben. Dies ist die Grundlage für das legitime Bestreben jeder Partei, stärker, besser zu sein als die gegnerische, also Mehrheiten zu gewinnen, mit denen sie ihren Vorstellungen zum Durchbruch verhelfen kann.

Der Bürger ist für diese Sicht des Miteinander im Gegeneinander, des Aufeinander-Verwiesenseins der Parteien empfänglicher, als dies den im politischen Tageskampf verstrickten Politikern bewußt wird.

7. Mangelnde Klarheit über bestehende Alternativen

Nicht nur falsche Polarisierung hat oft verhindert, daß Alternativen, die von vielen Bürgern gesucht werden, unbefangen erarbeitet und unbehindert zur Diskussion gestellt werden konnten. Offene Diskussionen innerhalb der Parteien gerieten häufig in den Ruch von Skandal, Gezänk oder Intrige. Die Neigung der Medien zur Personalisierung trägt dazu bei, daß schon im offenen Gespräch nur persönliche Animositäten vermutet werden. Wird für wichtige Medien an einer Sachkontroverse innerhalb einer Partei der Skandalwert wichtiger als die Information über alternative Standpunkte, so behindern sie damit die Entfaltung demokratischer Meinungsbildung.

Das wirkt auf das Verhalten der Parteien selbst zurück, die sich um ihr Bild in der Öffentlichkeit sorgen. Mitunter betrachten Parteien daher das kritische und kontroverse Gespräch über neue und unerwartete Anstöße eher als eine Verwischung ihres Profils denn als Chance, neue Ideen und Bewegungen in sich aufzunehmen und veraltete Vorstellungen zu korrigieren. Durch solche Reaktionen bestätigen sie im nachhinein, was an Zerrbildern über innerparteiliche Auseinandersetzungen verbreitet wurde.

Besonders verhängnisvoll muß sich eine solche Haltung in einem Land auswirken, wo aus geschichtlichen Gründen der Hang zu einem übertriebenen Harmoniedenken noch immer das Politikverständnis vieler Menschen bestimmt, so daß Konflikte als im Grunde unanständige Störung der Harmonie mißverstanden werden. Eines stärkt das andere: Scheinpolarisierung unterstellt, es gebe nur die Wahl zwischen voller Übereinstimmung oder totalem Konflikt; die falsche Professionalisierung hält die Bürger aus möglichen Konflikten heraus; die negative Wertung offener Auseinandersetzung in den Parteien bestätigt das harmonistische Vorurteil.

8. Mangelnde Attraktivität der Partei- und Gewerkschaftsarbeit

Was für einen erheblichen Teil der Auseinandersetzung zwischen den Parteien zu sagen ist, gilt noch mehr für die parteiinterne Arbeit: Sie versucht zu wenig, den Bürger zu informieren, ihn für die Parteiarbeit zu interessieren und zu aktivieren.

Das Parteileben macht weithin den Eindruck einer in sich gekehrten Betriebsamkeit, bei der die aktiven Mitglieder sich seit langem kennen, Veranstaltungen (die von der großen Mehrheit der Mitglieder nicht besucht werden) ohne Außenwirkung planen und durchführen – im übrigen aber wenig tun, um neu Hinzukommende zu integrieren und zur Mitarbeit anzuregen. Systematische politische Bildungsarbeit und Meinungsbildung vor Ort ist selten.

Wo fundierte Meinungs- und Willensbildung auf Ortsebene gelingt, wird sie oft auf Bezirks- und Bundesparteitagen zu wenig gewürdigt. Dies entmutigt, aktiv am Parteileben teilzunehmen. Überdies fehlt es oft an ungezwungener Geselligkeit, denn viele kommen nicht zu einer Partei, um sogleich aktiv in die politische Debatte einzugreifen, sondern weil sie das Bedürfnis haben, mit Gleichgesinnten zusammenzusein. Die enorme Attraktivität geselliger Politveranstaltungen und Feste ist noch nicht überall bekannt. Auch wenn vor Ort viele neue Ansätze erprobt werden, erwecken die Parteien oft den Eindruck, sie lebten im alten, selbstgenügsamen Trott dahin und bemerkten nicht, daß das politisch-gesellschaftliche Leben auf vielen Ebenen dabei ist, an ihnen vorbei anziehendere, bürgernähere Formen zu suchen und zu finden.

Für die Gewerkschaftsarbeit gilt ähnliches. Festzuhalten bleibt allerdings, daß Gewerkschaften infolge der betrieblichen und tariflichen Konflikte, der Rechtshilfe, der Betriebsratsarbeit insgesamt doch weitaus stärker mit der Basis verbunden sind als die Parteien und daß sie auch zur Aktivierung der Menschen im gesellschaftlichen Alltag mehr beitragen.

9. Der überforderte Politiker

Politische Kultur wird nicht möglich sein ohne den kultivierten Politiker. Es wird uns also nicht erspart bleiben, darüber nachzudenken, wie die politische Arbeit so humanisiert werden kann, daß in der Politik Humanität nicht nur gefordert, sondern auch vorgelebt werden kann.

Jeder Beruf trägt die Gefahr von Deformationen in sich. Für

wenige Tätigkeiten gilt dies so sehr wie für die des Politikers. Gerade die Art, wie er lebt und arbeitet, hindert ihn, die Erwartungen zu erfüllen, die der Bürger zu Recht an ihn stellt.

Daß er sich permanent überfordert fühlt und immer mit Unerledigtem leben muß, daß er unentwegt mehr geben soll, als er aufnehmen kann, teilt er sicher mit anderen Berufen. Daß er detaillierte Sachkenntnis auf den verschiedensten Feldern haben soll, kann entweder zu engem Spezialistentum oder zu oberflächlichen Formeln für alles und jedes führen.

Gerade führende Politiker sind gehalten und gezwungen, dieselben Berichte und Argumente in immer neuen Gremien vorzutragen, um die nötigen Informationen zu vermitteln und Konsens herzustellen. Die Kraft, die dabei verbraucht wird, geht eigenem Nachdenken und fruchtbaren Gesprächen ab. Der Politiker kann sich der lähmenden Schwerkraft der Routine kaum entziehen. Für Kreativität bleibt zu wenig Raum. Originalität wird immer seltener.

Pluralistische Demokratie verlangt vom Politiker den dauernden Kontakt zu den verschiedensten Gruppen und Verbänden, zur Parteiorganisation und zu einzelnen Bürgern. Je hastiger der Politiker jedoch von Termin zu Termin eilt, desto mehr leidet die Intensität solcher Kontaktgespräche.

Eine Wochenarbeitszeit, die oft über dem Doppelten einer Normalarbeitszeit liegt, laugt aus und läßt familiäre und menschliche Beziehungen verkümmern. Der Mangel an menschlicher Wärme, der Politikern mitunter vorgeworfen wird, kann Folge solcher Deformation sein. Sie wirkt um so unerträglicher, je weniger sie in der Hektik des politischen Betriebs vom Politiker selbst erkannt wird. Wo sie zum Bewußtsein kommt, führt sie zu neuen Konflikten, weil ein Mindestmaß an persönlichem Freiraum und an Distanz zum politischen Geschäft mühsam erkämpft werden muß gegen berechtigte Ansprüche der Partei, der Wähler oder der Medien. Nur wenige Politiker können sich daher solcher Anforderungen erwehren, ohne ihre Position aufs Spiel zu setzen.

Der Politiker, will er wirken, ist auf öffentliche Unterstützung angewiesen. Alles kommt also darauf an, daß und wie er in den Medien erscheint. Dadurch wird er zur Eitelkeit erzogen. Besonders deformierend muß es wirken, wenn ein Politiker zuläßt, daß Werbemanager ihm ein werbewirksames «Image» verpassen. Verliert er dabei seine Identität, so kann er sich nur noch in ödem Karrierismus verschleißen.

Daß die Quantität der Arbeit auf Kosten der Qualität geht, gilt sicher nicht nur für die Politiker. Für den Politiker kommt hinzu, daß die Bürger – zu Recht – von ihm genau die Menschlichkeit erwarten, die einem dauernden Erosionsprozeß ausgesetzt sein muß, wenn er auch nur einen Teil der Anforderungen erfüllen will, die an ihn herangetragen werden, vor allem, wenn er sich im Machtkampf behaupten will. Hier liegt ein Strukturproblem unserer Demokratie, dem mit individualethischen Appellen allein nicht beizukommen ist.

Politische Kultur in der Demokratie

Heute wird oft vergessen, daß zwar die grundlegenden Wertentscheidungen – Grundrechte – und aus ihnen folgend gewisse Institutionen im Grundgesetz verbindlich festgelegt sind, in diesem Rahmen und mit dem Auftrag der Erfüllung und Konkretisierung der Grundrechte aber die Ausgestaltung der gesellschaftlichen Teilstrukturen und Lebensformen dem Erfahrungs- und Willensbildungsprozeß der Mehrheit der Bürger anheimgestellt ist und damit offen bleibt. Darauf hat die Kommission Grundwerte beim Parteivorstand der SPD in ihrer Diskussionsschrift «Grundwerte und Grundrechte» (15. 1. 1979) verwiesen.

Dieses Offenhalten trägt in sich die Chance zu gesellschaftlicher Veränderung angesichts neuer Erfahrungen oder sich wandelnden Bewußtseins. Die Chance, durch offene Austragung dieser Meinungsverschiedenheiten und das Sichtbarmachen der zugrundeliegenden Interessen- und Bedürfnisunterschiede die Alternative herauszuarbeiten, die der größten Zahl von Bürgern als wünschenswert und vernünftig erscheint, macht den entscheidenden Vorzug einer offenen Gesellschaft aus. Sie ist darauf angelegt, daß Erfahrungen, Schwierigkeiten und Probleme jederzeit öffentlich zur Sprache gebracht werden und Alternativen zu jedem Zeitpunkt ausgearbeitet und öffentlich vorgestellt werden können. Damit wird es möglich, rechtzeitig einen Kurs zu korrigieren, der sich als falsch erweist. Darin – und im Offenlassen möglichst breiter Spielräume für die eigenverantwortliche Lebensgestaltung der Individuen und Gruppen – liegen Wert und Sinn der offenen Gesellschaft. Ob diese Chance auch genutzt wird und wie sie genutzt wird, hängt davon ab, was die Menschen in ihren verschiedenen politischen Rollen daraus machen.

Es ist daher ihre politische Kultur, die darüber entscheidet, ob das in den demokratischen Institutionen der offenen Gesellschaft angelegte Angebot angenommen oder verspielt wird.

Die Parteien haben eine besondere Verantwortung, gemeinsam mit allen bewußten und aktiven Demokraten deutlicher zu machen: Die einzige uns angemessene politische Kultur ist eine demokratische politische Kultur.

Im folgenden soll beschrieben werden, was wir unter demokratischer politischer Kultur verstehen, was ihre Entfaltung hindert und was insbesondere die Sozialdemokratie tun kann, um ihre Entwicklung zu fördern. Demokratische politische Kultur schließt die Bemühung ein, die Mitwirkungsmöglichkeiten von Bürgern am politischen Meinungs- und Entscheidungsbildungsprozeß ständig zu verbessern, Konflikte rational auszutragen und die Konsensfähigkeit der demokratischen politischen Parteien und Organisationen zu erhalten und zu festigen.

1. Demokratische Partizipation

Politische Kultur, die der Sicherung und Förderung der Demokratie dienen soll, ist undenkbar ohne aktive Teilhabe der Bürger. Sie kann sich in vielfältigen Formen verwirklichen: in der aufmerksamen und kritischen Beobachtung politischer Vorgänge und Entscheidungen, in der Wahrnehmung des Wahlrechts, in der Mitwirkung in Parteien, Verbänden und Bürgerinitiativen, in der Beteiligung am Willensbildungs- und Entscheidungsprozeß in gesellschaftlichen Teilbereichen (z. B. Wirtschaft, Bildungsbereich, Massenmedien) und im selbständigen Aufgreifen sozialer Aufgaben vor der eigenen Haustür (z. B. Schularbeitszirkel, Hilfe für ältere Bürger, Bildungsinitiativen usw.).

Insbesondere im letzten Jahrzehnt haben sich Ansätze einer demokratischen politischen Kultur entwickelt, die – häufig ausgehend von Notständen der verschiedensten Art – dadurch gekennzeichnet sind, daß aktive Gruppen sich anschicken, das Angebot unserer Verfassung zu politischer Mitbestimmung tatkräftiger aufzugreifen. Gewiß ist das Wachsen einer solchen obrigkeitskritischen und partizipativen politischen Kultur ein schwieriger Prozeß, der sich seit etwa 200 Jahren verfolgen läßt. Es scheint aber, als ob sich in den 60er Jahren ein Sprung nach vorn im Sinne einer Verbreiterung und Vertiefung demokratischer Initiativen und herrschaftskritischer Haltungen vollzogen hat, so daß die «Fundamentaldemokratisierung» (K. Mannheim) jetzt in der Bundesrepublik Deutschland von beachtlichen Minderheiten der Bevölkerung aktiver mitvollzogen wird. Dies äußert sich z. B. auch im Erstarken der kirchlichen Laienbewegungen (Katholikentag, Evangelischer Kirchentag). Schließt man die Bemühungen um eine weniger autoritäre Erziehung und um gleichberechtigte Partnerschaft in der Ehe ein, so dürfte heute ein großer Teil der Bevölkerung diesen Demokratisierungsprozeß mittragen. Solche politische Partizipation hat aus mehreren Gründen zentrale Bedeutung. Die dabei wirksam werdenden Fähigkeiten zu Phantasie, Spontaneität und Selbstverantwortlichkeit tragen zur Kontrolle bürokratischer Entscheidungen und zur notwendigen Korrektur von Entwürfen am grünen Tisch bei. Dabei geht es nicht nur um nachträgliche, oft nur unbedeutende Korrekturen bürokratischen Handelns, sondern auch darum, wo immer möglich selbständig und selbsttätig anstehende Aufgaben anzugehen und den staatlichen Planungsprozeß wirksam zu beeinflussen.

Nicht zuletzt fördert politische Partizipation, die sich in kooperativem Handeln verwirklicht, partnerschaftliches Denken und Verhalten und trägt so zur Solidarität bei. Wir lernen unsere Nachbarn kennen und verstehen. Hier öffnet sich ein Weg, die vielfach beklagte Isolierung der Menschen in der Industriegesellschaft zu überwinden und im täglichen Leben wieder mehr Anteilnahme und Wärme zu geben und zu finden.

Was wir hier als Wege zu einer demokratischen politischen Kultur, als Triebkraft gesellschaftlicher Demokratisierung zu bestimmen versuchen, ist nicht durch Schulung einiger Arbeiterführer und Avantgarden zu erreichen, sondern nur durch geduldige Umgestaltung des Sozialisations- und Bildungssystems. Die Zunahme 10- bis 12jähriger Schulbildung, der Zustrom zu weiterführenden Bildungseinrichtungen und die Hebung des Informationsniveaus durch die Massenmedien, vor allem das Fernsehen, haben den allgemeinen Demokratisierungsprozeß beschleunigt und die Bereitschaft zum herrschaftskritischen Engagement gefördert. Bildung, die zu selbständigem Denken und Handeln befähigt, wird zu einer revolutionierenden Kraft, und zwar in einem Ausmaß, das Konservative erschrecken und orthodoxe Marxisten in Erstaunen setzen muß.

Auch in der Arbeitswelt vollziehen sich, gerade im Zusammenhang mit der Steigerung des Bildungsniveaus, demokratisierende Verhaltensänderungen. In einigen Industrieländern haben Arbeiter – vor allem jüngere und qualifiziertere – begonnen, gegen eine monotone und autoritäre Arbeitsorganisation aufzubegehren, obwohl sie relativ gut bezahlt werden. Ihre Intelligenz und ihr entwickeltes Bewußtsein von menschlicher Würde führt sie zur Ablehnung – hier und da sogar zu kollektiver Rebellion – gegen ein undemokratisches Industriesystem. Eine weniger autoritäre Sozialisation, demokratischere Erziehungs- und Bildungsformen helfen Menschen heranbilden, die sich für mehr Demokratie einsetzen.

Freilich: Selten kommen Demokratisierungsaktionen allein auf Grund demokratischen Bewußtseins in Gang. Auslösend wirken meist repressive Maßnahmen oder Zustände in gesellschaftlichen Teilbereichen. So wäre beispielsweise die studentische Protestbewegung ohne die zunehmenden Widersprüche zwischen Studenteninteressen, wachsenden Studentenmassen und veralteten, autoritär erstarrten Hochschulstrukturen kaum in Gang gekommen.

Ebenso wären Bürgerinitiativen nicht so stark, politisch vital und teilweise auch radikal geworden ohne die rapide Zunahme kommunal- und umweltpolitischer Notstände. Eine ganze Reihe von Mitbestimmungsforderungen und realisierten demokratischen Modellen in Theatern, Schulen, Redaktionen, Kindergärten etc. ist zwar nicht aus akuten Krisen, wohl aber aus der Empörung über undemokratische Zustände entstanden, die einem veränderten demokratischen Bewußtsein unerträglich erscheinen mußten. Der Prozeß hin zu einer demokratischen politischen Kultur zeigt hier seine eigene Dynamik. Auch die breite skandinavische Diskussion über eine «Alltagsdemokratie» ist im wesentlichen nicht aus akuten Krisen, sondern aus der eigenen politischen Kultur, einer gewachsenen und wachsenden demokratischen Sensibilität in Ländern zu erklären, die seit Jahrzehnten liberal- und sozialdemokratisch geprägt wurden. Insgesamt drängen also, trotz einer noch weit verbreiteten Neigung zu Apathie und Rückzug ins Private, trotz der Widerstandsfähigkeit verkrusteter oligarchischer Machtstrukturen, wichtige Minderheiten nach verstärkter Partizipation in allen Lebensbereichen. Bürger werden selbst aktiv und hören auf, bloß Konsumenten von Politik zu sein.

Freilich dürfen auch die Probleme und Widerstände, die solcher Partizipation entgegenstehen, nicht übersehen oder bagatellisiert werden. Es gibt einen Konformismus, der jedem Verhalten, das von den gebräuchlichen Mustern abweicht, zunächst ablehnend begegnet. Hier gilt es immer wieder zu entkrampfen und zu vermitteln. Zu diesem Konformismus gehören auch autoritäre Einstellungen, die uns oft gar nicht bewußt sind und erst langsam in geduldiger Anstrengung abgebaut werden können.

Zu handfesten Hindernissen demokratischer Partizipation werden solche Haltungen, wenn sie sich auf soziale oder politische Macht stützen können. Daher ist es notwendig, Macht und Interessen, die demokratischer Partizipation entgegenstehen, immer wieder aufzudecken und ihnen die Macht entgegenzusetzen, die sich aus demokratischem Bewußtsein bildet. In der deutschen Tradition gab es häufig ein Schwanken zwischen Untertanengeist, blinder Unterordnung unter die Obrigkeit, unkritischem Staatsvertrauen einerseits und ebenso blinder Ablehnung gegen alles, was mit Staat und Politik zu tun hatte, andererseits. Fehlte es der deutschen Gesellschaft des 19. Jahrhunderts an politischer Eigeninitiative und Durchsetzungskraft, identifizierte das damalige deutsche Bürgertum das Wohl des Ganzen vielfach unbesehen mit der Tätigkeit der staatlichen Bürokratie, so verfolgten starke gesellschaftliche Kräfte in der Weimarer Republik ihre Politik kompromißlos und ohne Rücksicht auf die Lebensfähigkeit der Republik.

Demokratie muß immer wieder zur Basis finden. Diese aber begegnet dem Politiker weithin in der Formation von Verbänden und Vereinen, die die Pluralität der Interessen und Überzeugungen in unserer Gesellschaft widerspiegeln. Diese Verbände sind selbstverständlich von unterschiedlichem politischen Gewicht; insgesamt aber ist die Organisation der Bürger in Verbänden und Vereinen und die zunehmende Verdichtung und Vernetzung dieser Strukturen ein für die Demokratie unverzichtbares Feld der Partizipation.

Demokratischer Staat und gesellschaftliche Gruppen sind vielfältig aufeinander angewiesen; sie sollen und können zum allgemeinen Wohl zusammenwirken. Freilich gibt es auch hier die Gefahr von Interessenverflechtungen und Abhängigkeiten bis hin zu banaler Verfilzung. Verbände sind nicht zur Herrschaft berufen, sondern zum Dialog mit jenen, die demokratisch legitimierte Verantwortung tragen; sie sind nicht Richter, sondern Anwälte. Bei aller Würdigung der Bedeutung der Verbände darf es auch nicht dahin kommen, daß nicht-organisierte, womöglich gar nicht organisierbare Interessen die politisch Handelnden nicht mehr erreichen.

Es gibt aber auch Hindernisse und Schwierigkeiten für demokratische Partizipation, die sich aus der Sache selbst ergeben. In allen gesellschaftlichen Teilbereichen gibt es das Grundproblem, Partizipation so zu regeln, daß die dort Tätigen die Erfordernisse der politischen Legitimation, der fachlichen Kompetenz und der durchsichtigen Verantwortlichkeit miteinander in Einklang bringen können. Eine befriedigende Formel ist nicht ein für allemal bestimmbar. Vielmehr müssen gefundene Lösungen immer wieder in der Praxis an Hand auszuweisender Kriterien kritisch und mit der Bereitschaft zur Revision überprüft werden.

Verfehlte Lösungen stellen im Bildungs- und Medienbereich eine erheblich größere Gefahr dar als im Bereich der Wirtschaft, weil Fehlentscheidungen oder -entwicklungen nicht sofort an handfesten materiellen Mißerfolgen (etwa des Unternehmens am Markt) fühl- und meßbar werden und weil das Risiko der ideologischen Verhärtung gegensätzlicher Positionen nicht durch ein gemeinsames Interesse aller Beteiligten in Grenzen gehalten wird. Partizipation kann zu einer falschen Politisierung führen, sofern sie bewirkt, daß die Mitglieder der gesellschaftlichen Teilbereiche sich nur noch als politische Kontrahenten bzw. Kampfgefährten verstehen und begegnen. Dies hat nicht nur häufig unzweckmäßige Entscheidungen zur Folge, es kann auch die zwischenmenschlichen Beziehungen schwer belasten. Dies läßt sich nicht einfach menschlichem Versagen der Entscheidungsträger anlasten. Hier zeigt sich vielmehr ein stets zu beachtendes Risiko jeder politischen Partizipationsregelung, weil in ihrem Entscheidungsbereich kaum ein wichtiger Streitpunkt frei ist von politischen Bezügen.

Besonders brisant wird die Gefahr, wenn es infolge der Politisierung zur Fraktionierung nur nach parteipolitischen Gesichtspunkten kommt. Eine Verallgemeinerung dieser Tendenz würde zu gefährlichen Brüchen im Leben der Gesellschaft führen. Das Bewußtsein, daß Politik, und schon gar Parteipolitik, nicht den ganzen Menschen ausmacht, muß gerade dann wachgehalten werden, wenn die unvermeidliche Politisierung des gesellschaftlichen Lebens in demokratischen Formen geschehen soll. Partizipation mit dem Ziel, eigene Interessen wahrzunehmen, aber im Geiste der Kooperation – darauf kommt es an.

Auf allen Ebenen politischer Partizipation sind immer noch zu wenige Frauen beteiligt, obwohl sie sich gerade in jüngerer Zeit politisch und beruflich besonders eindrücklich qualifiziert haben. Ein im letzten Jahrzehnt gewachsenes neues Selbstbewußtsein der Frauen hat sich im politischen Leben bisher nicht nennenswert niederschlagen können. Dadurch entsteht die Gefahr, daß Enttäuschung und Resignation sich breitmachen und daß vorhandene Einsichten, Kräfte und Fähigkeiten sich nicht entfalten können. Um eine solche Entfaltung zu ermöglichen, bedarf es vieler Veränderungen: der Einsicht vor allem der Männer, daß sie bisher vornehmlich von den Frauen erledigte Aufgaben, etwa innerhalb der Familie, partnerschaftlich mit den Frauen teilen müssen; zeitlich flexibler Berufsmöglichkeiten für Männer und Frauen; des weiteren Abbaus traditioneller Vorurteile gegenüber der Fähigkeit von Frauen zu verantwortlicher und schöpferischer Tätigkeit. Sollen die Frauen volle Gleichberechtigung erreichen, so muß sich das Rollenverständnis des Mannes nicht weniger ändern als das der Frau. Für beide ergeben sich daraus Schwierigkeiten, aber auch neue fruchtbare Möglichkeiten. Die Fixierung des Mannes auf Leistung, Erfolg und Rationalität ist einer humanen Gesellschaft ebenso abträglich wie die Fixierung der Frau auf Emotionalität und häusliche Tugenden.

2. Konsens und Konflikt

Wenn die Vorzüge einer offenen Gesellschaft ihren Mitgliedern nicht bewußt sind und bleiben, kann keine Macht der Welt eine solche Gesellschaft am Leben erhalten. Wenn die Fähigkeit verkümmert, auf dieser Basis konkurrierende Interessen und Überzeugungen als legitim anzuerkennen und als Herausforderung der eigenen Überzeugung zu begreifen, dann erlischt die Chance, eine gegebene Situation gemeinsam zu überprüfen und den bestmöglichen Weg zu ihrer Verbesserung zu finden und zu gehen.

Dies sind zwei Hauptvoraussetzungen der offenen Gesellschaft, deren Gefährdung zu wachsen scheint. Es gibt eine Tendenz zu bestreiten, daß der demokratische Gegner den Grundkonsens über die offene Gesellschaft ehrlich teilt. Wer aber anderen die Teilhabe am Grundkonsens abstreitet, zerstört ihn selbst. Am Ende einer solchen Entwicklung kann die Erklärung des Andersdenkenden zum Feind und die Verkehrung der demokratischen Auseinandersetzung zum Vernichtungskampf stehen.

Will man die Voraussetzung demokratischen Zusammenlebens sichern, so hat hierbei die Erziehung eine wesentliche Aufgabe. Die Forderung nach einer «Erziehung zur Konfliktfähigkeit» ist richtig und wichtig, wenn damit gemeint ist, daß die Heranwachsenden lernen sollen, Teilkonflikte als normal anzusehen und sie nach den Spielregeln der demokratischen Ordnung auszutragen. Dagegen kann eine einseitige Erziehung zum Konflikt unter Hintansetzung demokratischer Gemeinsamkeiten zur Intoleranz führen und auch das Austragen von Konflikten in Respekt vor anderen Haltungen erschweren. Eine demokratische politische Kultur erfordert daher Erziehung zur Konfliktfähigkeit im Rahmen der Gemeinsamkeit und zur Toleranz bei der Austragung von Konflikten.

Zugleich aber gibt es gegenwärtig, vielleicht noch deutlicher, die Tendenz, das Feld der angeblich notwendigen Gemeinsamkeiten zweckgerichtet so ausufern zu lassen, daß neue kritische Gesichtspunkte oder abweichende Argumente und oft sogar neue Fragestellungen nicht mehr als Anstoß zur Überprüfung und als Chance zur Verbesserung aufgenommen, sondern als Störung bestehender Übereinstimmungen abgewiesen werden. Wird das vernünftige Maß an Übereinstimmung derartig überzogen, so behindert dies nicht nur die gesellschaftliche Entwicklung; in einem solchen Klima gedeiht auch der Verdacht, Probleme kämen erst dadurch in die Welt, daß sie formuliert werden. Ohne produktiven Konfliktaustrag wäre die offene Gesellschaft nicht lebensfähig.

Ohne Anerkennung der legitimen Rolle des Konflikts kann es weder Respekt vor der anderen Meinung noch Hoffnung auf Fortschritt geben. Wo der Konsens überbetont wird, können wachsende Teile der Bevölkerung aus der politischen Willensbildung ausgeschlossen werden. Es gibt in unserem Lande eine Neigung, aus Angst vor politischer Zersplitterung wie in der Weimarer Republik das Vermeiden deutlicher politischer Differenzierung für einen Wert an sich zu halten. Wenn dies – wofür gegenwärtig einige Anzeichen sprechen – dazu führt, daß wichtige politische Strömungen in den repräsentativen politischen Entscheidungsgremien nicht mehr vertreten sind, geraten wir in Gefahr, heute die Schlachten vergangener Epochen zu schlagen und damit entscheidende Aufgaben der Gegenwart zu verfehlen.

Demokratie ist nicht denkbar ohne Mehrheitsentscheidungen. Abstimmung und Mehrheitsherrschaft, wie sie das Grundgesetz vorsieht, dienen nicht der Suche nach oder der Durchsetzung von letzten Wahrheiten, sondern der politischen Gestaltung im Bereich des Vorletzten sowie der Begrenzung des dabei unerläßlichen Unterwerfungsleides. Demokratische Politik bewegt sich in den Bereichen des Abstimmbaren – die Suche nach Wahrheit und Letztbegründung ist vorausgesetzt. Die demokratische Grundtugend der Toleranz schließt den Willen ein, die Grenze des Nicht-Abstimmbaren nicht zu übersteigen.

Das Wechselverhältnis von Konsens und Konflikt muß auch die politische Rede prägen. Während bei unseren westlichen und südlichen Nachbarn die Kunst der politischen Rede eine respektable Tradition hat und als Teil der politischen Kultur gepflegt wird, gilt sie in Deutschland eher als suspekt.

Der Stil der politischen Rede unterscheidet sich notwendig vom Stil der wissenschaftlichen Abhandlung, des sachlichen Berichts, der Predigt oder der geselligen Plauderei. Es ist zum Beispiel unangemessen, vom Politiker zu verlangen, daß er sämtliche Aspekte einer Frage mit wissenschaftlicher Genauigkeit und Ausführlichkeit darlegt, um dann zum Schluß seine Folgerung langatmig zu begründen. Er hat das Recht, die Aspekte herauszuarbeiten, die ihm wichtig erscheinen und die für seine Zielsetzung sprechen. Er darf und muß dabei vereinfachen, er darf und muß schwierige Alternativen auf einen allgemein verständlichen Nenner bringen. Dabei wird manche Nuance zu kurz kommen, manches Problem wird holzschnittartig auf wenige Argumente verkürzt werden.

Die geschliffene Formulierung, das Bonmot, das eindrückliche Bild sind ebenso legitime Mittel der politischen Rede wie Witz und Ironie. Die politische Rede muß und darf nicht langweilig sein. Aber es macht einen Unterschied, ob die Schwächen des Gegners plötzlich in einem Bild aufleuchten, das sogar den Gegner selbst zum Lachen reizt, oder ob dieser Gegner als Feind der Demokratie verketzert und aus dem demokratischen Spielfeld verjagt werden soll.

Es macht einen Unterschied, ob man dem Gegner nachweisen will, daß seine Haltung interessengebunden ist oder ob man ihm vorwirft, er sei ein Feind der verfassungsmäßigen Ordnung. Es macht einen Unterschied, ob die Argumente des Gegners, seine Form der Selbstdarstellung Ziel von Angriffen sind oder aber sein menschlich-moralischer Kern. Es macht einen Unterschied, ob mit Florett, schwerem Säbel oder gar mit der Keule gekämpft wird.

Politische Rede darf und soll gewürzt sein: Sie wirkt um so weniger verletzend, je öfter Selbstironie und Humor durchblitzen. Sie darf auch ein sportliches Element in sich tragen in Angriff und Abwehr, Stoß und Gegenstoß, solange sie die Menschenwürde des Gegners nicht antastet und die Gemeinsamkeiten nicht zerstört, auf die politische Kultur angewiesen ist.

Politische Kultur in Deutschland verlangt neues Nachdenken über den Stil der politischen Rede und Einübung in diesen Stil. Auch hier müssen Vorurteile abgebaut werden, die aus unserer Tradition stammen.

3. Mut zum Zukunftsentwurf und Fähigkeit zum Realismus

Demokratie kann ohne Zukunftsentwürfe nicht leben. Zukunftsentwürfe, die aus den Interessen, Erfahrungen, Einsichten und Sehnsüchten der Menschen entstehen, können gerade nicht als fertige Utopien ins Leben treten. Sie können nur langsam, aus der Verständigung über das Unbehagen an den derzeitigen Lebensformen und aus dem Willen nach Veränderung wachsen. Deshalb dient oft auch unausgereifte Kritik an der gegebenen Lebensweise dazu, daß Alternativen sich herausbilden. Wer Zukunftsentwürfe, für die Menschen zu handeln bereit sind, nicht von vornherein behindern will, muß Kritik am Gegebenen auch dann ernst nehmen, wenn sie noch nicht das Bild eines besseren Lebens anzubieten vermag. Daher müssen auch Versuche, alternative Möglichkeiten im kleinen zu erproben, ermutigt und gefördert werden.

Gleichzeitig gilt es daher deutlich zu machen, daß Kritik und Alternativen im kleinen in konstruktive Alternativen für die gesamte Gesellschaft einmünden müssen, wenn sie als Beitrag zur Veränderung der ganzen Gesellschaft fruchtbar werden sollen. Die Fähigkeit, Zukunftsentwürfe in realisierbare Alternativen umzusetzen, wächst aber nur aus der Teilnahme am politischen Willensbildungsprozeß.

Der gesellschaftliche Dialog wird behindert, wenn politisch Verantwortliche meinen, daß Kritik und allgemeine Utopien, die die Rezepte ihrer Umsetzung nicht gleich mitliefern, der Rechtfertigung entbehren. Dieser Dialog wird aber ebenso blockiert, wenn Kritiker so auftreten, als seien ihre allgemeinen Richtungsangaben für die wünschenswerte Veränderung der Gesellschaft schon die bessere Alternative und ihre nicht sofort vollzogene Umsetzung schon Grund genug, an der Fähigkeit der politischen Systeme zur demokratischen Problemlösung zu verzweifeln.

Verlorenes Vertrauen der Bürger kann nur zurückgewonnen werden, wenn deren Kritik und Anregungen ernst genommen werden. Dies erfordert einen Dialog, in dem mit ihnen gemeinsam überlegt wird, wie kritisches Unbehagen und berechtigte Wünsche in der industriellen Massendemokratie in realisierbare Handlungskonzepte umgesetzt werden können. Wo solche Umsetzung sich als unmöglich erweist, muß dies im kritischen Dialog nachgewiesen werden. Auch den Preis, den jede neue Weichenstellung fordert, muß man offen darstellen.

Deutlich zeichnet sich heute die Richtung ab, in die eine wachsende Zahl von Menschen die Gesellschaft verändern möchte:

– Mehr und mehr Menschen erkennen die Inhumanität vieler Formen der heutigen Arbeitsorganisation, sie wissen auch, daß es Alternativen gibt, die weniger Monotonie und Fremdbestimmung am Arbeitsplatz schaffen würden;
– zunehmend wird, aktuell in der Ölkrise, die Gefährlichkeit unkontrollierter internationaler Konzernmacht erkannt, die, wie es im Godesberger Programm heißt, «Staatsgewalt usurpiert»;
– weit mehr Bürger, als manche Politiker zu glauben scheinen, haben erkannt, daß unsere Verschwendungsgesellschaft mit ihrem Wegwerfprinzip in Sackgassen führt, daß schonender Umgang mit Energie, Gütern, natürlichen Ressourcen und ökologischen Gleichgewichten eine Überlebensbedingung unserer Zivilisation geworden ist und daß der Staat sich einer grundlegenden ordnungspolitischen Aufgabe entzieht, wenn er diese Umorientierung nicht durch Gesetze und vorbildliches administratives Handeln ermutigt und ermöglicht;
– Bürger erkennen zunehmend, daß wirtschaftsabhängige Kommunalpolitik durch falsche Verkehrsplanung, Kommerzialisierung des Ortskerns, durch Kahlschlagsanierung etc. vielerorts das Wohnen und Leben unerträglich gemacht hat. Sie wissen, daß es alternative kommunalpolitische Konzepte gibt; sie erfahren aber nur selten, daß

diese in der politischen Entscheidungsbildung der Parteien – bei optimaler Bürgerbeteiligung – ausreichend wirksam werden;
– immer mehr Menschen spüren, daß die strenge Abgrenzung politischer Sachbereiche und die damit verbundene Spezialisierung von Verwaltung und Politik in Sackgassen endet und dem Lebenszusammenhang der Gesellschaft sowie des einzelnen nicht gerecht wird;
– insbesondere von der Sozialdemokratie erwarten viele Bürger, daß ihre Grundwerte der Freiheit, Gerechtigkeit und Solidarität in konkreten Zukunftsperspektiven Gestalt gewinnen, und zwar gerade jetzt: jenseits der Wachstumseuphorien der 60er Jahre. Wir dürfen nicht auf konkrete Utopien verzichten, weil sie in einer Legislaturperiode nicht zu realisieren sind oder weil sie mit Vorstellungen des Koalitionspartners kollidieren könnten. Gerade wenn man im offenen Dialog mit den kritischen Bürgern auch konkrete Utopien – d. h. längerfristige alternative Modelle eines humaneren Zusammenlebens – erarbeitet, wächst die Chance, daß der Wähler konsequente Schritte in die bessere Richtung am Wahltag realisierbar macht.

Wo es um die Durchsetzung von Zukunftsentwürfen geht, wird häufig mit einer Begrifflichkeit gearbeitet, die eher dazu geeignet ist, den Blick auf die Wirklichkeit zu verstellen als ihn freizugeben. Dazu gehört die Unterscheidung zwischen Praktikern und Theoretikern.

Politik ist immer praktisches Handeln, sie zielt immer auf Entscheidungen, die Wirklichkeit gestalten. Realitätsfernes Theoretisieren spielt sich, wo es vorkommt, jenseits des politischen Bereichs ab.

Andererseits fordert jedes politische Handeln gründliches Nachdenken über Ziele, Wege und Methoden der Durchsetzung. Kontinuierliche und damit verläßliche Politik ist undenkbar ohne Bezug auf Grundwerte, Grundsätze und Programme. Politisches Handeln, das diesen Namen verdient, hat also immer auch eine theoretische Grundlage.

Der Macher, der sich das Nachdenken erspart, kann sich in der Politik so wenig halten wie der Merker, der sich zu gut ist zum Handeln.

Politische Kultur ist darauf angewiesen, daß praktisches politisches Handeln theoriebezogen ist und daß politische Theorie sich immer in der Auseinandersetzung mit der Praxis bewähren und notfalls korrigieren muß.

Eine Arbeitsteilung, in der die einen Papiere produzieren, die die anderen lächelnd beiseite legen, wäre das Gegenteil von politischer Kultur.

Was muß sich ändern?

1. Bei uns selbst

Wir Sozialdemokraten halten es für unerläßlich, mit der Korrektur von Fehlentwicklungen bei uns selbst zu beginnen.

Wir sehen hierfür folgende Schwerpunkte:

– Es muß mehr als bisher darauf geachtet werden, daß Sozialdemokraten auch ihr eigenes Verhalten an den Grundwerten und Prinzipien messen, für deren Verwirklichung sie politisch eintreten.

– Die SPD muß auch fähig sein zu ungezwungener Geselligkeit. Sie muß mehr als bisher ein Ort sein, an dem nicht nur diskutiert, sondern auch gefeiert wird.

– Die SPD muß mutiger als bisher die drängenden Zukunftsfragen unserer Gesellschaft aufgreifen und sich mehr als bisher der Erarbeitung tragfähiger Alternativen widmen.

– Die vielfach in Routine und Selbstgenügsamkeit erstickte Parteiarbeit muß erneuert werden; die Partei muß also einen breiteren Fächer an Mitwirkungsmöglichkeiten für ihre Mitglieder anbieten. Neben der auf die Willensbildung und Entscheidung in Parteigremien und Parlamenten ausgerichteten Arbeit muß der Stadtteilarbeit, der Arbeit mit speziellen Zielgruppen, themenzentrierten Initiativen und Kampagnen größeres Interesse gelten.

– Gleichzeitig muß sich die Partei noch mehr als bisher als Forum für die kontroverse Diskussion wichtiger gesellschaftlicher Probleme anbieten, auch über die Grenzen der Partei hinaus.

– Die SPD muß sich mehr als bisher darum bemühen, entsprechend der Forderung des Orientierungsrahmens '85, «die Fähigkeit der Bürger zur selbstverantwortlichen Lösung gesellschaftlicher Probleme in ihrem eigenen Lebens- und Arbeitsbereich zu verbessern». In diesem Sinne muß sich die SPD zum Anwalt all jener machen, die z. B. in selbstverwalteten Jugendzentren oder Selbsthilfeprojekten die Lösung ihrer Probleme eigenverantwortlich anpacken.

– Die SPD muß ohne Scheu vor unvermeidbaren Konflikten für die Interessen der Abhängigen, der Armen und Benachteiligten und gegen die etablierten Herrschaftsinteressen Partei ergreifen.

– Die SPD muß die innerparteiliche Diskussion fördern und der Versuchung widerstehen, politische Auffassungsunterschiede entweder zu ignorieren oder lediglich mit administrativen Mitteln auf sie zu reagieren. Insbesondere muß sie das Verhältnis zu ihrer Jugendorganisation weiter verbessern. Arbeitsgemeinschaften müssen, wenn sie sinnvoll und erfolgreich arbeiten sollen, ausreichend Bewegungs-

spielraum haben; sie müssen sich aber auch ihrer Verantwortung gegenüber der Gesamtpartei bewußt sein.
– Die SPD muß alles in ihrer Macht Stehende tun, um Einschränkungen der Demokratie in der Bundesrepublik zu verhindern. Sie darf sich nicht dem Druck konservativer und reaktionärer Kräfte beugen, die auf einen Abbau von Liberalität hinarbeiten und politisch Andersdenkende kriminalisieren wollen. Sie muß andererseits die undemokratischen Ideologien und Strategien von Kommunisten beim Namen nennen und sich klar von ihnen abgrenzen.
– Die SPD muß Wahlkämpfe argumentativ bestreiten. Sie darf sich nicht dem Trend anschließen, die politische Auseinandersetzung in der Demokratie zu einer Angelegenheit der Werbefachleute werden zu lassen. Wer nur auf Werbemätzchen und Imagepflege setzt, mißachtet den Wähler als mündigen Bürger und trägt damit zum Verfall der politischen Kultur der Demokratie bei.
– Die SPD muß ihre Anstrengungen in der internen Bildungsarbeit erheblich verstärken. Als mitgliederstärkste Partei der Bundesrepublik hat sie die Chance, mit einer informierten und engagierten Mitgliedschaft ihre Sache auch dann in der Öffentlichkeit wirksam vertreten zu können, wenn ein Teil der Medien die informatorische und aufklärende Aufgabe nicht ausreichend wahrnimmt.
– Die SPD muß in sich selbst Theorie und Praxis, Programm und Organisation, politische Forderung und persönliches Verhalten als Einheit begreifen.

2. Insgesamt

In einer offenen Gesellschaft können auf die Dauer nur offene Parteien ihre Funktion erfüllen; Parteien also, die – auf der Basis ihrer Grundsätze – das kritische und kontroverse Gespräch ihrer Mitglieder nicht als Störung ihrer Geschlossenheit betrachten, sondern als Chance der Korrektur und Weiterentwicklung ihrer Konzeptionen. Das setzt Parteiführungen voraus, die Kritik nicht als Störung, sondern als produktive Herausforderung verstehen. Es setzt Parteimitglieder voraus, die die Tätigkeit ihrer Führungen ebenso kritisch wie loyal begleiten, damit sie in dem, was die Partei als ganze verantwortet, sich selbst noch wiedererkennen können. Sie müssen den Mut und die Fähigkeit entwickeln, kritische Vorstellungen zu Personen und Themen einzubringen, aber auch die Bereitschaft zur Solidarität mit den Grundsätzen der Partei. Dazu gehört die Loyalität gegenüber Entscheidungen, bei denen man selbst überstimmt worden ist, damit ein Mindestmaß erkennbaren politischen Gesamtwillens der eigenen Partei nach draußen gewahrt bleibt. Die Mitglieder der Partei sollen die Interessen und Überzeugungen aus ihrem gesellschaftlichen Umfeld in die Parteigespräche einbringen und zugleich in ihren Gesprächen im eigenen Umfeld die Vorstellungen ihrer Partei erläutern.

Die offene Gesellschaft setzt Bürger voraus, die ihrer Umwelt offen begegnen:

– Statt autoritätsgebunden sich den Entscheidungen der Mächtigen unterzuordnen, müssen sie eigenverantwortlich ihren Standpunkt zu den sie betreffenden Fragen finden und vertreten können;

– statt aus Angst und Bequemlichkeit an alten Überzeugungen ein Leben lang festzuhalten, müssen sie fähig sein, neue Erfahrungen zu verarbeiten, Veränderungen der Realität zu erkennen und zu beurteilen;

– statt die jeweils eigenen Überzeugungen schon deswegen für die allein sinnvollen und zulässigen zu halten, weil es die eigenen sind, müssen sie die Toleranz entwickeln, die bereit macht, die eigene Irrtumsfähigkeit einzusehen, entgegengesetzte Meinungen anzuhören und aus ihnen zu lernen. Dazu gehört die Fähigkeit, die eigenen Überzeugungen in dem Sinne offen zu halten, daß ihre prinzipielle Irrtumsmöglichkeit erkannt wird und damit zugleich die prinzipielle Möglichkeit des Rechts der anderen Meinung.

Diese Offenheit sollte auch die Art prägen, in der die Parteien miteinander reden und in der die Medien die grundlegenden Fragen der Zeit aufgreifen. Die Parteien dürfen sich nicht selbst in einen Zwang zu ständiger Rechthaberei bringen. Sie verfehlen sonst nicht nur die Chance, aus der von den anderen Parteien, Gruppen oder Personen vorgetragenen Kritik zu lernen, sondern auch ihre eigentliche Funktion in der offenen Gesellschaft: die des Seismographen und Organisators für neue Bedürfnisse, neue Ideen, für den Willen zum Wandel und zu neuen Lebensformen. Nur wenn sie diese Funktion erfüllen, können sie politische Überzeugungen in gestaltende Kraft umsetzen.

Die Art, wie die Parteien miteinander umgehen, entscheidet mit darüber, ob Politik für den Bürger als ein Ringen um die Macht für eine bessere Alternative erscheint, oder aber als ein abstraktes Spiel zwischen verfestigten Machtinteressen; ob sie den Eindruck haben können, daß ihr Engagement und ihre Impulse dort willkommen sind oder lediglich ihre Stimme für eine Politik, in die sie weiter nicht dreinreden sollen.

Nur wenn die Parteien durch ihr eigenes Verhalten dem Bürger die

Gewißheit geben, daß seine Kritik gefragt und daß auch sein unbequemes Engagement erwünscht ist, werden sie einer Unterstützung auf Dauer sicher sein können. Und nur wenn im Umgang der Parteien miteinander ein Mindestmaß an Gesprächs- und Verständigungsbereitschaft erkennbar bleibt, wird der Bürger den politischen Prozeß mit jener Anteilnahme verfolgen, die allein das offene Gespräch erzeugt.

Bürgernähe kann nicht bedeuten, daß Spitzenpolitiker sich leutselig zum Bürger herablassen, um ihm längst in der Bürokratie vorgefertigte Konzepte nahezubringen. Bürgernähe kann nicht heißen, daß die politisch Entscheidenden dem Bürger nahe kommen, sondern daß der Bürger erfährt, daß und wie er selbst an politischen Entscheidungen mitwirken kann. Bürgernähe der Politik meint nicht, daß Politiker sich noch besser in Selbstdarstellung vor dem Bürger üben. Bürgernähe der Politik meint, daß der Bürger ermutigt wird, näher an politische Entscheidungen heranzukommen, rechtzeitig mitzureden und die Chancen der Mitentscheidung zu nützen.

Die drängenden Zukunftsfragen der Menschen dürfen daher nicht in technokratischer Überheblichkeit bagatellisiert und aus der politischen Debatte ausgeklammert werden. Nur wenn Parteien und Parlamentarier die in der Bevölkerung wachsende Sorge um die Zukunft unserer Gesellschaft aufgreifen und sich an der Diskussion um alternative Weisen des Lebens und Wirtschaftens mehr als bisher beteiligen, kann verhindert werden, daß sich mehr und mehr Menschen von den demokratischen Institutionen abwenden.

Die Parteien müssen einsehen, daß sie sich selbst hoffnungslos überforderten, wollten sie ein Monopol auf die Wahrnehmung aller in der Demokratie anfallenden Tätigkeiten und Funktionen des Bürgers erheben. Es gibt Aufgaben, die ihnen vorbehalten sind. Sie allein können Mandatsträger für politische Führungsfunktionen heranbilden, präsentieren, in ihrer Arbeit begleiten und kontrollieren. Sie haben Programme, in denen die Gesamtheit der politischen und gesellschaftlichen Fragen in einen Zusammenhang gestellt ist, zu erarbeiten und darzulegen.

Es gibt aber auch Aufgaben, die – zusätzlich zu den bereits tätigen freien Trägern – von Bürgerinitiativen ergänzend und korrigierend wahrgenommen werden können. Bürgerinitiativen können oft rascher, flexibler und direkter Aufgaben der Selbstorganisation im unmittelbaren Lebensbereich übernehmen. Sie können oft ungebundener, ohne verfrühte Rücksichtnahme Alternativen formulieren und Aufmerksamkeit für Probleme wecken. Sie können auch durch die Überschaubarkeit ihrer Arbeitsform, durch die Unmittelbarkeit der

Kontakte ihrer Mitglieder Menschen zum politischen Engagement veranlassen. Die Parteien sollten daher die Bürgerinitiativen als eine Bereicherung unserer Demokratie akzeptieren. Das bedeutet freilich auch, daß sie sich kritisch mit den Anliegen der Bürgerinitiativen auseinandersetzen und mit ihnen gegebenenfalls zusammenarbeiten.

Wer demokratische politische Kultur fördern will, muß insgesamt partizipative Tendenzen in unserer Gesellschaft unterstützen. Wir brauchen ein Gesamtkonzept partizipativer Demokratie, das vor allem umfassen müßte:

– Unterstützung aller Bemühungen insbesondere der jüngeren Bürger, in ihren persönlichen Beziehungen patriarchalische oder autoritäre Verhaltensweisen durch partnerschaftliche, kollegiale zu ersetzen;
– kritische Weiterentwicklung der Partizipationsansätze in Schule und Hochschule, in Betrieb, Kommune, Verwaltung und Medienbereich unter Berücksichtigung der positiven und negativen Erfahrungen des vergangenen Jahrzehnts; insbesondere substantielle Verbesserung des Betriebsverfassungsgesetzes und Ausbau der Beteiligungsmöglichkeiten der Bürger an kommunalen Planungsprozessen;
– Öffnung und Belebung des Organisationslebens von Parteien und Gewerkschaften, so daß – vor allem jüngere – Bürger leichter Zugang zu den Aktivitäten dieser Organisation finden und motiviert werden, daran teilzunehmen;
– Ermutigung jeglicher Form des sozialen Engagements und der Selbsthilfe von Bürgern, damit sie sich nicht nur als Betreute, sondern als Mitgestalter des Sozialstaats erfahren;
– Ausbau der politischen Informationen des Bürgers in Schule, Fernsehen, öffentlichen Manifestationen – und insbesondere durch eine gehaltvollere parteipolitische und parlamentarische Auseinandersetzung, durch scharfe, auf Problemlösungen bezogene Sachdebatten;
– systematischer Ausbau selbst- oder mitbestimmter Handlungsräume der abhängig Beschäftigten in der Arbeitswelt: durch Mitbestimmung am Arbeitsplatz, Arbeitsaufgabenerweiterung, Gleitzeit, Abbau unnötiger Hierarchien und andere Maßnahmen der Arbeitshumanisierung.
– Unterstützung der Emanzipationsbestrebungen der Frauen durch Verhaltensänderung der Männer in Familie, Haushalt, Beruf und Politik, durch Abbau rechtlicher, tariflicher und arbeitsorganisatorischer Benachteiligungen und durch Förderung der Eigeninitiativen von Frauen.

Eine Schlüsselrolle im politischen Prozeß der offenen Gesellschaft spielen die Medien. Nicht allein, weil durch sie bestimmt wird, welche

Auswahl an Informationen dem Bürger zu welchem Zeitpunkt zur Verfügung steht, sondern mehr noch, weil der Stil, in dem sie Fragen aufgreifen, die Art, wie sie Themen in den Vordergrund stellen oder beiseite schieben, für die Mehrzahl der Bürger meinungsprägende Kraft gewinnen.

Daher ist politische Kultur immer auch Medienkultur. Die Medien haben die Chance, ohne Angst vor dem Verlust von Wählerstimmen neue Themen ins Bewußtsein der Menschen zu bringen, neue Anregungen zur Diskussion zu stellen, auf Mißstände aufmerksam zu machen, Randgruppen der Vergessenheit zu entreißen, den Blick der Bürger zu weiten, auch für die Aufgaben in der Dritten Welt.

Sie haben die Chance, politische Parteien durch Kritik und Anerkennung auf ihre wirklichen Funktionen hinzuweisen, fruchtbare Diskussionen innerhalb und zwischen den Parteien zu fördern, Polarisierungen auf ihre Echtheit und Notwendigkeit zu untersuchen.

Sie können, zumal wenn sie selbst mit gutem Beispiel vorangehen, politische Kultur fördern und politische Unkultur beim Namen nennen. Sie können die Offenheit, die sie von anderen erwarten, selbst demonstrieren.

Es wäre ungerecht, wollte man verkennen, daß viele, die in den Medien tätig sind, solche Chancen nutzen. Dabei gehen sie gelegentlich Risiken ein, die denen des Politikers nicht nachstehen.

Eine lebensfähige politische Kultur ist jedoch darauf angewiesen, daß die Medien ihre Möglichkeiten voll ausschöpfen und den Versuchungen der Simplifizierung, der Personalisierung oder Ideologisierung besser als bisher widerstehen.

Politische Kultur muß sich in Menschen verkörpern, die sich der Politik verschrieben haben. Die Überforderung, von der die Rede war, ändert nichts daran, daß der politisch Tätige, besonders der Spitzenpolitiker, mit Maßstäben gemessen werden muß, die der Bürger für sich selbst oft nicht gelten läßt.

Wer ein politisches Mandat ausübt, wird zwar nie alle Erwartungen erfüllen können, die an ihn gestellt werden. Entscheidend ist, daß er die Erwartung der Glaubwürdigkeit erfüllen kann; Glaubwürdigkeit entsteht, wenn der Mandatsträger – bei aller Loyalität zu seiner Partei – Risiken für seine Position und seine Karriere in Kauf zu nehmen bereit ist, wenn er zu seinem Wort steht, wo es unbequem ist, wenn er wenigstens versucht, sein persönliches Verhalten mit seinen politischen Forderungen in Einklang zu bringen, wenn er seine eigenen Grenzen erkennt und sie auch den Bürgern nicht verschweigt, wenn er in der Lage ist, Irrtum einzugestehen und die Distanz zur eigenen Person zu finden, die Selbstironie und Humor ermöglicht.

Es ist das Recht des Bürgers, sich nicht nur an Programme zu halten, sondern auch an die Personen, die diese Programme verkörpern sollen. Die meisten Bürger suchen keine Übermenschen, sondern Menschen, die nicht mehr aus sich machen, als sie sind. Zu einer politischen Kultur gehören Mandatsträger, die dem Bürger glaubwürdig erscheinen, weil sie auch im politischen Getriebe ihre menschliche Identität bewahren können.

Zu einem Problem politischer Kultur wird die Rolle des Abgeordneten. In seiner Rollenstruktur sind nach und nach Veränderungen eingetreten, die von den Wählern, ja selbst von den Mitgliedern der eigenen Partei nicht mehr durchschaut und nicht verstanden werden; das führt zur Entfremdung zwischen Mandatsträgern und den Wählern. Zu viele klassische Pflichten – Gesetzgebung, Regierungsbildung, Haushalt, Kontrolle – werden an Gremien und Hierarchien delegiert oder von diesen in Anspruch genommen; die politische Teilhabe des Mandtatsträgers reduziert sich oft auf die Teilnahme an der Information. Die Meinungs- und Willensbildung des einzelnen Abgeordneten ist in hohem Maße fremdbestimmt, was nicht selten einen Bruch zwischen seiner Agitation und seiner eigenen Überzeugung zur Folge hat. Die Bürgerinnen und Bürger merken das und reagieren entsprechend. Dies wiederum kann für manche Abgeordnete Anlaß sein, zu Karrierismus und bloßer Anpassung Zuflucht zu nehmen. Die Veränderungen in der Rollenstruktur der Mandatsträger bedürfen daher starker Aufmerksamkeit.

Ziel und Weg

Das Godesberger Programm der SPD stellt der politischen Gestaltung die folgende Aufgabe und setzt ihr folgendes Ziel: «Durch Verschmelzung des demokratischen mit dem sozialen und dem Rechtsgedanken soll der Staat zum *Kulturstaat* werden, der seine Inhalte von den gesellschaftlichen Kräften empfängt und dem schöpferischen Geist der Menschen dient.» Alle Bereiche der Politik sind demnach in dem Maß Ausdruck der Kultur eines Volkes und zielen in dem Maß auf den Kulturstaat, in dem sie sich zum Ganzen eines Lebenszusammenhangs fügen, der die Personwürde aller in Freiheit, Gerechtigkeit und Solidarität zur Geltung bringt. Politik muß sich selbst als Aspekt einer Gesamtkultur verstehen und ausweisen. Kulturelles Wachstum hängt nicht von materiellem Wachstum ab.

Die Pflege der politischen Kultur ist gemeinsame Aufgabe aller Demokraten. Die Sozialdemokratische Partei, die sich seit je als eine Kulturbewegung verstanden hat, ist mit besonderer Dringlichkeit aufgefordert, die demokratische politische Kultur zu sichern, zu mehren und zu gestalten.

IV. Humane Grenzen des technisch Machbaren

Überlegungen zur künstlichen Fremdinsemination und zu einigen Fragestellungen der Biomedizin

Februar 1981

Noch bis vor wenigen Jahren war kaum umstritten, daß technische Innovation wertneutral sei: Jede Erfindung könne zum Nutzen und zum Verderben der Menschheit verwendet werden. Inzwischen sind daran Zweifel aufgekommen. Gibt es technische Möglichkeiten, die in sich selbst eine Tendenz zum Inhumanen, zur Unfreiheit, zur Verletzung der Menschenwürde haben?

Die Grundwertekommission beim Parteivorstand der SPD legt hier ein Papier vor, dessen Entstehen vor allem ihrem Mitglied Dr. Hans-Jochen Vogel zu verdanken ist. Am Beispiel der biomedizinischen Forschung soll dargelegt werden, welche Gefahren aufkommen, wenn der Mensch in die Lage versetzt wird, seine eigene biologische Natur zu verändern.

Die Grundwertekommission hofft, daß dadurch ein Anstoß gegeben wird, darüber nachzudenken, was geschehen könnte, wenn der Mensch sich anschickt, die Evolution in seine eigenen Hände zu nehmen.

Erhard Eppler

I.

Der Mensch als Subjekt der Gesellschaft und der Geschichte ist heute prinzipiell in der Lage, die Bedingungen seiner Fortpflanzung und seine eigene biologische Natur zu verändern. Die modernsten Entwicklungen der Biologie und der Biomedizin zeigen beispielhaft, was letzten Endes auch für alle grundlegenden Technologien gilt: daß sie nämlich nicht bloß Werkzeuge sind, die dem Menschen für die Erreichung frei gewählter Zwecke an die Hand gegeben wären. Technologien und oft genug bereits die auf technologische Verfügung über die Natur zielende Grundlagenforschung wirken vielmehr auf vielfältige Weise auf den Menschen, sein Selbstverständnis, seinen Werthorizont und seine gesellschaftlichen Orientierungen zurück. Neue Technologien können die Wertvorstellungen in der Gesellschaft revolutionieren. Damit wird die lange gültige Vorstellung von der Technik als Instrument zur Verfolgung von Zwecken hinfällig; wer über grundlegende neue technologische Entwicklungen entscheidet, bestimmt nicht nur über Mittel, sondern de facto auch über Zwecke.

Heute stellt sich die Frage nach den humanen Grenzen des wissenschaftlich und technisch Machbaren mit wachsender Dringlichkeit. Entscheidungen über grundlegende neue Technologien, aber auch über bedeutende Forschungsprogramme, die nicht nur neue Mittel zur Befriedigung vorhandener Bedürfnisse suchen oder anbieten, sondern die Welt unserer Werte zu erschüttern und das System möglicher Zwecke umzuwälzen vermögen, stehen gerade jetzt bevor, ja sind bereits im Gange. Die Autonomie wissenschaftlicher Wahrheitssuche – selber ein hohes, verfassungsrechtlich geschütztes Gut – bedeutet nicht, daß solche Entscheidungen allein an die Wissenschaftler verwiesen wären; Wissenschaftsfreiheit taugt für Politik und Wirtschaft nicht zum Alibi dafür, alle Anwendungen und alle moralischen und gesellschaftlichen Fernwirkungen der in dem freien Prozeß der Wissenschaft gewonnenen Erkenntnis wertfrei einfach hinzunehmen. Die unsere Zukunft gestaltenden wissenschaftlichen und technologischen Weichenstellungen können auch nicht von einem noch so idealen, noch so machtfreien Markt – vorausgesetzt es gäbe ihn – legitimiert werden: Der Markt ist nicht mehr und nicht weniger als ein System zum Ausgleich vorhandener Interessen und Bedürfnisse.* Schließlich vermöchte auch eine nur als Verlängerung des Marktes in die Politik hinein begriffene Demokratie (Konkurrenzdemokratie), die unter Politik lediglich den Ausgleich oder Saldo der einander jeweils widerstrebenden Gruppen- und Einzelinteressen versteht, grundlegende Technologien nicht angemessen zu bewerten oder gar ihre Entwicklung zu steuern. Mit bloßer Zweckrationalität ist es nicht getan; es geht nicht nur darum, vorausgesetzte und nicht weiter in Frage gestellte Zwecke optimal zu verfolgen. Anzustreben ist statt dessen ein rationaler Konsens der Bürger, der sich an den Grundwerten orientiert und in einem breiten Diskussionsprozeß bildet. Von da-

* Vgl. Ökonomisch-politischer Orientierungsrahmen der SPD für die Jahre 1975 bis 1985, 2.6.1.: «Der Markt ist ein gegenwartbezogenes Instrument der Produktionsabstimmung»

her muß gefragt werden, ob bestimmte Technologien die Grenzen des Humanen erreichen oder überschreiten und wie sich die Gesellschaft solchen Technologien gegenüber verhalten soll. Die Formulierung dieser Fragen darf nicht einigen Experten überlassen bleiben. Ihre Formulierung ist vielmehr eine Aufgabe der Politik und damit – auch – der Parteien. Und es ist auch eine Aufgabe der Parteien, Antworten zu entwerfen und ihre Entwürfe in die Diskussion einzubringen. Dazu gehört dann auch eine verständliche und intensive Information der Öffentlichkeit.

Die Frage, ob Technologien politisch-moralisch bewertet und in ihrer Entwicklung und Anwendung beeinflußt werden sollten, wird nicht allgemein als sinnvoll akzeptiert. Anhänger des sogenannten «real existierenden Sozialismus» anerkennen zwar mit Marx, daß die Technik (die Produktionskräfte, wie sie sagen würden, als Teil des Unterbaus) unsere Wertsysteme (in ihrem Sprachgebrauch: den Überbau) ständig revolutioniert. Aber sie finden sich damit ab, oder sie begrüßen dies geradezu. Wer in dem jeweils ablaufenden technischen Fortschritt eine Manifestation der sich in der Geschichte entfaltenden Gesetzmäßigkeit sieht, der muß wohl oder übel einem solchen Fortschrittsoptimismus huldigen. Hier berührt sich der dogmatische Marxismus wie so oft mit einem radikalen Liberalismus. Dieser sieht den technischen Fortschritt als Fortsetzung der biologischen Evolution, die steuern zu wollen vermessen und schädlich wäre. Friedrich von Hayek etwa schreibt: «Fortschritt ist Bewegung um der Bewegung willen ... Wenn es Fortschritt geben soll, (so kann) der soziale Prozeß, in dem sich der Verstand entwickelt, nicht von diesem Verstand beherrscht werden.»

Der Standpunkt der deutschen Sozialdemokraten ist das nicht. Im Wahlprogramm für die Bundestagswahl 1980 heißt es ausdrücklich:
«Wer morgen sicher leben will, muß heute die Zukunft gestalten ... Deshalb fragen wir uns, ob alles technisch Mögliche gesellschaftlich wünschbar ist.»
Und auch das Grundgesetz enthält keine Ordnung des Laissez-faire, Laissez-aller; es garantiert nicht etwa nur die politischen, gesellschaftlichen und wirtschaftlichen Rahmenbedingungen einer im übrigen ziellosen Evolution.

Zwar gewährleistet es die Offenheit des gesellschaftlichen und politischen Prozesses, aber zugleich schreibt es normativ die Kontinuität, ja die Unveränderlichkeit gewisser geschichtlich entwickelter Selbstreflexionen des Menschen fest. Die Menschenwürde ist der verbindliche Bezugspunkt für die Verwirklichung der einzelnen Grundrechte und Gewährleistungen. Sie setzt einen Rahmen für den durch die liberalen Freiheitsrechte ermöglichten zukunftsoffenen Evolutionsprozeß. Der durch Wissenschafts- und Wirtschaftsfreiheit hervorgebrachte technische Fortschritt darf die von der Verfassung vorausgesetzte und geschützte Humanität nicht in Gefahr bringen; er darf die Menschenwürde nicht antasten oder gar zerstören.

II.

Die biomedizinische Forschung ist seit einiger Zeit in eine besonders dynamische Phase getreten. Zugleich und wohl auch deshalb ist sie mit neuartigen Risiken belastet. Die ethische Problematik stellt sich hier mit besonderer Schärfe. Zu den bereits verfügbaren und praktizierten biomedizinischen Technologien gehört die Befruchtung des menschlichen Eies in der Retorte (in vitro). Wohl ohne allzu große Mühe könnten Ei-Banken oder Embryonen-Banken eingerichtet werden, die in Verbindung mit bereits vorhandenen Samen-Banken die Kombination beliebigen genetischen Materials auf rein technischem Wege und die anschließende Austragung des Fötus durch eine beliebige Frau ermöglichen würden.

Aus der Tierzucht ist darüber hinaus bereits die zeitweilige Einpflanzung von Embryonen in sogenannte Zwischenwirte bekannt, die weiteren Manipulationen Raum gewähren würde. Die Transplantation von Keimdrüsen könnte sogar die Trennung des vorhandenen von dem zukünftigen Leben, des Soma von der Keimbahn, ermöglichen. Unter bestimmten Voraussetzungen könnten auf längere Sicht vielleicht sogar Mensch-Tier-Hybriden erzeugt werden. Damit wäre auch beim Menschen ein Ergebnis erreicht, um das sich die Gentechnologie bei niedrigen Lebewesen bereits mit Erfolg bemüht.

Solche künstlichen Genkombinationen, wie sie auch in deutschen Forschungsstätten an niedrigen Lebewesen betrieben werden, sind ein Eingriff des Menschen in die Evolution. Sie zielen teilweise auf neue Arten, die die Natur nicht hervorgebracht hat und wohl auch nie hervorbringen würde. Gentechnologien können sicherlich Segen stiften, etwa therapeutisch hochwirksame Enzyme oder Hormone produzieren. Aber es drohen auch unabschätzbare Risiken.

Schon heute zeichnet sich die Möglichkeit ab, durch Genmanipulationen beliebig viele, genetisch identische Individuen hervorzubringen (sog. Cloning). Wenn diese Technik auf den Menschen angewandt werden könnte – verlöre dann nicht der Bezugspunkt aller bisherigen Wertsysteme, der mit einer einmaligen und unwiederholbaren Identität ausgestattete Mensch als Träger menschlicher Würde seinen Rang? Gehört nicht die Unwiederholbarkeit des Individuums und seines Bewußtseins zu den Grundelementen menschlicher Würde, auf denen unsere Werte aufbauen? Das Unbehagen, das wir angesichts solcher Technologien empfinden, rührt nicht nur von der Gefahr des Mißbrauchs, etwa ihres naheliegenden Einsatzes für Herrschaftszwecke oder für die Intensivierung der staatlichen Kontrolle über den einzelnen und die Gesellschaft – etwa zur Eindämmung gerade solcher Mißbräuche – her. Diese Gefahren sind schwerwiegend genug. Aber nicht erst der Mißbrauch, schon die Möglichkeit des Gebrauchs dieser Technologien, ihre bloße Existenz, ja bereits die Fragestellungen, auf die sie antworten, verursachen Unbehagen: nämlich die Suche danach, Identität, Charakter und Persönlichkeitsentwicklung von Menschen zum Gegenstand technologischer Verfügung, das heißt, beliebig machbar werden zu lassen.

Die hier skizzierten, teilweise noch recht phantastischen, teilweise aber auch in greifbare Nähe gerückten Möglichkeiten der Biomedizin deuten darauf hin, daß die Unterscheidung zwischen der reinen Forschung und ihrer zweckgebundenen Anwendung in Grenzbereichen problematisch werden könnte. Sie lassen auch manche altbekannten und lange durchgeführten Technologien in einem neuen Lichte erscheinen.

III.

Das gilt beispielsweise für die heterologe künstliche Samenübertragung (Insemination) beim Menschen, das heißt die künstliche Besamung einer Frau mit dem Sperma eines Mannes, der nicht ihr Ehemann oder Geschlechtspartner ist. Verfassungsrechtlich ist die künstliche Fremdinsemination bis heute lebhaft umstritten. Zeitweilig wurde sogar ein strafrechtliches Verbot der heterologen Samenübertragung verlangt; der Regierungsentwurf zur Reform des Strafgesetzbuches aus dem Jahre 1962 enthielt eine entsprechende Vorschrift. Heute ist die künstliche Fremdinsemination nicht verboten. Aber es gibt auch kein verfassungsmäßiges Recht darauf. Denn die Möglichkeit, unter Hinzuziehung eines – in der Regel anonymen – Dritten ein Kind zu zeugen, fällt nicht unter den grundgesetzlichen Schutz von Ehe und Familie.

In den fünfziger und sechziger Jahren wurden vor allem deswegen Bedenken gegen die Fremdinsemination erhoben, weil die Fortpflanzung ohne eine persönliche Beziehung zwischen Erzeuger und Frau zustande komme und weil die Menschenwürde der Frau, des an den Rand des Geschehens gedrängten Ehemanns und schließlich auch des zum bloßen Werkzeug erniedrigten Spenders verletzt würden. Auch die Ordnungen von Ehe und Familie sah man als gefährdet an.

Die herkömmlichen Argumente haben teilweise noch Gewicht; einzelne von ihnen sind freilich auch durch die unbefangenere Einstellung zur Sexualität fragwürdig geworden. Heute stellt sich dem Gesetzgeber auch nicht die Frage, ob die heterologe Insemination verboten werden sollte; es geht vielmehr darum, ob durch rechtliche Vorkehrungen die Fremdinsemination vereinfacht, damit aber auch als Rechtsinstitut anerkannt und letztlich gefördert werden soll. Auf eine solche Regelung zielt ein Resolutionsentwurf des Europarates, der unter anderem die völlige Anonymität des Samenspenders gewährleisten will.

Verfassungsrechtlich besonders bedenklich ist es, daß damit dem Kind von Rechts wegen die Chance genommen wird, seine blutsmäßige Abstammung zu erfahren; ihm würde ein wichtiges Element seiner Personidentität von Staats wegen vorenthalten. Aus dem neuen Argumentationshorizont, in den die Fremdinsemination heute getreten ist, ergeben sich gewichtige verfassungspolitische Gesichtspunkte. Obwohl Fremdinsemination seit langem bekannt ist und praktiziert wird, kann ihre Anerkennung als Rechtsinstitut dazu führen, daß die Hemmschwelle, die uns beim Menschen noch vor der Invitro-Befruchtung, der künstlichen Geschlechtsbestimmung oder gar der vielleicht bald möglichen Reproduktion identischer Individuen trennt, fühlbar herabgesetzt wird. Die Fremdinsemination mutet außerdem dem Arzt, der allein beide Erzeuger kennt, zu, passendes Erbmaterial auszuwählen. Er muß Schicksal «spielen». Unweigerlich wird der Arzt auch vor eugenische Entscheidungen gestellt. Damit ist wiederum die Menschenwürde berührt. Denn die Väter des Grundgesetzes wollten mit dem ersten Artikel der Verfassung auch alle Ansätze zur Menschenzüchtung treffen.

V. Die Arbeiterbewegung und der Wandel gesellschaftlichen Bewußtseins und Verhaltens

Februar 1982

Grundimpulse der sozialistischen Arbeiterbewegung / Grundimpulse im Bewußtseinswandel der siebziger und achtziger Jahre / Wandel im zwischenmenschlichen Verhältnis / Zum Wandel des Verhältnisses Mensch–Natur / Neue Grundimpulse für eine menschlichere Arbeits- und Wirtschaftsordnung / Wandel der Einstellungen im Verhältnis zu Staat, Demokratie und Institutionen / Arbeiterbewegung und Sozialstaat / Gleichheit, Leistung, Wachstum

Das vorliegende Papier hat die Grundwertekommission etwa zwei Jahre lang beschäftigt. Über einzelne Kapitel gab es mehrere Diskussionsrunden; um manche Formulierungen wurde immer neu gerungen. So ist ein gemeinsam getragenes und verantwortetes Papier entstanden. Allerdings haben nicht alle Mitglieder der Kommission in gleicher Weise mitarbeiten können. Horst Ehmke z. B. hat an dem Papier nicht, Jochen Vogel nach Übernahme seiner Berliner Aufgabe kaum mehr mitgearbeitet.

Verschiedene Alternativgruppen sehen in der SPD-Kultur den eigentlichen Gegner. Innerhalb der SPD können viele in den alternativen Versuchen nur eine Bedrohung der SPD erkennen.

Dieses Papier der Grundwertekommission stellt sich dem Tatbestand, daß gesellschaftliches Bewußtsein sich verändert. Dies gilt für die Wertvorstellungen wie für die Verhaltensweisen auf Grund veränderter Wertvorstellungen. Das Verhalten vieler Menschen zur Großtechnik, zu Großorganisationen, zu den Institutionen unseres Staates, aber auch zur Natur oder zum Mitmenschen wandelt sich. Planungen, die vor 15 Jahren allgemein begrüßt wurden, stoßen auf wachsenden Widerstand. Leistungen, die noch vor einem Jahrzehnt großen Respekt abnötigten, werden auf ihren Sinn befragt. Der Wille zur Selbsthilfe wächst in dem Maß, in dem das Vertrauen zu Institutionen schwindet.

Die Kommission Grundwerte ist der Frage nachgegangen, wo dieser Wandel der Wertvorstellungen altem sozialistischem Gedankengut entspricht, wo er sozialdemokratische Programmatik stützt, ergänzt oder weiterentwickelt, wo aber auch romantische Mißverständnisse vorliegen, vor denen Sozialdemokraten warnen müssen.

Die Grundwertekommission ist zu der Meinung gekommen, daß das Gespräch mit den Exponenten dieses Wandels eigenes Lernen voraussetzt. Sozialdemokraten, auch wenn sie selbst teilhatten am Prozeß des Wertwandels, können mit diesen Gruppen nicht als selbstsicher Wissende sprechen. Sie müssen sich kritische Fragen gefallen lassen, ehe sie selbst kritische Fragen stellen. Beides schlägt sich in diesem Papier nieder.

Es lohnt sich daran zu erinnern, daß die Diskussion über das Verhältnis von Ökonomie und Ökologie, Wachstum und Lebensqualität vor zehn Jahren (April 1972) auf der internationalen Arbeitstagung der IG Metall in Oberhausen eröffnet wurde. Sie ist seither innerhalb der Arbeiterbewegung nicht weniger ergiebig geführt worden als außerhalb. Das Papier der Grundwertekommission ist auch ein Versuch, diese Ansätze weiterzuführen und deutlich zu machen, wie es bei all dem um die Sache der Sozialdemokratie geht.

Niemand in der Grundwertekommission glaubt, es lasse sich alles, was seit 1972 aus der SPD ausgewandert oder neben ihr entstanden ist, bald wieder integrieren. Es gibt Kräfte, die wir nie integrieren können und auch nicht wollen. Andererseits ist auch klar, daß die linke Volkspartei das Gespräch mit allen suchen muß, die unsere Gesellschaft auf ihre Weise freier, gerechter und solidarischer machen wollen.

Dieses Papier ist daher ein Angebot, wir meinen, ein faires Angebot, nach innen und nach außen. So wie sein Zustandekommen ein Stück Integration war, könnte auch seine Diskussion in der Partei der Integration dienen.

2. Februar 1982 — Erhard Eppler

Grundimpulse der sozialistischen Arbeiterbewegung

Der Protest gegen Machtverhältnisse und Normen im bestehenden Staat und das Streben nach einer anderen, «alternativen», Gesellschaft waren entscheidende Impulse der Arbeiterbewegung in ihrer Frühzeit. An vielen der Kriterien, Vorstellungen und Zielsetzungen, die sie aus diesen Impulsen heraus entwickelt hat, hielt sie auch späterhin fest.

Fortschritt im Sinne der Vernunft

Die sozialistische Bewegung entstand in der Tradition des Humanismus und der Aufklärung und bekennt sich dazu auch heute. Der Begriff des «Fortschritts» hat – von früheren religiösen Quellen abgesehen – hier ebenfalls seinen Ursprung. Ansätze eines Fortschrittsdenkens in der Renaissance mündeten in das spezifisch «aufklärerische» Konzept eines menschlichen Fortschritts, der aus Unwissenheit und Abhängigkeit zu Autonomie und sittlicher Vervollkommnung führen sollte.

Der Grundgedanke war, daß die Vernunft das eigentliche Wesen des Menschen ausmache und daher hierin ein allgemeingültiger Maßstab für Fortschritt enthalten sei. Die Erfahrung des Fortschritts in der naturwissenschaftlichen Erkenntnis und Beherrschung der Welt stützte die Überzeugung, daß die Zukunft von vernunftgeleitetem Fortschritt bestimmt werde.

Die Anwendung wissenschaftlicher Verfahren auf lebenspraktische Tätigkeiten gehörte zum Kern aufklärerischen Gedankenguts. Die «Entfaltung der Produktivkräfte» war **eine** Form der Anwendung der Vernunft auf menschliche Praxis und galt somit als selbstverständlicher Bestandteil des menschlichen und gesellschaftlichen Fortschrittsprozesses. Sie sollte dazu beitragen, den Menschen vom Glauben zu befreien, sein Schicksal werde durch überirdische Mächte gelenkt und sei in eine gottgewollte Gesellschaftsordnung unverrückbar eingebettet. Die Erkenntnis der Gesetze, die in der Ordnung der Natur und der Gesellschaft walten, ein Bewußtsein von der Fähigkeit des Menschen, diese Gesetze im Sinne menschlichen und sozialen Fortschritts zu handhaben, sollten den Menschen aus einem Objekt der Geschichte zum Gestalter des Geschichtsprozesses werden lassen. Bei der so erzielten ständigen Erweiterung des Herrschaftsbereichs des Menschen würde die Entfaltung der Produktivkräfte humanen und moralischen Fortschrittszielen untergeordnet werden.

Freiheit, Gleichheit, Brüderlichkeit

Den politisch und geistig wichtigsten Anstoß erhielt die Arbeiterbewegung durch die Französische Revolution. Ihre Parole «Freiheit, Gleichheit, Brüderlichkeit!» schrieb der 1863 von Ferdinand Lassalle gegründete Allgemeine Deutsche Arbeiterverein auf sein Banner und dokumentierte damit seine Erkenntnis dieses historischen Zusammenhangs. Ihre gestaltende Kraft und Breitenwirkung erreichte die Arbeiterbewegung jedoch dank der Tatsache, daß sie die Losung der

Französischen Revolution so deutete und umsetzte, wie es der gefühlsmäßigen und geistigen Verfassung ebenso wie den praktischen Zielen des bewußtesten Teils des Proletariats entsprach. Worauf sich sein Wollen richtete, hat Karl Marx, noch ehe sich in Deutschland eine Arbeiterbewegung im modernen Sinne formiert hatte, unübertrefflich zum Ausdruck gebracht, als er es den «kategorischen Imperativ» nannte, «alle Verhältnisse umzuwerfen, in denen der Mensch ein erniedrigtes, ein geknechtetes, ein verlassenes, ein verächtliches Wesen ist». (Zur Kritik der Hegelschen Rechtsphilosophie 1843/44)

Die «Verhältnisse» waren bestimmt durch die kapitalistische Ordnung, in der «Freiheit» erbarmungsloser Konkurrenzkampf und die fast unbegrenzten Möglichkeiten der Unternehmer zur Ausbeutung der von ihnen Abhängigen bedeutete, in der «Gleichheit» in wirtschaftlicher und sozialer Hinsicht nicht vorgesehen und politisch an Status und Besitz gebunden war, in der «Brüderlichkeit» zwar als christliche Nächstenliebe gepredigt, aber bestenfalls als patriarchalische Fürsorge oder als Almosenspenden der Reichen gegenüber den Armen geübt wurde. Eine radikale Änderung dieser «Verhältnisse» war nötig, um den verworfenen oder pervertierten Idealen Geltung verschaffen zu können. Diese Überzeugung lag der Programmatik der Arbeiterbewegung zugrunde und motivierte ihr praktisches Handeln.

Auf deutschem Boden sind die sozialdemokratischen Organisationen, bei denen eine Kontinuität bis heute besteht, aus Arbeitervereinen und Arbeiterbildungsvereinen hervorgegangen. Dieser Ursprung zeigt: Die deutsche Arbeiterbewegung erstrebte staatsbürgerliche Rechte und umfassende Bildung für alle, um jedem Menschen die Selbstentfaltung zu ermöglichen. Bildung zu erwerben hatte jedoch auch einen unmittelbar politischen Zweck, der in der Losung «Wissen ist Macht!» zum Ausdruck kam. Bildung wurde also nicht nur als Selbstwert, sondern außerdem als Vorbedingung für politischen Einfluß angesehen.

Die Forderung der Freiheit wurde von der Arbeiterbewegung von Anfang an als Forderung nach der Demokratie des gleichen Wahlrechts für alle gedeutet, die als eine Grundvoraussetzung der Erringung sozialer Rechte für die besitzlosen Arbeiter erkannt wurde. Diese Anwendung des ersten Prinzips der Französischen Revolution war bereits grundlegend für die erste organisierte Arbeiterbewegung des ersten Industrielandes – die englischen Chartisten. Im Hinblick auf solche Bestrebungen und Bewegungen wurde im «Kommunistischen Manifest» von 1848 die Notwendigkeit der «Verbindung und Verständigung der demokratischen Parteien aller Länder» betont.

Freiheit wurde von den zum Selbstbewußtsein erwachenden Arbeitern aber auch als Freiheit von Ausbeutung gesehen, was sich mit der Auslegung des Prinzips der Gleichheit als Überwindung der Klassenspaltung in Besitzende und Besitzlose deckte. Über den Weg dieser Überwindung gab es zwei Grundvorstellungen: einmal den Weg der Produktivgenossenschaft, der besonders in der Frühzeit der industriellen Entwicklung als die erstrebenswerte Alternative zum kapitalistischen Privatunternehmen erschien, zumal er sich auch direkt aus dem Prinzip der Brüderlichkeit ableiten ließ; zum anderen den Weg der Expropriation der Expropriateure, der Enteignung der Enteigner und damit der Vergesellschaftung der Produktionsmittel. Mit der Entwicklung der Großindustrie trat dieses zweite Ziel der Arbeiterbewegung in den Vordergrund. Über die Formen der Vergesellschaftung gab es in der deutschen Arbeiterbewegung sowie in der anderer Länder verschiedene Meinungen. Sie haben sich auch im Laufe der Zeit geändert. Ihr gemeinsames Merkmal war das Bestreben, die Ausbeutung der Besitzlosen durch das kapitalistische Privateigentum abzuschaffen.

Der dritte Ansatzpunkt der Arbeiterbewegung, der in vielfältigen Formen fortwirkte, war der Gedanke der Brüderlichkeit. Bei den Vorläufern der modernen deutschen Arbeiterbewegung, also in den Handwerksgesellenvereinen, die zwischen 1830 und 1848 vor allem in Frankreich, England und in der Schweiz von Deutschen gebildet wurden, hatte dieser Gedanke oft eine religiöse Komponente. Sie wurde in der Sozialdemokratie unter dem Einfluß eines philosophischen Materialismus und aufklärerischen Rationalismus, aber auch aus Opposition gegen die Festlegung der Kirchen auf die bestehende politische Ordnung und deren Träger zunehmend zurückgedrängt. Erhalten blieb die Idee der brüderlichen Verbundenheit aller in dieser Gesellschaft Ausgebeuteten und Unterdrückten. In der Tradition der Arbeiterbewegung wurde sie zum Prinzip der Solidarität, das sowohl den Aufruf zum gemeinsamen Kampf als auch das Bewußtsein klassenmäßiger Zusammengehörigkeit und menschlicher Gemeinschaft einschloß. Dieses Prinzip fand seinen Niederschlag im wesentlichen in dreierlei Hinsicht:

– Als Wirtschafts- und Lebensform der Genossenschaft oder, wie es damals hieß, der «Association», die es Produzenten und Konsumenten ermöglichen sollte, für ihre materiellen Bedürfnisse auf eine Weise zu sorgen, die von der Gesamtheit der Genossen bestimmt werden und dieser zugute kommen sollte;

– als Organisation, die unerläßlich war, um dem Staat politische und soziale Rechte abzuringen, darüber hinaus aber auch Einrichtungen

zu gegenseitiger Hilfe zu schaffen, die das Los der Schicksalsgenossen hier und heute erleichtern und die sozialistische Zukunft vorbereiten sollten;
– als Ideal menschlichen Zusammenlebens in der Gemeinschaft, das im Gegensatz stand zum brutalen Existenzkampf in der kapitalistischen Gesellschaft, in der der Mensch zur Vereinsamung und Selbstentfremdung verurteilt wird. Dieses Ideal richtete sich gegen den kriegerischen Egoismus der Staaten, es postulierte eine Gesinnung der Internationalität und die Respektierung der Würde eines jeden Menschen, unabhängig von seinem Herkommen.

Selbsthilfe und Staatshilfe zur Emanzipation der Arbeiter

«Arbeiterverbrüderung» nannte sich die im Revolutionsjahr 1848 ins Leben getretene Vereinigung, die erste in Deutschland öffentlich auftretende Arbeiterorganisation mit Breitenwirkung. Sie forderte von der Frankfurter Nationalversammlung sozialpolitische Beschlüsse, richtete Kranken- und Sterbekassen sowie eine Unterstützung für wandernde und arbeitslose Handwerksgesellen ein und plante die Schaffung von Produktivgenossenschaften.

Die Gründung von Arbeiter-Produktivgenossenschaften war auch in den 1866 angenommenen Statuten der Internationalen Arbeiter-Assoziation (I. Internationale) vorgesehen, ebenso wie in den Programmen des Lassalleanischen Allgemeinen Deutschen Arbeitervereins (1863), der Sozialdemokratischen Arbeiterpartei (1869 von August Bebel und Wilhelm Liebknecht in Eisenach ins Leben gerufen) und der Sozialistischen Arbeiterpartei (als Vereinigung der Lassalleaner und der Eisenacher 1875 in Gotha konstituiert). Durch Lassalle hat der Genossenschaftsgedanke einen zusätzlichen Aspekt erhalten, durch den er sich wesentlich von den Vorschlägen und Initiativen mittelständischer und bäuerlicher Reformer unterschied: Lassalle verlangte vom Staat großzügige Kredite für die Produktivassoziationen. Diese Forderung wurde auch in die Programme von Eisenach und Gotha aufgenommen, allerdings mit dem wichtigen Zusatz, daß die staatliche Förderung unter «demokratischen Garantien» bzw. unter der «demokratischen Kontrolle des arbeitenden Volkes» erfolgen müsse.

Mit der Annahme des Erfurter Programms von 1891, das «die Verwandlung des kapitalistischen Privateigentums an Produktionsmitteln ... in gesellschaftliches Eigentum» als den einzigen Weg aus dem Elend des Kapitalismus kennzeichnete, verlor die programmatische Forderung, wirtschaftliche Genossenschaften zu bilden, ihre vorher für die deutsche Sozialdemokratie zentrale Bedeutung. Verwirklicht wurde sie in der Form von Produktivgenossenschaften nur ganz partiell, während die über das ganze Reich verbreiteten Konsumgenossenschaften neben der Sozialdemokratischen Partei und den Gewerkschaften auch noch in der Weimarer Republik als eine der «drei Säulen» der deutschen Arbeiterbewegung galten.

Es wäre eine verengte Sicht, die Genossenschaftsidee nur am Stellenwert zu messen, den Produktiv- und Konsumgenossenschaften in der Programmatik und in der Praxis der Arbeiterbewegung besaßen. Daß diese Idee eine solche Resonanz bei den zu politischem Bewußtsein gereiften Arbeitern fand, lag nicht nur an den ökonomischen Vorteilen, die sie sich von ihrer Verwirklichung versprachen. Die Arbeiter wollten ihr Schicksal in die eigenen Hände nehmen, eigene Initiativen entfalten, über die Gestaltung und den Zweck ihrer Arbeit selber bestimmen – kurz, sie drängten auf *Emanzipation*. Dies drückte sich konkret aus in der Forderung nach Mitwirkung und demokratischer Kontrolle auf den verschiedenen Gebieten des staatlichen und öffentlichen Lebens. Als ein Beispiel sei erwähnt, daß die Sozialdemokraten Bismarcks Sozialgesetze zwar vor allem darum ablehnten, weil sie von dem Reichskanzler erlassen wurden, der ihre Partei durch das «Sozialistengesetz» zu vernichten trachtete, aber auch, weil Geist und Struktur dieser Sozialpolitik das Streben der Arbeiter nach Mitbestimmung und Selbstverwaltung ungenügend berücksichtigte. Sie wollten sich nicht zu Objekten einer obrigkeitlichen Sozialbürokratie herabwürdigen lassen. Wer die hierarchische Ordnung des Staates ablehnte, sich der Begünstigung des rücksichtslosen Gewinnstrebens der Kapitalbesitzer und allen imperialistischen Zielen widersetzte, mußte aus eigener Kraft Einrichtungen der sozialen Selbsthilfe schaffen. Das verhinderte nicht, daß mit der Weiterentwicklung der Arbeiterbewegung auch die Forderung nach sozialer Sicherheit – ob in autonomer oder in staatlich garantierter Form – zu einem der Grundimpulse der Arbeiterbewegung wurde.

Die «drei Säulen» der Arbeiterbewegung

So baute die deutsche Arbeiterbewegung ihre imponierenden Massenorganisationen zielstrebig aus. Den Vorrang für den Kampf der Arbeiter um eine neue Gesellschaft hatte jahrzehntelang die politische Organisation, die Sozialdemokratische Partei. Sie war das entscheidende Instrument für den Kampf um volle politische Demokratie und um die künftige Vergesellschaftung der Produktionsmittel. In der ständigen Ausweitung einer disziplinierten, von sozialistischem Bewußtsein erfüllten Mitgliedschaft und in ihren wachsenden Wahlerfolgen sah sie die Garantie dafür, daß sie schließlich ihr «Endziel», den Sturz des Kapitalismus und die Errichtung der sozialistischen Gesellschaft, erreichen werde. Mit der Entwicklung des deutschen Kaiserreichs zu einem modernen Industriestaat erstarkten auch die Freien Gewerkschaften. Sie erhoben den Anspruch, trotz ihrer auf die Verbesserung der Existenzbedingungen der Arbeiter hier und heute begrenzten Zielsetzung von der Partei als gleichberechtigter Partner im Ringen um die Rechte der Arbeiterschaft anerkannt zu werden. Durch das sogenannte «Mannheimer Abkommen» wurde dieser Anspruch im Jahre 1906 honoriert. Verglichen mit Partei und Gewerkschaften war der Einfluß der Genossenschaften auf Bewußtseinsbildung und Engagement der Arbeiter geringer, doch darf ihr Beitrag zur Besserung des Lebensstandards der Arbeiter, aber auch ihre marktpolitische Funktion nicht unterschätzt werden.

Alternativgesellschaft und Tradition

Die «drei Säulen der Arbeiterbewegung» – Sozialdemokratische Partei, Freie Gewerkschaften und Genossenschaften – wurden ergänzt und gestützt durch eine einzigartige Fülle von Einrichtungen und Vereinigungen, die der Publizistik, der Bildung, der musischen Betätigung, dem Sport, dem Naturerlebnis, der Geselligkeit dienten. Auch sie entstammten dem emanzipatorischen Willen der Arbeiter, die sich auf diese Weise den Zugang wenigstens zu einem Teil der materiellen und kulturellen Werte verschafften, den Staat und bürgerliche Gesellschaft ihnen versagten.

Das enge und vielfältige Geflecht von Institutionen der Arbeiterbewegung bedeutete ihren Mitgliedern und vielfach auch deren Familien «Vaterhaus und Lebensinhalt», um ein Wort des österreichischen Sozialisten Otto Bauer zu gebrauchen. Es bildete faktisch eine Alternative zur – ja eine Gegengesellschaft innerhalb der bestehenden Gesellschaft. Allerdings war der Inhalt der in den Arbeiterorganisationen vermittelten und gepflegten Kultur der bürgerlichen Tradition entnommen, soweit sie einen aufklärerischen, freiheitlichen und gesellschaftskritischen Bezug hatte. Großen Einfluß besaßen die populärwissenschaftlichen Werke von Ernst Haeckel und Ludwig Büchner, hochgeschätzt wurden insbesondere Gotthold Ephraim Lessing, Friedrich Schiller, Heinrich Heine und die Dichter der Revolution von 1848. Die Sozialdemokratie verstand sich stets als Erbin und Vollstreckerin der «bürgerlichen» Revolution von 1848.

In ihren persönlichen Lebensformen und Verhaltensnormen glichen sich die Sozialdemokraten weitgehend der Gesellschaft ihrer

Zeit an. So blieben sie in Fragen der Sexualmoral und der Geschlechterrolle zumeist den herkömmlichen Vorstellungen verhaftet, und dies, obwohl Bebel mit seinem 1879 erschienenen, immer wieder in Neubearbeitung aufgelegten Buch «Die Frau und der Sozialismus» einen kühnen Vorstoß gegen die herrschenden Auffassungen von der sozialen Stellung der Frau unternommen hatte. Auch der äußere Habitus sozialdemokratischer Arbeiter entsprach z. B. in Wohnung und Kleidung – soweit sie sich das leisten konnten – bürgerlicher oder kleinbürgerlicher Konvention und Geschmacksrichtung. Einen ausgeprägten eigenen Lebensstil hat die Arbeiterbewegung, sieht man von der erst in der Weimarer Republik zur Entfaltung gekommenen Jugend- und Kinderfreundebewegung ab, nicht entwickelt. Dennoch muß festgestellt werden, daß die sozialdemokratischen Arbeiter ihre eigenen Institutionen als Gegengesellschaft, wenn man will, als Alternativgesellschaft erlebten.

Denn während sie sich «draußen», in der bürgerlichen Gesellschaft, als Außenseiter, ja oft als Parias fühlten, waren sie in der von ihnen selber geschaffenen akzeptiert und anerkannt. Dort waren sie Genossen und Citoyens, gleichberechtigt als Freie unter Freien. In dieser Alternativgesellschaft wurde das Selbstbewußtsein der Arbeiter gestärkt, ihr Bildungshunger befriedigt, ihr Lebensgefühl gehoben. Es entwickelte sich in ihr Gemeinschaftsgeist und Gruppenbewußtsein, die Existenz jedes einzelnen wurde aus der Anonymität der Proletariermasse herausgehoben – sie erhielt Sinn und Würde.

Freilich hatte die ausschließliche Konzentration auf dieses geistige und menschliche «Vaterhaus» auch negative Wirkungen: Sie isolierte die Arbeiterbewegung von der Gesellschaft, die zu ändern ihr Ziel war, auch von sozialen Gruppen, die sie zu gewinnen suchte. Damit wurde auch ihre politische und organisatorische Werbekraft eingeengt. Und manche auch für die Arbeiterbewegung bedeutsamen Erkenntnisse, Anregungen und Experimente, die in bürgerlichen Kreisen entstanden, wurden von ihr oft gar nicht oder erst spät aufgenommen. So wurden durch die «Alternativgesellschaft» Barrieren aufgebaut, die sowohl die Einflußmöglichkeiten ihrer Mitglieder als auch deren eigene geistige und politische Entwicklung hemmten.

Zukunftsvisionen

Die Überzeugung, im Sozialismus die menschheitserlösende Alternative zur gegenwärtigen Ordnung gefunden zu haben, war verknüpft mit chiliastischen Erwartungen, die in die Realisierung der sozialistischen Ziele gesetzt wurden. Solche Erwartungen waren nicht nur für die Frühzeit der Arbeiterbewegung kennzeichnend. Das Ideal der vollkommenen Harmonie – mit dem Gedanken der Brüderlichkeit eng verwandt – bestimmte auch das Bild, das Bebel von der sozialistischen Gesellschaft entwarf. Daß sein Buch «Die Frau und der Sozialismus», das diese Zukunftsvision enthält, jahrzehntelang zu den meistgelesenen der sozialistischen Literatur gehörte, ist sicher nicht zuletzt auf diese Schilderung zurückzuführen. Die scheinbar wissenschaftlich unterbaute Verheißung, daß der Sozialismus die Gesellschaft in eine menschliche Gemeinschaft verwandeln werde, in der keiner dem andern etwas Böses zufügt, übte eine ungeheure werbende Wirkung auf eine Arbeiterschaft aus, deren Glaube an kirchliche Verkündigungen erschüttert war.

Die Sicht, daß die meisten Übel, unter denen die Menschen in der Gegenwart litten, von der kapitalistischen Ordnung herrührten, verführte die Sozialdemokraten zur Schlußfolgerung, daß diese Übel in der sozialistischen Gesellschaft entweder gar nicht erst aufkommen würden oder sich jedenfalls leicht beheben ließen. So meinten sie, daß die Technik in der bestehenden Gesellschaft nur darum solch unmenschlichen Folgen für die Arbeiter im Produktionsprozeß habe, weil sich die Kapitalisten der Technik ausschließlich im Interesse ihres Profitstrebens bedienten. Die Sozialdemokraten hielten, im Einklang mit ihrem generellen Fortschrittsglauben, die Weiterentwicklung der Technik und der Naturwissenschaften nicht nur für wünschenswert, sondern erwarteten in einer sozialistischen Gesellschaftsordnung davon Humanisierung der Arbeit, Verkürzung der Arbeitszeit, Aufhebung der Trennung zwischen Stadt und Land und der unterschiedlichen Bewertung von manueller und geistiger, von «niedriger» und «höherer» Arbeit. Auch waren sie überzeugt davon, daß es in einer sozialistisch organisierten Gesellschaft ein leichtes sein werde, die «vernunftgemäßen Bedürfnisse» – wie es im Gothaer Programm heißt – eines jeden zu befriedigen, da sich zu diesem Zweck die naturwissenschaftlich-technischen Fortschritte nutzen ließen und die im Produktionsprozeß Tätigen von sich aus ihre Fähigkeiten im Interesse des Gemeinwohls einsetzen würden.

Den in der Arbeiterbewegung verbreiteten Optimismus, daß im Sozialismus die Arbeit im Produktionsprozeß von all den Zwängen frei sein werde, die im Kapitalismus mit ihr verbunden sind, hat der späte Marx nicht geteilt. Im dritten Band des «Kapital» erklärte er, daß auch in einer Gesellschaftsordnung, in der die «assoziierten Produzenten» unter den «ihrer menschlichen Natur würdigsten und adäquatesten Bedingungen» arbeiten werden, der Produktionsprozeß «immer ein Reich der Notwendigkeit» bleiben müsse. Erst jenseits desselben beginne «die menschliche Kraftentwicklung, die sich als Selbstzweck gilt, das wahre Reich der Freiheit». Darum sei die Verkürzung des Arbeitstags «die Grundbedingung». Für die Erfüllung dieser «Grundbedingung» hat die deutsche und die internationale Arbeiterbewegung seit ihren Anfängen gekämpft. Die Forderung des Achtstundentags stand an der Spitze des Programms der Zweiten Internationale von 1889, dessen Bedeutung durch die alljährlichen Feiern des Ersten Mai ins Bewußtsein aller Arbeiter gehoben werden sollte. Auch diese Forderung entsprang einem Grundimpuls der Arbeiterbewegung: einen möglichst weiten Freiraum zu schaffen, in dem der von Zwängen losgelöste Mensch in freier Selbstbestimmung sein Leben in der Gemeinschaft gestaltet, an den Gütern der Kultur teilnimmt und eigene Kreativität entfaltet.

Grundimpulse im Bewußtseinswandel der siebziger und achtziger Jahre

Es zeigt sich also, daß im vergangenen Jahrhundert die Arbeiterbewegung selbst unter dem Leitbild der Brüderlichkeit, der Solidarität eine Alternative zur bestehenden Gesellschaft der Konkurrenz und der Herrschaft von Menschen über Menschen angestrebt und in verschiedenen Ansätzen verwirklicht hat. Nicht zuletzt in genossenschaftlichen und anderen Einrichtungen der Selbsthilfe hat sie, wo der Obrigkeitsstaat vor den sozialen und kulturellen Notständen versagte, Eigeninitiativen entwickelt.

Heute nun sieht sich die Arbeiterbewegung mit dem Vorwurf konfrontiert, sie sei «etabliert» – sie sei «bürgerlich» geworden und habe daher Ideen, Kraft und Mut für eine neue solidarische Gesellschaft verloren. In diesem Vorwurf mischt sich Berechtigtes und Falsches. Unberechtigt ist der Vorwurf, wenn vergessen wird, daß «Bürger» zu werden nicht heißen muß, Bourgeois zu werden. Sozialdemokraten wollten den Proletarier zum «Citoyen» machen.

Und der teilweise erfolgreiche Kampf der Arbeiterbewegung um diese Bürgerrechte, um politische Demokratie und die Eingliederung der abhängig Arbeitenden in diese Demokratie als gleichberechtigte Staatsbürger war ein Kampf um eine grundlegende Alternativordnung zum herrschenden Obrigkeitsstaat. Die Erkämpfung der politischen Demokratie hat daher auch viele der alten antibürgerlichen Einrichtungen der Arbeiterbewegung überflüssig gemacht.

Der Vorwurf der Verbürgerlichung geht also insofern an der Sache vorbei, als die – noch längst nicht vollendete – demokratische Eingliederung der Nicht-Besitzenden (nicht zur «Bourgeoisie» Gehörenden) in eine Gesellschaft gleichberechtigter «Citoyens» als wesentlicher Fortschritt auf dem Wege zu einer klassenlosen Gesellschaft erkannt werden muß.

Berechtigt allerdings wird der Vorwurf überall dort, wo auch in der Arbeiterbewegung unkritisch übernommene prestigeorientierte Besitz-, Lebens- und Kulturvorstellungen des Besitzbürgertums verhinderten, daß über die politische Gleichberechtigung hinaus sozialistische Formen des Lebens und Arbeitens mit Entschiedenheit vertreten wurden: Formen, in denen Solidarität, Gemeinschaftsgeist, gleiche Freiheit für alle die tragenden Grundwerte wären, nicht aber Patriarchalismus, Autoritarismus und Geltungskonsum des (Klein)-Bürgers.

Genau an diesem Defizit setzen seit einiger Zeit ernst zu nehmende Versuche alternativen Lebens und Arbeitens an – neue Grundimpulse innerhalb, vor allem aber außerhalb der Arbeiterbewegung.

1. Neue Formen und Grundimpulse gesellschaftlich-politischen Verhaltens

Wo Bürger Verhältnisse verändern, sich von autoritären Verhaltensformen emanzipieren, sinnvoller zusammen zu leben und zu arbeiten versuchen, im Bildungs- und Gemeinwesen Initiativen, Alternativen und Nachbarschaftshilfe entwickeln, wo Bürgerinitiativen direkten Einfluß auf die Politik zu nehmen versuchen, werden Grundimpulse erkennbar, die von der gewerkschaftlichen und politischen Arbeiterbewegung ernst genommen werden müssen, soll es nicht zu einer zunehmenden Entfremdung zwischen ihr und einem wichtigen Teil der aktivsten, im humanen Sinne progressivsten Bürger kommen.

Die Arbeiterbewegung darf nicht mit dem bequemen Hinweis zur Tagesordnung übergehen, solche Tendenzen würden ja nur von Minderheiten verfolgt. Wer so argumentiert, vergißt, daß auch die Arbeiterbewegung zunächst das Werk aktiver Minderheiten war.

Verändertes persönliches Verhalten

Als erster, grundlegender Impuls ist die neuartige personale Dimension des gesellschaftlich-politischen Veränderungswillens zu erkennen: Männer und vor allem Frauen haben begonnen, repressive, autoritäre Grundstrukturen im humanen Kernbereich zwischengeschlechtlicher, familialer, pädagogischer Beziehungen zu überwinden und durch gleichberechtigte, solidarische zu ersetzen. Damit schaffen sie wesentliche, bislang in linker Theorie und Praxis meist vernachlässigte Teilelemente einer Gesellschaft der Freien und Gleichen.

Allerdings: Wo «antiautoritäre» Verhaltensweisen absolut gesetzt wurden, haben sie auch Formen menschenfeindlicher Aggressivität und bloßer Destruktion gezeitigt. Auch diese Lektion gilt es zu lernen.

Ökologische Orientierung

Ein weiterer Grundimpuls neuer politisch-gesellschaftlicher Aktivität ist das zunehmende Engagement gegen die drohende Zerstörung und für die Wiederherstellung einer lebenswerten Umwelt, insbesondere im erfahrbaren Lebens- und Wohnbereich. Widerstand gegen ökologiefeindlichen Automobilismus, Verschwendungskonsum, Stadtteil- und Landschaftszerstörung – Bereitschaft zu ressourcensparenden, umweltschützenden Verhaltensweisen nimmt zu.

Daß die Gegenkonzepte der Ökologen oft unausgegoren sind und ökonomische Notwendigkeiten von ihnen nicht selten einfach übergangen werden, kann kein Grund sein, sie mit einer abfälligen Bemerkung aus der politischen Kultur auszugrenzen, sondern sollte vielmehr als Herausforderung verstanden werden, differenziertere ökologische Konzepte zu entwickeln.

Skepsis gegenüber den (linken) Institutionen; Selbstorganisation

Ein dritter Grundimpuls ist die zunehmende Skepsis gegenüber dem gewerkschaftlichen, parteipolitischen und parlamentarischen Institutionengefüge im allgemeinen und der Handlungsfähigkeit «linker» Institutionen im besonderen. Während eine kleine, aber – vor allem an den Universitäten – lautstarke Minderheit diese traditionellen Systeme politischer Willensbildung überhaupt als veränderungsunfähig, systemstabilisierend oder repressiv ablehnt, ist die große Mehrheit politisch Aktiver zwar von der Notwendigkeit dieses Institutionengefüges überzeugt, kritisiert aber zunehmend seine Unzulänglichkeit («Staatsversagen») und versucht deshalb, durch Engagement außerhalb dieser Institutionen die Verhältnisse zu reformieren.

Daraus resultiert die zunehmende Entschlossenheit einer beachtlichen Minderheit, die Beseitigung sozialer und ökologischer Mißstände im eigenen Lebensbereich nicht ausschließlich den organisierten Interessenvertretungen, Verwaltungen und Politikmachern zu überlassen, sondern selbst aktiv zu werden, nicht nur durch Protestaktionen («Druck von unten»), sondern vielfach auch durch organisierte Selbsthilfe, wobei Problemlösungen auch mit kooperationsbereiten Verwaltungen gemeinsam erarbeitet werden.

Auch wenn wir wissen, daß viele Formen des gegenwärtigen Anti-Etatismus nichts anderes sind als eine modische Variante des Unpolitischen, daß Selbstorganisation in «alternativen Inseln» oft eine kurzlebige Illusion ist, haben wir die Skepsis gegenüber der Wirksamkeit mancher Institutionen des Wohlfahrtsstaats und die aktiven Versuche, sich und anderen selbst zu helfen, prinzipiell ernst zu nehmen.

Verlangen nach menschenwürdiger Arbeit

Ein vierter Grundimpuls ist der Wille, nicht länger zu leben, um zu arbeiten, sondern – manchmal unter Verzicht auf maximale Einkommen und optimale Karrieren – möglichst menschenwürdig zu arbeiten, um menschenwürdig leben zu können – in und nach der Arbeit: Abbau monotoner Arbeit, humanere Pausenregelung, Arbeitszeitverkürzung, verbesserter Kündigungsschutz für ältere Arbeitnehmer, Gleitzeit, verbesserter Arbeitsschutz, humanere Arbeitsplatzgestaltung, Teilzeitarbeit u. ä. sind für viele abhängig Arbeitende heute mindestens ebenso wichtig wie höhere Einkommen.

Die Kehrseite des hier sich vollziehenden Wertwandels wie mangelnder Leistungswille, die Abneigung, überhaupt noch bestimmte Berufstätigkeiten und die damit verbundenen Belastungen längere Zeit zu ertragen, sollte uns nicht dazu verleiten, in die Kassandrarufe der Rechten einzustimmen, sondern herausfordern, gemeinsam mit den Gewerkschaften energischer für eine Humanisierung der Arbeit einzutreten.

Solidarisierung mit den Ärmsten der Menschheit

Zunehmende Minderheiten haben seit Jahren die unmenschliche Kluft zwischen dem relativen Wohlstand in unseren Industriegesellschaften und dem – teilweise von uns mitverschuldeten – Elend in den meisten Ländern der Dritten Welt als moralisch unerträglich erfahren und ihre soziale Aktivität daher in den Dienst verschiedener Dritte-Welt-Initiativen gestellt.

Angesichts dieser neuen Ansätze zu internationaler Solidarität muß sich die Arbeiterbewegung fragen, ob und wie sie, auch gemeinsam mit diesen Minderheiten, diese alte, ihrer eigenen Tradition entstammende Idee wieder lebendig machen will.

2. Arbeiterbewegung und Alternativbewegungen

Es wäre ungerecht zu übersehen, daß aktive Sozialdemokraten und Gewerkschafter, oft auch jungsozialistische Gruppen, schon früh solche neuen Impulse für ein menschenwürdigeres Miteinanderleben gegeben haben. Erinnert sei nur an Willy Brandts Forderung, den «blauen Himmel über dem Ruhrgebiet» wiederherzustellen; an den Tarifvertrag der IG Metall in Stuttgart zur Humanisierung der Arbeit, an zahlreiche direkte kommunalpolitische Aktionen und Initiativen von Sozialdemokraten, an die Auseinandersetzung in der Sozialdemokratie um eine neue Energiepolitik. Viele der neuen Gedanken lassen sich auch auf die Internationale Arbeitstagung der IG Metall vom April 1972 in Oberhausen zurückführen.

Im allgemeinen aber überwiegt noch die Erfahrung, daß Gewerkschaften und Sozialdemokratie, im 19. Jahrhundert selbst als umfassende Alternativbewegung gegenüber der besitzbürgerlichen Gesellschaft entstanden, die neuen Impulse politischen Handelns, Lebens und Arbeitens nicht ernsthaft genug als mögliche Elemente eines gemeinsamen Ringens um eine menschenwürdige Lebenswelt anerkennen. Verhaftet in traditionellen gewerkschaftlichen und parteipolitischen Zielen und Organisationsformen, ist die Arbeiterbewegung in Gefahr, die oft sehr hilfreiche für den Sozialismus geradezu notwendige Erweiterung des politischen Handlungs- und Zielfeldes, die sich in den skizzierten Aktivitäten vollzieht, als bedeutungslos oder gar als lästige Konkurrenz abzutun.

Will die Arbeiterbewegung nicht Schritt für Schritt, wider Willen, in die konservative Situation einer lernunfähigen, primär sich selbst erhaltenden Sozialbürokratie geraten, so muß sie den neuen Problemen und Grundimpulsen der siebziger und achtziger Jahre, soweit sie ernst zu nehmen sind, verstärkt Aufmerksamkeit schenken. Sie muß auch darüber nachdenken, inwieweit hier verschüttete (teilweise bei den Frühsozialisten bereits artikulierte) sozialistische Prinzipien eines repressionsfreien Miteinanderlebens und -arbeitens aufgenommen werden. Sie muß sich auch auf Defizite in ihrer bisherigen Theorie und Praxis hinweisen lassen.

3. Lernfähigkeit entwickeln

Unsere Schrift versucht, einen Beitrag zu diesem notwendigen Lernprozeß der Arbeiterbewegung zu leisten. Wir müssen uns fragen, warum sich viele ernst zu nehmende Versuche alternativen Lebens und Arbeitens heute außerhalb der Arbeiterbewegung – ja oft in kritischer Distanz zu ihr – vollziehen, warum ein großer Teil der gesellschaftlich-politisch aktiven jüngeren Generation sich heute dort, nicht aber bei uns oder in den Gewerkschaften engagiert.

Bereits in ihrer Ausarbeitung über die politische Kultur in der Demokratie hat die Grundwertekommission darauf hingewiesen, daß sich wesentliche Veränderungen im Bewußtsein und Verhalten vieler Menschen vollziehen, wodurch sich auch die gesellschaftlich-politischen Verhaltensweisen einer wachsenden Minderheit verändern. Wir haben gefordert, daß die Sozialdemokratie weitaus offener, sensibler für viele dieser Tendenzen sein muß: «Die vielfach in Routine und Selbstgenügsamkeit erstickte Parteiarbeit muß erneuert werden ... Neben der auf Willensbildung und Entscheidung in Parteigremien und Parlamenten ausgerichteten Arbeit muß der Stadtteilarbeit, der Arbeit mit speziellen Zielgruppen, themenzentrierten Initiativen und Kampagnen größeres Interesse gelten. Gleichzeitig muß sich die Partei noch mehr als bisher als Forum für die kontroverse Diskussion wichtiger gesellschaftlicher Probleme anbieten, auch über die Grenzen der Partei hinaus ...»

«Nur wenn Parteien ... sich an der Diskussion um alternative Weisen des Lebens und Wirtschaftens mehr als bisher beteiligen, kann verhindert werden, daß sich mehr und mehr Menschen von den demokratischen Institutionen abwenden ...»

4. Positive und negative Verhaltensänderungen

Solche Lernbereitschaft kann natürlich nicht unkritisch gutheißen, was immer sich heute als Gegenkultur und «alternatives» Verhalten in unseren Industriegesellschaften darstellt. Selbstverliebtheit und Leistungsverweigerung ist noch kein Beitrag zu einer neuen politischen Kultur. Wir müssen vielmehr nüchtern die Ambivalenz, die teilweise sogar offenbare Asozialität in der Abwendung von den herrschenden Formen des Arbeitens und Zusammenlebens zum Bewußtsein bringen. Nicht jeder, der aus der «repressiven» Leistungsgesellschaft oder der Familie «aussteigt», um irgendwo mit mehr Muße für sich zu leben, tut dies aus sozialkritischer Verantwortung – allzu viele tun es verantwortungslos, in einer schwächlichen Selbstbezogenheit, die darauf vertraut, daß die Wohlstandsgesellschaft und ihr soziales Netz sie schon nicht ins Bodenlose werden fallen lassen. Viele wollen heute nicht wahrhaben, daß die Erfüllung der «neuen» «höheren» Bedürfnisse nach unentfremdeter Arbeit, Muße, sinnvoller Selbstverwirklichung nur auf der Basis einer hochleistungsfähigen Wirtschaft und Gesellschaft möglich ist, die zunächst einmal die elementaren materiellen Bedürfnisse befriedigen muß. Wo Not und Unsicherheit herrschen, kann sich die humane Frage nach sinnvoller Selbstverwirklichung gar nicht erst stellen.

Zwischen 1962 und 1976 ist die Zahl der Berufstätigen, denen die arbeitsfreien Stunden in ihrem Leben am liebsten sind, von 29 auf 46 Prozent gestiegen – bei den 16- bis 29jährigen Arbeitern stieg der Anteil sogar auf fast zwei Drittel (von 39 auf 62 Prozent 1975). Dem jeweiligen «Rest» der Befragten war Arbeits- und arbeitsfreie Zeit gleich lieb – nur zwei bis vier Prozent bevorzugen die Arbeitszeit. (Nach E. Noelle-Neumann, Werden wir alle Proletarier? Wertewandel in unserer Gesellschaft. Zürich 1978, S. 61; 50)

Und während 1976 immerhin noch 54 Prozent der Arbeiter für «Gehorsam» und «Unterordnung» bzw. «Ordnungsliebe» und «Fleiß» als Erziehungsziele plädierten, bevorzugten diese nur noch 42 Prozent der Angestellten und 39 Prozent der Beamten, während 61 Prozent (63 Prozent der Beamten) primär für «Selbständigkeit» und «freien Willen» votierten (49 Prozent der Arbeiter). (Nach Emnid-Informationen 6/7 1976, S. A 23)

Solche Zahlen lassen sich verschieden interpretieren. Konservative Meinungsforscher sehen das moralisch-normative Fundament unserer Industriegesellschaft wanken. Kritiker des alten Arbeits- und Pflichtethos sehen einen humaneren Typus des «homo faber» sich entwickeln, der nicht länger leben will, um zu arbeiten, sondern arbeitet, um zu leben, oder gar in der Arbeit leben möchte. Wir tun gut daran, nüchtern positive und negative Tendenzen in der Alternativkultur, konstruktive und destruktive Elemente des «Wertwandels» zu erkennen:

– einerseits abnehmende Bereitschaft, anstrengende Leistungen für die Gesellschaft zu erbringen, sich einem Gemeinschaftszweck freiwillig unterzuordnen und dadurch persönliche Opfer zu bringen, statt dessen Tendenz zu egozentrischer Selbstverwirklichung und Selbsterfüllung;

– andererseits Willen zur Autonomie: Kritik und Bekämpfung jeglicher nicht-legitimierten Fremdbestimmung, zugleich Bereitschaft zur Teilnahme an selbst-organisierten Formen des Lebens und Arbeitens, zu partnerschaftlichem statt autoritärem Verhalten andern gegenüber, zur Optimierung von Lebensqualität statt Karriere und materiellem Erfolg; zunehmende Sensibilität für die Verletzlichkeit unserer natürlichen Lebensgrundlagen.

Ernsthaft zur Kenntnis nehmen können wir diese Verhaltensänderungen und Wertwandlungen nur, wenn wir sie nicht primär als Ergebnis ideologischer Beeinflussung, sondern praktischer Alltagserfahrung sehen: Widersprüche zwischen demokratischem Anspruch und antidemokratischen Herrschaftsstrukturen in unseren Arbeits- und Lebensverhältnissen; Beziehungs- und Sinnleere des Konsumbürgerdaseins; Brüchigkeit des markt- wie des staatswirtschaftlichen Systems; Arbeitslosigkeit bei gleichzeitiger Not in vielen Teilen der Welt; die Unwirtlichkeit vieler unserer Städte; Öl- und Energieschock; zunehmende Umweltzerstörung; Stagnation sozialistischer Reformbewegungen in Westeuropa und Scheitern der revolutionär-sozialistischen Konzepte in Osteuropa; Brüchigkeit der tradierten Familien- und Ehestrukturen, der privaten wie sozialen Morallehren. Das alles sind nicht Erfindungen linker Ideologen, sondern alltägliche Lebenserfahrungen. Natürlich hat die linke und speziell die marxistische Sozialtheorie Deutungsmuster für diese Krisenerfahrungen geliefert und zumindest in der akademischen Jugend durch antireformistische und anti-etatistische Dogmatik Krisenstimmung und Handlungsunfähigkeit noch verstärkt. Aber die Krisen selbst kamen nicht aus den Köpfen, sondern aus der gesellschaftlichen Realität – ganz abgesehen davon, daß in den letzten Jahren auch und gerade die sozialistischen Analysen und Strategien, reformistische wie vor allem marxistische, zunehmend innerhalb der Linken kritisiert worden sind.

5. Erweiterter Begriff und Handlungsspielraum von Politik notwendig

Gerade in dieser Situation aber hat die Arbeiterbewegung allen Grund, die positiven Grundimpulse derjenigen ernst zu nehmen, die sich nicht länger in «Systemkritik» erschöpfen, aber auch nicht mehr auf die Segnungen der ins Stocken geratenen Reformen von oben warten wollen, sondern versuchen, aus eigenem Antrieb etwas für sich und ihre Mitmenschen zu verändern.

Der politische Stellenwert der beschriebenen Ansätze ergibt sich, sobald man erkennt, daß die traditionellen politischen Verbände und Institutionen ein Monopol auf die Wahrnehmung aller in der Demokratie anfallenden Tätigkeiten nicht mehr beanspruchen, noch weniger aufrechterhalten können. Vielmehr muß gerade eine Politik, die Gesellschaft im demokratisch-sozialistischen Sinne verändern will, eine viel breitere Basis in alternativen Bewußtseins-, Lebens- und Arbeitsformen haben. In diesem Sinne muß erkannt werden, daß das, was heute in zunehmendem Maße an Verhaltensänderungen zwischen den Geschlechtern, im Verhältnis von Eltern und Kindern, in Millionen Kleingruppen der verschiedensten Art und Zielsetzung, in der Vorschul-, Schul- und Hochschulsozialisation, in autonomen Jugendzentren, in kirchlicher Gemeindearbeit, in einigen politischen Jugendverbänden, in der Frauenbewegung wie auch in zahllosen alternativen Formen des Arbeitens und Wirtschaftens sichtbar wird, politisch in hohem Maße relevant ist. Hier vollzieht sich eine «Graswurzel-Revolution», wie man dies seit Jahren in den USA nennt.

Wir müssen also einen qualitativ erweiterten Begriff von politischem Handeln, einen umfassenderen Begriff von alternativem Leben und Arbeiten im sozialdemokratischen Denken zur Geltung bringen, der weit über die Bestrebungen kleiner Gruppen, zumal der Aussteiger aus unserer Gesellschaft, hinausreicht, der im Gegenteil gerade die Millionen einschließt, die in dieser Gesellschaft Teilstrukturen gemeinsam mit anderen verändern wollen. Dabei wäre nicht zuletzt der demokratische Sozialismus selbst, jenseits jeder staatssozialistischen Verengung, in einem umfassenderen Sinne als eine gesellschaftliche Bewegung zu definieren, in der alle persönlichen und sozialen Verhaltensänderungen der Menschen konstitutive Bedeutung haben, die von autoritären zu selbstbestimmten und partnerschaftlichen Formen des Lebens, der Arbeit und der Politik hinstreben. Von diesem umfassenderen Selbstverständnis des demokratischen Sozialismus aus sind dann die kritischer Prüfung standhaltenden neuen gesellschaftlichen Initiativen als Elemente einer human-sozialistischen Transformation der Gesellschaft zu sichten und anzuerkennen.

Für die Sozialdemokratische Partei ergibt sich daraus:
- ihr Respekt vor jedem, der selbst gesellschaftlich aktiv wird und Wege humaneren Lebens und Arbeitens versucht,
- ihre Gesprächsbereitschaft mit allen in diesem Sinne tätigen Gruppen,
- ihre Bereitschaft zu optimaler Kooperation, wo immer relevante Initiativen auf Hilfe, Freiräume und Beseitigung bürokratischer Hindernisse angewiesen sind.

Wandel im Verhältnis der Menschen zueinander

Die Arbeiterbewegung hat das Verhalten des einzelnen gegenüber seinen Mitmenschen im wesentlichen als ein Ergebnis der herrschenden, wirtschaftlichen, politischen und sozialen Bedingungen gedeutet. Darum erwartete sie, daß sich mit dem Erfolg des Kampfes der Sozialisten um eine gerechte und freie Ordnung der entsprechende Wandel der Mentalität der Menschen, also auch ihrer sozialen Beziehungen bis in die ganz persönliche Sphäre hinein, von selbst einstellen werde. Ferdinand Lassalles Appell an die Arbeiter, sie hätten «die Pflicht einer ganz neuen Haltung» («Arbeiterprogramm» von 1862), wurde von ihm selber und von Generationen von Sozialisten vor allem als eine Aufforderung zur Solidarität und zum Selbstbewußtsein im Ringen um eine neue Gesellschaftsordnung verstanden. Die Einübung dieser Haltung erfolgte im Alltag des Organisationslebens, im Betrieb und auch in der Familie. Eine bewußte, in eigenständigen Formen praktizierte und auch theoretisch unterbaute Erziehung zu einer tiefergreifenden und umfassenderen «neuen Haltung» wurde von der Sozialdemokratie erst nach dem Ersten Weltkrieg entwickelt, und zwar in ihren Jugendorganisationen und vor allem in der Arbeitsgemeinschaft der «Kinderfreunde». Die Überwindung überkommener Autoritäten und Konventionen, die Eigenverantwortung und Selbsttätigkeit des einzelnen, Verantwortungsbewußtsein gegenüber der Gemeinschaft, partnerschaftliche Beziehungen zwischen den Geschlechtern und den Generationen, ein unbefangenes Verhältnis zur Sexualität – dies waren in diesen Organisationen Leitgedanken, die an Aktualität heute zunehmen. Aber während in der Vergangenheit nur verhältnismäßig kleine, mit der Arbeiterbewegung oder avantgardistischen Strömungen verbundene Gruppen sich bemühten, diese Gedanken praktisch umzusetzen, bestimmen sie gegenwärtig in der einen oder anderen Form den Lebensstil vieler, meist jüngerer Menschen.

Der schnelle Wandel aller Verhältnisse und Beziehungen scheint in unserer Zeit das einzig Konstante zu sein. Nicht nur die Produktions- und Arbeitsstrukturen sind andere geworden, sondern auch die alltägliche Lebenspraxis und das Bewußtsein der davon betroffenen Menschen haben sich verändert. Ein anderes menschliches und soziales Selbstverständnis bildet sich allmählich in konfliktreicher Auseinandersetzung mit älteren Traditionen der Lebensführung und gesellschaftlich-moralischer Werte heraus.

Wir können im Augenblick nur Tendenzen, Linien und Richtungen in dieser komplizierten Entwicklung aufweisen. Letzte Sicherheit in der Analyse und Prognose kann es hier nicht geben. Hinzu kommt erschwerend, daß sich neue Verhaltensweisen in den verschiedenen sozialen Schichten und Gruppen und bei unterschiedlichem Bildungs- und Besitzstand auch verschieden, inhaltlich wie zeitlich, entwickeln. So laufen z. B. in traditionellen Unterschichten emanzipative Prozesse bedeutend langsamer ab als in Mittel- und Oberschichten, die sowohl sprachlich wie ökonomisch mehr Möglichkeiten haben, andere Verhaltensweisen einzuüben. Aber trotz der Unterschiede gibt es so etwas wie einen Bewußtseinswandel, der in verschiedener Dichte und Konsequenz das gesamtgesellschaftliche Leben in seiner Gesamttendenz zu bestimmen beginnt.

So nimmt bei vielen Menschen der Wille, ihre Persönlichkeit zu entfalten, einen hohen Rang ein. Sie suchen nach Möglichkeiten, unaustauschbares Subjekt des Handelns zu sein, d. h., ihr Leben in Familie und Beruf, ihre Zeit während der Arbeit und ihre Zeit nach der Arbeit selbständig zu gestalten. Sie wollen nicht nur eine Rolle, die von anderen Menschen und Kräften bestimmt wird, ausfüllen, sondern eigenverantwortlich die Bedingungen ihrer Existenz mitbestimmen und – so weit es eben geht – selbst bestimmen. Alle traditionellen und auch neuartigen Formen der eintrainierten Unterordnung und anerzogenen Gehorsamsverpflichtungen wollen sie zugunsten eigenständiger und gleichwertiger Teilhabe an der Gestaltung einer eigenen Umwelt überwinden. Allerdings sind die Ziele durchaus unterschiedlich. Die einen treiben das alte bürgerlich-liberale Persönlichkeitsideal auf die Spitze und formulieren ihre Ziele ausschließlich individualistisch und sprechen in einem verengten Sinn von Selbstverwirklichung und Selbstfindung, vom Recht auf das eigene Glück. Als Protest gegen die Realitäten verschiedener Fremdbestimmungen in industriellen Massengesellschaften sind sie freilich verständlich.

Andere Menschen und Gruppen aber sind kritisch gegenüber allein oder vorrangig individualistisch formulierten human-sozialen Zielen. Sie wollen schon im Ansatz mit der Tatsache Ernst machen, daß alle Formen traditioneller Fremdbestimmungen und Rollenzwänge nur in einem gemeinsam angelegten und in einem gemeinsam getragenen Befreiungsprozeß abzubauen sind. Für sie wird Selbstverwirklichung des einzelnen nur in dem Maße erlebbare Tageswirklichkeit, wie sie auch gleichzeitig die Emanzipation ihrer Mitmenschen wird. Formen solidarischer Veränderungen von sozialen Lebenslagen sind für sie wichtiger als mehr oder weniger gelungene Inseln rein individualistischer Selbstbestimmung, denen immer ein Trend zu elitärer Lebensführung anhaften dürfte.

Diese Position, die um das Angewiesensein aller auf alle in einer arbeitsteiligen Gesellschaft weiß, entbindet entscheidende Gegenkräfte gegen ein verabsolutiertes individuelles Leistungs- und Konkurrenzdenken. Sie gibt anderen menschlichen Möglichkeiten, nämlich seinen Mitmenschen ein Nächster zu sein, für ihn dazusein, für ihn offen zu sein und ihn gelten zu lassen, eine größere Chance. Viele

Menschen, vor allem jüngere, erleben diese andere Qualität des Lebens, die für etliche eine durchaus neue, noch nicht erlebte Qualität ist, in kleineren Gruppen. Über das Erleben einer Gruppe entdecken sie, wer sie sind und was sie sein können: unverwechselbare Person und zugleich gemeinschaftsbedürftiger und auch gemeinschaftsfähiger Mitmensch. Im Erleben selbst brechen für sie die falschen Alternativen zwischen Individualismus oder Kollektivismus, Selbstbestimmung oder Fremdbestimmung zusammen. Sie erfahren an sich selbst, daß es Personalität nur in lebendigen sozialen Beziehungen gibt. Und genau dies dürfte eine der Sehnsüchte bei denen sein, die ihre Isolation und ihren Beziehungsverlust häufig in scharfen Protesten oder gar in Gewaltakten zum Ausdruck bringen. Hinter allem und in allem steht der Drang nach gelebter Gemeinsamkeit im Alltag.

Dieses Suchen nach Gemeinsamkeit bestimmt immer mehr das Bewußtsein und auch das Verhalten einer zunehmenden Zahl von Menschen, ohne daß sie in einen Gemeinschaftskult verfielen. Hier liegt ein Potential, das die Chance einer Verwirklichung haben muß. Über neue Alltagserfahrungen in kleineren oder auch größeren Primärgruppen läßt sich dann auch wieder ein Sinn für größere Einheiten in Staat und Gesellschaft gewinnen.

Im Erleben von Gemeinschaft im Sinne mit- und selbstbestimmter Praxis sehen dann auch immer mehr Menschen ein, daß es neben der spontanen Zuwendung zum anderen, der Offenheit für andere und der Toleranz gegenüber anderen gleichzeitig andere Tugenden geben muß, ohne die auf Dauer keine gute Kommunikation möglich ist: Zuverlässigkeit, Treue, Leistungs- und Opferbereitschaft. Und man lernt vor allem, Konflikte auszuhalten, Risiken zu übernehmen und Belastungen durchzustehen, ohne sofort zu flüchten. Man kann einüben, was Verantwortung füreinander und für eine Sache bedeutet. Jedenfalls können die so häufig von autoritären und totalitären Systemen mißbrauchten Tugenden unter den Bedingungen von mitbestimmten Kommunikations- und Leistungsprozessen eine neue, nun aber einsichtige Bedeutung bekommen. Diese Bereitschaft zur «Moral im Alltag» ist weithin vorhanden. Es wird darauf ankommen, ihr bewußter als bisher die Voraussetzungen und Räume ihrer Einübung zu schaffen. Jedenfalls wäre es unverantwortlich, im Stile kulturpessimistischer Kritik vom Verfall der Moral zu reden. In Wirklichkeit deutet sich auf dem Hintergrund eines Wandels des personalen und mitmenschlichen Verständnisses eine neue Bereitschaft zur Mitverantwortung mit entsprechenden Verhaltensweisen in der Praxis des Alltags an.

Über den Chancen dürfen selbstverständlich nicht die Gefahren vergessen werden. So gibt es die Gefahr, daß die Fähigkeit und Bereitschaft zur praktischen Verantwortung in einer Abkapselung in kleinen, überschaubaren Gruppen endet, in denen sich die humane und soziale Sensibilität verbraucht, ohne für andere Zusammenhänge der Gesellschaft fruchtbar zu werden. Es besteht die Gefahr, daß sich eine eigengeprägte Subkultur entwickelt, die sich mehr oder weniger von der öffentlichen Kultur abkapselt und entfremdet.

In dieser Situation wird es darauf ankommen, das existierende und sich in kleinen sozialen Einheiten ausbildende neue Selbstverständnis so zu fördern, daß es für die umfassenderen politischen und gesellschaftlichen Probleme fruchtbar gemacht werden kann. Sozial- und Gesellschaftspolitik sind so auszurichten, daß die Chancen für die konkrete Verantwortung für sich selbst und für andere größer werden. Daraus könnte sich ein Abbau verwalteter Objektstellung von Menschen ergeben.

Die größer gewordenene Sensibilität der jüngeren und auch vieler älterer Menschen füreinander kann das solidarische Element in unserer Gesellschaft stärken und mit Leben füllen. Es gibt auch Formen des Protests im Namen lebendiger Beziehungen gegen die unpersönliche Organisation von Funktionen, die das Klima unter uns menschlicher und freundlicher machen können.

Menschlicher im Sinne von offener Partnerschaft ist vor allem das Verhältnis der Geschlechter untereinander geworden. Das einseitige Rollenverständnis der Frau als Gehilfin des Mannes ist dabei, sich in Praxis und Theorie zugunsten einer gleichwertigen und gleichberechtigten Zweierbeziehung zu verwandeln. Dadurch, daß immer mehr Frauen qualifizierte Berufe erlernen und ausüben und in Arbeit und Freizeit vielfältigere soziale Kontakte unterhalten, nimmt ihre Selbständigkeit zu. Auch innerhalb von Ehe und Familie wird zunehmend ein kooperatives Verhältnis der Partner und Familienmitglieder eingeübt. So sehr diese Tendenzen in vielen Beziehungen schon jetzt die Tageswirklichkeit bestimmen, so dürften gerade hier noch sehr große Unterschiede zwischen den einzelnen Sozialschichten bestehen. Die Erfahrung lehrt: Je günstiger die beruflichen, die ökonomischen, sozialen und bildungsmäßigen Voraussetzungen sind, desto eher lassen sich partnerschaftliche Beziehungen aufbauen. Vor allem in Unterschichten sind Ehe und Familie noch sehr stark von älteren Verhaltensmustern geprägt. Aber auch hier ist ein langsamer Abbau der allzu starken Rollenfixierungen in den Beziehungen der Geschlechter und der Familienmitglieder zu beobachten.

Sind diese Umorientierungen bei der Mehrheit noch im Werden, so gibt es in der jüngeren Generation kleinere Gruppen, die neue Formen des Zusammenlebens, auch zwischen den Geschlechtern suchen und auch neue Formen des Zusammenlebens erproben. Auch wenn diese Experimente häufig zu scheitern scheinen, so muß doch die Bereitschaft, andere Intim- und Sozialformen zu wagen, ernst genommen werden. Man wird diese emotionale Sehnsucht und diesen Willen zu alternativen Begegnungs- und Lebensformen auf keinen Fall gesellschaftlich und rechtspolitisch ächten dürfen, sondern fragen müssen, wie Menschen konkret geholfen werden kann, ihre Vorstellungen von Beziehungen in die Praxis umzusetzen. Dies gilt auch für gleichgeschlechtliche Beziehungen.

Allerdings sollten jene, die sich auf neue Formen einlassen, ihre Entscheidung nicht mit arroganter und unsachlicher Kritik an den nach wie vor überwiegenden und im ganzen bewährten Formen von Ehe und Familie begleiten. Diese Institutionen, die ihrerseits selbst einem lebendigen Wandel unterliegen, haben dank ihrer rechtlichen Verankerung eine nicht zu unterschätzende stützende Funktion. Die Aufgabe dürfte darin bestehen, ohne gegenseitige Diskriminierung verschiedene Formen von geschlechtlichen und sozialen Beziehungen – gerade auch innerhalb von Ehe und Familie – sich entwickeln zu lassen.

Viel entscheidender als der Pluralismus der Formen dürfte aber das Prinzip der Verantwortung in allen nur denkbaren Formen des Zusammenlebens sein. Fehlt die Praxis tätiger Verantwortung als Ausdruck von Nächstenliebe, so droht die Gefahr, daß gerade offenere Formen der Beziehungen zu neuartigen Praktiken von Ausbeutung und Unterdrückung des anderen führen. Die Objektstellung des anderen kann stärker sein als in Beziehungen, die durch Rolle und Sitte bestimmt sind. Aus dem Erfahrungswissen heraus, daß jede Beziehungsform zur mehr oder weniger ausgeprägten Herrschaftsform entarten kann, sollte man den Streit nicht so sehr über die beste in der Vielfalt der Formen führen, sondern sich auf den humanen Wettstreit einlassen, alle Beziehungen so human, freundlich und freiheitlich zu gestalten, wie eben möglich ist. Der Feind des Menschlichen ist jene Verantwortungslosigkeit, die am Ende nur sich selbst kennt und daher unfähig macht, Bindungen einzugehen.

Zu den neuen Verhaltensweisen, von denen wir für unsere sozialen Beziehungen lernen können, gehören auch Versuche, ein weniger entfremdetes, weniger gestörtes Verhältnis zur sinnlichen Natur des Menschen, zu seinem Körper und zu seinen Gefühlen zu finden. Vor allem sind die Beziehungen zwischen den Geschlechtern weniger von Vorurteilen belastet und sinnenfroher als früher. Dieser Tendenz zur Entwicklung einer humanen Sinnlichkeit stehen freilich auch egozentrische, inhumane Gegentendenzen gegenüber. Welche Tendenz schließlich die Oberhand gewinnt, entscheiden die Bereitschaft und die Fähigkeit, in Liebe miteinander umzugehen und kontinuierlich Verantwortung füreinander zu übernehmen. Immer mehr Menschen entdecken, daß der Geist, aus dem heraus man ein Zusammenleben wagt, wichtiger ist als eine noch so ausgeklügelte Form. Deshalb dürfte es überflüssig sein, sich über falsche Alternativen in den Formen zwischengeschlechtlicher und sozialer Beziehungen zu streiten. Worauf es ankommt, ist, daß jeder in der von ihm selbst gewählten Form seine Chance als Mensch bekommt. Probleme und Konflikte bleiben ihm in keinem Fall erspart. Das sollte jeden daran hindern, die von ihm gefällte Entscheidung als die einzig richtige zu vertreten.

Eine weitere wichtige Beobachtung ist die zunehmende Hinwendung vieler Menschen zu Kranken, Schwachen, Alten und Behinderten. Die Stimmen und Institutionen, die für ihre selbstverständliche Integration in die als Solidargemeinschaft verstandene Gesellschaft eintreten, sind zahlreicher geworden. Der Tanz um den Gesunden, den Leistungsstarken und Erfolgreichen ist weniger wild geworden, ohne daß er beendet wäre. Aber es gibt eine in unserer Gesellschaft bisher nicht gekannte Bereitschaft vieler Menschen, sich gerade mit denen zu beschäftigen, die am Rande unserer Gesellschaft leben. Selten waren die geistigen und emotionalen Voraussetzungen so günstig dafür, daß Gesunde und Kranke und Behinderte partnerschaftlich zusammenleben. Die vielen Defizite des Menschen als Teil des Humanum selbst zu begreifen und als Herausforderung an das eigene Selbstverständnis anzunehmen, diese Haltung solidarischen Verstehens könnte die Basis für eine bedeutend konsequentere Randgruppenpolitik sein. Diese zunehmende Sensibilisierung für die Schwachen in unserer Gesellschaft hat ihre Entsprechung in einem wachsenden Verständnis vieler Zeitgenossen für die Probleme der Armut in der Welt. Angesichts des Aufbaus kostspieliger militärischer Drohsysteme und der Praxis von Verschwendung in vielen Industriegesellschaften sind sie nicht mehr bereit, die Aufteilung der Welt in arme und reiche Länder widerstandslos hinzunehmen. Das Solidaritätsprinzip, das für die eigene Binnenstruktur von größter Bedeutung war und ist, wird übertragen auf die Beziehungen zwischen Staaten und Kontinenten. Dabei zeigt sich bei einigen sogar eine eigenartige «Fernstenliebe», die recht unbekümmert für die Probleme im eigenen Lande sein kann. Aber entscheidend dürfte sein, daß wir heute ein ausgeprägtes Interesse und Verantwortungsbewußtsein für die weltweiten Aufgaben haben. Auch dieses neue weltoffene Bewußtsein und die Bereitschaft, sich für Gerechtigkeit und Freiheit auch in entlegenen Regionen zu engagieren, dürfte ein Potential an politisch-moralischen Bewußtsein sein, das von einer konsequenten und einsichtig gemachten Entwicklungspolitik bedeutend fruchtbarer gemacht werden könnte, als es bislang geschehen ist.

Geht man nüchtern an eine Bestandsaufnahme des veränderten Bewußtseins in den menschlichen und sozialen Beziehungen heran, so lassen sich bei vollem Wissen um die Gefahren und Pervertierungsmöglichkeiten doch die größeren Chancen für die Entwicklung humaner und verantwortlicher Beziehungen im Nah- und Fernbereich nicht übersehen. Dies gilt vor allem dann, wenn die Chancen anerkannt und dann auch bewußt ergriffen werden, damit die entgegenstehenden Trends mit ihren problematischen Folgen beherrschbar werden. Die Chancen überwiegen, wenn wir bei allem Wissen um die Bedeutsamkeit realer Verhältnisse die verändernde Kraft des Geistes und der praktischen Ethik nicht unterschätzen.

Zum Wandel des Verhältnisses Mensch – Natur

Friedrich Engels hat in seiner «Lage der arbeitenden Klasse in England» anschaulich die verheerenden Folgen geschildert, die von der industriellen Entwicklung in vielen Distrikten Englands ausgingen. Dabei konnte er sich auch auf literarische Äußerungen englischer Bürger stützen, die schon zu Beginn der industriellen Revolution – aus vorwiegend ästhetischen Gründen – gegen die zunehmende Naturzerstörung protestiert hatten. Dennoch war für die Arbeiterbewegung, seit sie unter den Einfluß von Marx und Engels geriet, der industriell-technische Fortschritt in erster Linie notwendige Voraussetzung der Befreiung des Menschen von seiner Naturabhängigkeit. Marx war sogar bereit, geschichtsphilosophisch zu rechtfertigen, was er – auf Grund moralischer und ästhetischer Bewertung – verurteilen mußte. Der Weg zur Befreiung der Menschheit erschien ihm als ein dialektischer. Eroberungen wie die der Briten in Indien und die gewaltsame Öffnung der chinesischen Häfen waren zwar von höchst zweifelhaftem moralischem, dafür aber von um so eindeutigerem historischem Wert, weil sie diese Länder dem industriellen Kapitalismus erschlossen. Auf der anderen Seite hat Marx aber den zweideutigen Charakter des technischen Fortschritts unter den Bedingungen einer kapitalistischen Produktionsweise deutlich gesehen. Im Kapitel «Maschinerie und große Industrie» des «Kapital» schrieb er: «Mit dem stets wachsenden Übergewicht der städtischen Bevölkerung, die sie in großen Zentren zusammenhäuft . . ., stört sie (die kapitalistische Produktion) . . . den Stoffwechsel zwischen Mensch und Erde, d. h. die Rückkehr der vom Menschen in der Form von Nahrungs- und Kleidungsmitteln vernutzten Bodenbestandteile zum Boden, also die ewige Naturbedingung dauernder Bodenfruchtbarkeit. Sie zerstört damit zugleich die physische Gesundheit der Stadtarbeiter und das geistige Leben der Landarbeiter.» Marx wie Engels folgerten aus dieser Einsicht, daß es künftig notwendig sein werde, diesen Stoffwechsel (zwischen Mensch und Erde), «systematisch als regelndes Gesetz der gesellschaftlichen Produktion in einer der vollen menschlichen Entwicklung adäquaten Form herzustellen». Mit anderen Worten, Marx forderte nicht den Verzicht auf industrielle Produktion, wohl aber deren planvolle Umgestaltung mit Rücksicht auf die Erhaltung oder Wiederherstellung eines Kreislaufs, durch den die notwendige Naturgrundlage menschlichen Lebens bewahrt wird. Eine darüber hinausgehende Abkehr vom Industrialismus hat Marx in den «Grundrissen der Kritik der politischen Ökonomie» als «romantische Ansicht» bezeichnet, die allerdings als «berechtigter Gegensatz» die unkritische Bejahung des Industrialismus in seiner kapitalistischen Gestalt bis an dessen «seliges Ende» begleiten werde.

In der deutschen Arbeiterbewegung, wie in der anderer Länder, spielten diese Überlegungen praktisch jedoch keine Rolle. Karl Kautsky erklärte unumwunden, daß der Sozialismus den Zerstörungsprozeß der Natur und der Vielfalt ihrer Arbeiten, den die kapitalistische Industrialisierung begonnen hat, fortsetzen werde: «Schon der Kapitalismus, ja in geringerem Maße, wegen der geringeren technischen Mittel, schon die früheren Kulturen bewirkten ein zunehmendes Zurückdrängen vieler Arten wilder Tiere und Pflanzen, das bei manchen bis zu völliger Vernichtung ging. Also Verringerung der Mannigfaltigkeit, Zunehmen der Eintönigkeit in der Welt der Lebewesen . . .» «Wie weit die Schonung seltener Tiere und Pflanzen im Sozialismus auch gehen mag, der Fortschritt der Bodenkultur wird doch manche ihrer Arten auch weiterhin zum Aussterben bringen und so die Mannigfaltigkeit der Natur verringern» (Historischer Materialismus, Bd. II/1927). Gegen diese Äußerung Kautskys hat seinerzeit niemand protestiert. Heute wissen wir, daß die Vielfalt der Tier- und Pflanzenarten nicht nur einen ästhetischen Wert darstellt, sondern auch für die Regenerationsfähigkeit ökologischer Systeme von großer Wichtigkeit ist. Monokulturen sind nicht nur schädlich, weil sie zu vermehrter Abhängigkeit von Fluktuationen der Marktpreise eines einzigen Produktes führen, sondern auch, weil ein einziger Schädling, eine einzige Krankheit ganze Ernten vernichten kann und die chemische Schädlingsbekämpfung Boden wie Gewässer übermäßig belastet. Die große irische Hungersnot infolge des Befalls der Kartoffel-Monokultur durch den Colorado-Käfer ist das bekannteste und früheste Beispiel für diesen Zusammenhang und hätte auch Kautsky warnen können.

Gewiß hat die Arbeiterbewegung dem Prozeß der zunehmenden Entfremdung von der Natur nicht tatenlos zugesehen. Sie bemühte sich, in ihren Jugendorganisationen und durch ihre Freizeitveranstaltungen die Schönheit der Natur und die Gesundheit ländlicher Gegenden jedem zugänglich zu machen. Die «Naturfreunde» betrachteten ihre Aktivitäten als Kompensation für die ungesunden Lebensverhältnisse proletarischer Jugendlicher in der Stadt. Aber so verdienstvoll dieses Wirken auch war, es führte kaum je zu einer Kritik an der aktuellen Gestalt des Industriesystems selbst. Natürlich gab es Forderungen der Arbeiterbewegung – vor allem der Gewerkschaften – nach Gesundheit am Arbeitsplatz, nach verbesserter Betriebshygiene, nach höherer Betriebssicherheit usw. Im ganzen aber wurde doch stets der industrielle Fortschritt in seiner existierenden Gestalt bejaht und jede Kritik an ihm als reaktionäre Maschinenstürmerei zurückgewiesen.

Der Beginn des ökologischen Bewußtseins

Wie stark die Arbeiterbewegung insgesamt, einschließlich der außerparlamentarischen Linken in der Bundesrepublik, auch nach dem Zweiten Weltkrieg noch auf dem Standpunkt prinzipieller und uneingeschränkter Bejahung jedes technischen Fortschritts stand, wird unter anderem deutlich, wenn man an die Forderung «Atome für den Frieden» denkt, die im Kampf gegen eine atomare Aufrüstung der Bundesrepublik erhoben wurde. Raumfahrt und Ausbau des Weltluftverkehrs wurden bis vor einem Jahrzehnt von allen als Fortschritt begrüßt. Noch der Leber-Plan des damaligen Bundesverkehrsministers, der vorsah, daß kein Ort der Bundesrepublik weiter als 15 km von einem Autobahnanschluß entfernt sein sollte, fand ungeteilte Zustimmung.

Diese euphorische Hochschätzung der technischen Entwicklung ist heute für die Jüngeren kaum mehr nachvollziehbar. Die Zeiten, in denen die Raumfahrt die Menschen faszinierte, sind vorbei. Jede Form von Großtechnologie, vor allem Atomkraftwerke, aber auch der Bau neuer Autobahnen und die Erweiterung oder der Neubau von Flughäfen rufen vielfach Proteste hervor. Jede Naturzerstörung, und sei es das Fällen weniger Bäume, stößt auf Widerstand. Die tiefer liegenden

Ursachen für diesen Wandel sind noch nicht ausreichend erforscht. Die Ölversorgungskrise des Jahres 1973 dürfte nur ein auslösender Faktor gewesen sein, weil sie erstmals auf die Abhängigkeit Europas von dieser – lange Jahre hindurch extrem billigen – Energiequelle aufmerksam gemacht hat. Vermutlich spielte die Tatsache eine Rolle, daß um diese Zeit ein gewisser Sättigungsgrad mit Industriewaren eingetreten war und daß die Vorteile weiteren industriellen Wachstums zunehmend durch dessen Schattenseiten verdunkelt wurden. Während früher der Besitz eines Privatwagens lediglich mehr Beweglichkeit mit sich gebracht hatte, bedeutete er seither häufig – an Wochenenden oder auf dem Weg von und zur Arbeit – Nervenbelastung und Zeitverlust. Verbesserte Anbindung an Schnellstraßen brachten den Anwohnern vermehrte Lärmbelästigung. In der Landwirtschaft wurde erhöhter Schutz gegen Unkraut und Schädlinge mit der Vergiftung von Boden, Nahrungsmitteln, schließlich der Muttermilch erkauft. Für erhebliche Teile der Angestelltenschaft (noch kaum für Facharbeiter) trat das Interesse an einem Wachstum des Einkommens zurück gegenüber dem an einer besseren Umweltqualität.

Die SPD wird durch diesen Wandel in den Werthaltungen in besonderem Maße herausgefordert. Es geht darum, die Beziehungen zwischen Mensch und Natur an der Einsicht zu korrigieren, daß Menschen selbst ein Teil der Natur sind und nur in einer – sich ständig regenerierenden – Natur existieren können. Zwar gehört die Beherrschung der Natur mit Hilfe der Naturwissenschaft und einer auf ihr fundierten Technik zu den großen Errungenschaften der Menschheit, die nicht aufgegeben werden dürfen. Auf der anderen Seite dürfen wir nicht vergessen, daß die uns verfügbare Natur begrenzt ist und daß es in ihr komplexe Zusammenhänge (Ökosysteme z. B.) gibt, die wir – bei Strafe der Selbstvernichtung – respektieren müssen.

Als ein Versuch, die Angewiesenheit der Menschen auf die Natur als ihre Lebensgrundlage dringlich vor Augen zu führen, mögen Formulierungen wie «Partnerschaft von Mensch und Natur» oder «Frieden mit der Natur» sinnvoll sein. Da jedoch diese Begriffe ein personales Verhältnis zwischen Mensch und Natur voraussetzen und damit der Natur unzutreffend personale Qualität beimessen, sie zur Person machen, können sie nicht gut als Leitlinie für ein neues praktisches Verhalten herangezogen werden.

Neuere Überlegungen in der Philosophie, in den Naturwissenschaften und in der Theologie führen zu einer Neubestimmung von Ziel und Praxis der Herrschaft des Menschen über die Natur. Die Forderung nach Pflege und verantwortlicher Nutzung tritt an die Stelle unbegrenzter Ausbeutung. Heute, wo wir mit anderen Augen lesen, stoßen wir selbst im Werk von Marx auf Stellen, die – bisher ohne Einfluß auf die Arbeiterbewegung – auf die Verantwortung hinweisen, welche die Menschheit gegenüber künftigen Generationen in bezug auf die Erhaltung ihrer Naturgrundlage hat. Er schreibt im dritten Band des «Kapital»: «Selbst eine ganze Gesellschaft, ja alle gleichzeitigen Gesellschaften zusammengenommen, sind nicht Eigentümer der Erde. Sie sind ihre Besitzer, ihre Nutznießer, und haben sie als boni patres familias den nachfolgenden Generationen verbessert zu hinterlassen» (MEW 25, S. 784).

Neue Grundimpulse für eine menschlichere Arbeits- und Wirtschaftsordnung

Wir haben oben auf zunehmende Tendenzen in unserer Gesellschaft hingewiesen, die vorherrschenden Formen des Wirtschaftens, des Arbeitens und Konsumierens in Frage zu stellen und alternative Formen nicht nur zu fordern, sondern auch zu praktizieren. Unter dem Eindruck Gefahren für die natürliche und soziale Umwelt und unwägbarer Risiken, die mit der Einführung einiger neuer Techniken verbunden sind, ist diese Bewegung der Enge marxistisch inspirierter Kapitalismuskritik entwachsen: Sie richtet sich gegen inhumane Auswirkungen eines gesellschaftlich unkontrollierten Wachstums der Produktivkräfte selbst.

Neuere Umfragen zeigen, daß schon jetzt eine Mehrheit der Bevölkerung den herkömmlichen technisch-ökonomischen Fortschritt mit Skepsis betrachtet. Daß der technische Fortschritt die Menschen freier mache, glauben nach einer Umfrage aus dem Jahre 1980 nur 33 Prozent der Befragten. 56 Prozent vertreten dagegen die Ansicht, der technische Fortschritt führe zu mehr Unfreiheit.

Dieser Auffassungswandel hat seinen auffälligsten Niederschlag in der Ökologie- und Alternativbewegung gefunden. Auch in den traditionellen Organisationen der Arbeiterbewegung, den Gewerkschaften und der Sozialdemokratie hat ein Umdenken begonnen. Es ist bemerkenswert, daß das gegen Ende der sechziger Jahre in den Gewerkschaften und in der SPD einsetzende stärkere Interesse an der Humanisierung der Arbeitswelt nicht durch die erhöhte Arbeitslosigkeit verdrängt wurde. Vielmehr geht aus Umfragen eindeutig hervor, daß die Qualität der Arbeit im Vergleich zu ihren quantitativen Aspekten (Entlohnung usw.) im Bewußtsein der Arbeitnehmer kontinuierlich und offenbar unbeeinflußt von wirtschaftlichen Schwierigkeiten an Bedeutung gewinnt. Darüber hinaus wächst das Interesse an einer weiteren Verkürzung der Arbeitszeit.

Gleichzeitig verstärkt sich in manchen Fällen die Notwendigkeit, in anderen Fällen auch das Bedürfnis, sich zunehmender Abhängigkeit von Fremdleistungen wenigstens teilweise zu entziehen. Es verbreitet sich die Einsicht, daß ein weiterer Rückgang der Selbsthilfekompetenz und ein noch stärkeres Angewiesensein auf kommerzielle oder staatliche Leistungen die Selbstentfaltungschance des einzelnen eher mindert. Selbermachen wird in den verschiedensten Formen wieder attraktiv. Hier und da tritt Eigenarbeit und freiwillige gegenseitige Hilfe wieder an die Stelle des Kaufens und Konsumierens fremder Leistungen.

Diese und andere Ausdrucksformen einer grundsätzlicheren Kritik unserer Arbeits- und Wirtschaftsordnung verfolgen teilweise dasselbe Ziel einer an den menschlichen Bedürfnissen orientierten Wirtschaftsverfassung, dem auch die sozialistische Arbeiterbewegung nachstrebte. Auch wir müssen uns heute fragen, ob eine Fortsetzung des Weges der Industriegesellschaft ohne entscheidende Korrekturen noch zu den humanen Zielen führen kann, um deretwillen wir ihn eingeschlagen haben. In einigen Bereichen wird schon heute deutlich, daß wir humanen Fortschritt in Zukunft nur dann werden erzielen können, wenn die Richtung der technisch-ökonomischen Entwicklung geändert wird.

Freilich wäre es ein verhängnisvoller Irrtum, den Weg der Industriegesellschaft insgesamt als einen Fehler der neuzeitlichen Entwicklung zu beklagen und einen romantischen Rückfall in die angebliche Idylle vorindustrieller Zeiten zu propagieren. Es war die durch die moderne Technik ermöglichte industrielle Entwicklung, die für die große Mehrheit der Menschen in unserer Gesellschaft mehr Existenzsicherheit, Freiheit und Gleichheit möglich gemacht hat.

Die materiellen Voraussetzungen für die Selbstentfaltung der ungeheuren Mehrzahl der Menschen unserer Gesellschaft wären ohne die enorme Steigerung der Arbeitsproduktivität durch Technik und Industrie nicht vorhanden. Die Netze sozialer Sicherung, die für die große Mehrzahl der Menschen in unserer Gesellschaft Freiheit von Not und sozialer Angst bewirkten, konnten nur auf dem Boden der industriellen Leistungsgesellschaft geknüpft werden.

Es wäre auch ein Irrtum zu meinen, die industrielle Entwicklung habe zu ärgeren Zwängen geführt, als sie das menschliche Leben zuvor bedrückt haben. Immerhin war es der technisch-industrielle Fortschritt, der Wesentliches zum Abbau der menschlichen Abhängigkeit von der Übermacht unberechenbarer Naturgewalten beigetragen hat.

Auch die Befreiung aus der Abhängigkeit von manchen Zwängen traditioneller Lebensformen ist erst durch die Industriegesellschaft möglich geworden.

Wer die technisch-industriellen Grundlagen unserer Lebensform angesichts mancher ihrer inhumanen Auswüchse und Folgen pauschal in Frage stellen wollte, käme einem humaneren Leben nicht näher. Er würde dessen Grundvoraussetzungen erschüttern. Es kommt daher auf eine differenzierte Entwicklung technisch-industrieller Möglichkeiten an. Maschinenstürmerei ist ebenso abwegig wie naiver Technikglaube.

1. Ansätze zu einer menschlicheren Arbeits- und Wirtschaftsordnung

In der Arbeitswelt sind wir Zeugen vielfältiger praktischer Initiativen, die auf menschenwürdigere, weniger hierarchische, monotone und fremdbestimmte Formen des Arbeitens und der Arbeitsorganisation hinzielen. Selbstbewußter gewordene Arbeiter und Angestellte lehnen sich gegen autoritäre und stumpfsinnige Strukturen auf und entwickeln eigene Initiativen zu deren Veränderung. Mißstände der herrschenden Arbeits-, Unternehmens- und Wirtschaftsordnung werden zunehmend kritisiert.

Großindustrie und Großtechnologien behaupten weiterhin ihren Vorrang in unserem Wirtschaftsleben. Es vermehren sich aber auch die Zweifel an ihrem uneingeschränkten Wert. Sowohl ihre hierarchischen Folgen für die innere Arbeitsorganisation als auch ihre äußeren Auswirkungen werfen die Fragen nach den Grenzen sinnvollen Wachstums auf. Der Nutzen großer Chemie- und Ölkonzerne, (nuklearer) Großkraftwerke, riesiger Autobahnsysteme und Wohnmaschinen, immer aufwendigerer Autoproduktion und chemisierter Agrarwirtschaft für die allgemeine Lebensqualität steht heute zur Diskussion.

Auch die gewinngesteuerte marktwirtschaftliche Wirtschaftsordnung insgesamt sieht sich zunehmender ökologischer Kritik ausgesetzt – nicht im Sinne pauschaler Systemüberwindung, wohl aber in Gestalt einer wachsenden Ablehnung energieverschwendender Geräte und Fahrzeuge, schnell verschlissener Wegwerfprodukte und insgesamt einer allein auf Wachstum gerichteten Entwicklung, die unsere Lebensqualität nicht mehr verbessert, sondern in vieler Hinsicht verschlechtert.

Auf einige bemerkenswerte Initiativen und Entwicklungen sei im folgenden hingewiesen:

– Seit den sechziger Jahren bemühen sich Arbeitnehmer in allen Industrieländern verstärkt um direkte Einflußmöglichkeiten auf die Gestaltung ihrer Arbeitsbedingungen. Sie erwarten Arbeitsplätze, die Kreativität und Verantwortung fördern, soziale Kontakte und Gestaltungsmöglichkeiten eröffnen, eine Anreicherung der Arbeitsinhalte, die Sicherung und Verbesserung der Qualifikationen, den Abbau von Kontrollen und Hierarchien ermöglichen. Eine wirksamere Einflußnahme der Arbeitnehmer auf die Arbeitsbedingungen am Arbeitsplatz setzt voraus, daß Arbeitsorganisation und Arbeitsgestaltung geändert werden, um nervtötende, stumpfsinnige und monotone Tätigkeiten abzuschaffen, die die Eigenständigkeit und das Selbstbewußtsein der Arbeitnehmer untergraben. Auch wenn viele Initiativen ihre Grenzen an den Bedingungen des konkurrenzwirtschaftlichen Systems fanden, unterstreichen die Konzepte der «größeren» und «reicheren» Arbeitsaufgaben die Notwendigkeit, die Humanisierung der Arbeit nicht auf den Abbau von körperlichen Belastungen und gesundheitlichen Gefahren zu beschränken, sondern dem wachsenden Bedürfnis der Arbeitnehmer zu entsprechen, nicht erst in der Freizeit, sondern auch am Arbeitsplatz die Entfaltungschancen der Menschen zu verbessern.

– Neben dem Ausbau des Systems der gewerkschaftlichen Vertrauensleute, das die Mitwirkung und Mitbestimmung der Arbeitnehmer am Arbeitsplatz verbessert, hat sich als wichtiger Ansatzpunkt, die Arbeitsinhalte anzureichern und Raum für mehr Eigenverantwortlichkeit und Entscheidungsfreiheit zu schaffen, die Einführung von «teilautonomen Gruppen» erwiesen. Voraussetzung ist und bleibt allerdings, daß die allgemeinen Informations-, Beratungs- und Mitbestimmungsrechte der Arbeitnehmer und ihrer Vertretungen durch Gruppenarbeit nicht unterlaufen, sondern wirksam ergänzt werden.

Extreme Formen der Fließbandarbeit und andere Auswüchse der Arbeitszerlegung nach dem Prinzip des Taylorismus stoßen auch unter dem Gesichtspunkt der Produktivitätssteigerung an ihre Grenzen. Darum reagiert das Management heute flexibler auf Widerstände und Forderungen der Arbeitnehmer, die sich gegen die alten Strukturen auflehnen. In den USA waren es Manager, die – um Revolten gegen die Arbeitsmonotonie entgegenzuwirken – die Arbeit in größeren, selbständigeren und abwechslungsreicheren Formen zu organisieren begannen. In Skandinavien waren es Gewerkschafter, Wissenschaftler und Politiker, die das Konzept der teilautonomen Arbeitsgruppen entwickelten und an konkreten Beispielen eindrucksvoll als praktikabel demonstrierten.

– In einigen Ländern entwickelt sich eine vor allem von den Besserverdienenden getragene Bewegung für flexiblere Arbeitszeit: Auf einer gewissen Höhe der materiellen Einkommenssicherung setzt der viel diskutierte «Wertwandel» ein, der die Arbeitenden veranlaßt, an Stelle von mehr Geld mehr Freizeit für eigene kreative Tätigkeiten zu fordern. Hierzu gehört der Wunsch nach individuellen Arbeitsverträgen mit geringerer und teilweise selbst festgelegter Arbeitszeit ebenso wie nach Zwischenphasen der Aus- und Weiterbildung. Verstärkte Autonomie über das persönliche Zeitbudget brachten z. B. auch die in großem Ausmaß eingeführten Gleitzeitsysteme, die an die Stelle von vor zehn oder fünfzehn Jahren als unverzichtbar angesehenen militärähnlichen Disziplinierungsformen getreten sind.

– In zunehmendem Maße fordern Gewerkschaften (oder einzelne Gruppen in den Gewerkschaften) die Abkehr von einer Tarifpolitik der prozentualen Einkommenssteigerungen, durch die bekanntlich die Kluft zwischen den gut und schlecht Verdienenden immer größer wird. Statt dessen soll eine Tarifpolitik der Sockel- und Fixbeträge betrieben werden, durch die sich allmählich eine (durch keinerlei Leistungsprinzip mehr zu rechtfertigende) Scherenbildung in der Einkommenshierarchie abbaut. Insbesondere in der vor uns liegenden Wirtschaftsentwicklung mit voraussichtlich sehr geringen Wachstumsraten gewinnt eine Einkommenspolitik der festen Sockelbeträge zentrale gesellschaftspolitische Bedeutung, da die Situation des unteren, an der Armutsgrenze existierenden Drittels der Einkommensbezieher nicht länger durch die Hoffnung auf ständige allgemeine Steigerung der Realeinkommen erträglich gemacht werden kann.

– In den Gewerkschaften gibt es seit längerem Ansätze einer Hinwendung zu qualitativen Forderungen in der Tarifauseinandersetzung: Mindestinhalte der einzelnen Arbeiten, Arbeitspausen, Einkommensgarantie für ältere Arbeitnehmer. Darüber hinaus verstärkt sich auch die Kritik an Lohngruppen- sowie Akkordsystemen, die eine unmenschliche Leistungskonkurrenz und Entsolidarisierung unter den Arbeitenden fördern. Als Alternative wird ein – so wenig wie möglich differenzierter – garantierter Monatslohn für alle vorgeschlagen und hier und da auch schon praktiziert.

– Überall in Westeuropa beobachten wir eine Wiederaufnahme frühsozialistischer Versuche von Arbeitenden (und Arbeitslosen!), an die Stelle fremdbestimmter, kapitalabhängiger Arbeit selbstorganisierte, genossenschaftliche Unternehmensformen zu setzen: in der Landwirtschaft, in Dienstleistungsbereichen (das vorbildlichste Beispiel ist hier das schon seit fast zehn Jahren bestehende Gemeinschaftskrankenhaus Herdecke) – aber auch in nicht allzu kapitalintensiven Produktionsbereichen wie Druckereien, Verlagen etc.

– Wachsende Minderheiten entwickeln für sich und ihre Familien, Wohngemeinschaften etc. eine Integration von Arbeits- und Lebenskultur: ein alternatives Konzept des Verhältnisses von Arbeit und Freizeit. Während sie auf der einen Seite den Abbau von Stress, Monotonie und Fremdbestimmung an ihrem Arbeitsplatz fordern, bemühen sie sich gleichzeitig, durch Eigenarbeit in der freien Zeit ihren materiellen Lebensstandard zu verbessern und gleichzeitig den Bereich selbstbestimmter Arbeit in ihrem Leben zu vergrößern. Nicht nur durch «materielle», sondern auch durch soziale Tätigkeiten und Bildung erhöhen viele die Qualität ihres Lebens. Solche Eigenarbeit hat nichts zu tun mit «Schwarzarbeit», die gegen Lohn verrichtet wird und nicht zuletzt der Steuerhinterziehung dient.

In der Arbeiterbewegung beginnt man, sich wieder mit solchen konstruktiven Ansätzen zu beschäftigen. Es geht darum, solche Versuche kritisch zu überprüfen und sich das davon zu eigen zu machen und zu fördern, was bessere Chancen des Lebens und Arbeitens, der gesellschaftlichen Partizipation, der schöpferischen Mit- und Selbstbestimmung ermöglichen kann. Dem Anspruch, den demokratischen Sozialismus als «dauernde Aufgabe» aufzufassen, werden wir nur gerecht, wenn wir in veränderter Zeit und angesichts sich ändernder Bedürfnisse auch unsere Konzepte überprüfen. Wir müssen heute die Ansätze einer an den Grundwerten eines humanen Lebens orientierten Arbeitsorganisation und Ökonomie ernst nehmen und uns an deren Entwicklung maßgebend beteiligen. Dabei können uns auch Lösungen, die nicht generalisierbar sind, wichtige Hinweise geben.

2. Kritik an lebensfeindlichen Auswüchsen des industriellen Systems

Unsere Wirtschaftsordnung steht unter dem Primat profitabler Massenproduktion. Die Unternehmensleitungen verfolgen in der Regel das Ziel, den gewinnbringenden Ausstoß an Gütern und Dienstleistungen zu maximieren und die Kosten zu minimieren. In der herrschenden ökonomischen Theorie und in den landläufigen Auffassungen von vernünftigem Wirtschaften hat sich diese Praxis in der Vorstellung niedergeschlagen, daß es in der Ökonomie vor allem darauf ankomme, die Masse der erzeugten Güter und Dienstleistungen zu vermehren, und daß Fortschritt vornehmlich in der Erzeugung von immer mehr und immer neuen Konsummöglichkeiten wie auch von immer neuen Konsumwünschen bestehe. Sparsamkeit bei der Erzeugung der Güter geht Hand in Hand mit Verschwendung bei ihrem Gebrauch.

Heute wird immer deutlicher, daß als Folge solcher Verschleiß- und Verschwendungsproduktion Nachteile entstehen, welche die Vorzüge des Industriesystems in vielerlei Hinsicht relativieren: Die Steigerung der Produktion wird zunehmend mit unverantwortbarem Raubbau an Energie, Ressourcen und Arbeitskraft erkauft. Damit wird die traditionelle Kapitalismuskritik der Arbeiterbewegung nicht beiseitegeschoben, sie wird um eine bislang vernachlässigte Dimension erweitert. Zur Anklage wegen der inhumanen Krisen-, Ausbeutungs- und Entfremdungstendenzen kommt die Anklage wegen der existenzbedrohenden Plünderung unseres Planeten hinzu. Diese Kritik trifft freilich nicht nur die kapitalistischen, sondern ebenso die staatswirtschaftlichen Industriesysteme, die, da die Betroffenen sich kaum wehren können, noch hemmungsloser als die privatwirtschaftlichen Systeme Ressourcen und Umwelt zerstören.

Die Arbeiterbewegung bleibt ihrem Ursprung treu, wenn sie die ökologische Kritik an gravierenden, dem westlichen und dem östlichen Wirtschaftssystem gemeinsamen Fehlentwicklungen ernst nimmt. Diese Kritik gibt uns Hinweise darauf, wie der Weg zu einer humaneren und ökologisch vernünftigen Wirtschaftsordnung und Technik gefunden werden kann. Bei allen realen und ideologischen Differenzen haben die beiden Wirtschaftsordnungen, die sich als welthistorische Alternativen präsentieren, eine ganze Reihe fragwürdiger Gemeinsamkeiten: oft unqualifizierte Massenproduktion, übertriebene, u. a. geographische Trennung von Produktion und Konsum, auch wo sie ökonomisch sinnlos wird, exzessive Arbeitszerlegung, fortschreitende Zentralisierung und Hierarchisierung, Dominanz quantitativer Kriterien, überhöhter Energieverbrauch und steigende Umweltbelastung, wachsende Abhängigkeit der Menschen von Fremdleistungen und anonymen Leistungssystemen und damit zusammenhängend: fortschreitender Verlust der Selbsthilfekompetenz, zunehmende Störanfälligkeit der komplizierten technisch-ökonomischen Apparate.

Alle diese Defizite hängen zusammen mit dem immer stärker gewordenen Trend der gegenwärtigen Industriesysteme, mit Hilfe hoher Zentralisation und tayloristischer Zerlegung der Arbeit, aber auch mit Hilfe einer auf raschen Verschleiß orientierten Produktionsgestaltung billige, gewinnbringende Massenproduktionen zu entwickeln. Im blinden Eifer, den Kapitalismus – nicht zuletzt im Welthandel! – einzuholen und zu überholen, haben die staatswirtschaftlichen Industriesysteme die privatwirtschaftliche Produktions- und Arbeitsweise nachgeahmt – bar jeder eigenständigen sozialistischen Werthaltung gegenüber dem Sinn von Arbeit, Produktivität und Konsum. Infolge dieser u. a. im destruktiven Konkurrenzkampf der Unternehmen und Nationen begründeten Entleerung und Entfremdung des Arbeitslebens wird Lebensfreude – oder Entschädigung für die sinnentleerte «Maloche» – nur noch im meist rein konsumptiven Freizeitgenuß gesucht. Eine Zweiteilung des Lebens ist die Folge: ein weithin ungeliebtes, als Fron empfundenes Arbeitsleben («eine Zeit, die wir eigentlich aus unserem Leben streichen müssen», wie ein Arbeiter sagte) – und eine Freizeit, wo man, freilich meist passiv, konsumierend, sein Leben zu genießen versucht. Auch wenn diese Zerteilung des Lebens für die meisten Arbeitenden nicht aufhebbar ist, so gilt es doch, sie nach Möglichkeit zu mildern.

Immer mehr Menschen wehren sich gegen diese Zweiteilung ihrer Existenz ebenso wie gegen die Zerstörung einer menschenwürdigen Umwelt durch einen weitgehend dem Selbstlauf überlassenen Industrialismus. Diese neuen Grundimpulse gilt es, nicht ohne kritische Nüchternheit, aber verständnisvoll aufzunehmen und zu verarbeiten.

Die Auseinandersetzung um eine den Bedürfnissen der Menschen und den Erfordernissen der ökologischen Vernunft angemessene Form des Arbeitens und Wirtschaftens ist immer auch eine Auseinandersetzung um die Werte, um das Menschenbild, an denen eine Gesellschaft sich orientiert. Der vom homo oeconomicus wegführende Wertwandel entspringt zum Teil einem legitimen Widerwillen gegen eine als sinnlos erlebte Rolle, sei es in der extremen Arbeitszerlegung, sei es in der Produktion von Wegwerferzeugnissen.

3. Für eine neue Wirtschafts- und Arbeitsordnung

Wir haben bereits geschildert, daß dieser Wertwandel auch gefährliche egozentrisch-narzißtische Tendenzen einschließt. Die darin zum Ausdruck kommende Neigung, sich sozialen Verpflichtungen und schließlich der Gesellschaft überhaupt zu verweigern, kann aber nur aufgefangen werden, wenn die für den wirklichen gesellschaftlichen Fortschritt unmittelbar verantwortlichen Kräfte die positiven Wandlungstendenzen der Lebensorientierung aufgreifen.

In wachsendem Maß lehnen sich Menschen auf gegen den ständigen Druck zu Anpassung an immer perfektere technische Systeme, gegen die Undurchschaubarkeit unserer Institutionen, gegen die Naturferne des modernen Lebens, gegen die Unwirtlichkeit vieler unserer Städte, gegen die Kälte im sozialen Leben und die seelischen Störungen durch gesellschaftliche Zwänge. Immer mehr Menschen suchen nach Möglichkeiten sinnvoller Betätigung und befriedigender Sozialbeziehungen im überschaubaren Rahmen kleiner Produktions- und Lebenseinheiten. Vielen jungen Menschen erscheinen heute handwerkliche Produktionsformen und bäuerliche Subsistenzwirtschaft – trotz der damit verbundenen erheblichen Mühen – eher als erfüllende Tätigkeiten denn die übliche Fabrik- und Büroarbeit. Darin steckt ein Gutteil romantischer Flucht aus der Wirklichkeit. Manchmal werden dabei auch materielle Sicherungen (Sozialhilfe, Wohngeld, Bafög, Unterstützung durch die Eltern) sehr unbekümmert in Anspruch genommen.

Eine Wirtschafts- und Arbeitsordnung, die den Menschen ein möglichst hohes Maß an individueller Entfaltung und sinnvoller Tätigkeit bietet, muß

– Formen der Existenzsicherung schaffen, die der Würde des Menschen entsprechen, statt ihn permanenter Existenzbedrohung (bis hin zur Arbeitslosigkeit) auszusetzen,

– die Endlichkeit der natürlichen Lebensgrundlagen beachten, statt diese in einem blinden Produktions- und Produktivitätsstreben zu zerstören.

Zur Verwirklichung dieser Grundforderungen ist es notwendig, die wirtschaftliche Fortentwicklung zu sichern, gemeinschaftszerstörende Konkurrenz zugunsten kooperativer und solidarischer Formen des Zusammenwirkens abzubauen, die ungerechtfertigten Macht-, Besitz- und Einkommensvorsprünge zu beseitigen und die Folgen der Wirtschaftstätigkeit für die soziale Umwelt des Menschen zu berücksichtigen. Die Endlichkeit der natürlichen Lebensgrundlagen macht es notwendig, den «Stoffwechsel des Menschen mit der Natur» und damit auch die gesamte Wirtschaftstätigkeit den natürlichen Bedingungen menschlichen Lebens auf der Erde anzupassen.

Die Forderung des Godesberger Programms der SPD nach einer «neuen Wirtschafts- und Sozialordnung» muß unter Berücksichtigung sich verschärfender ökologischer Probleme und einer ernsten wirtschaftlichen Krisenperiode teilweise neu bestimmt werden. Vor allem aber muß unter den veränderten Bedingungen nach Wegen gesucht werden, auf denen auch angesichts der verfestigten Machtstrukturen unserer Gesellschaft eine Durchsetzung dieser Forderungen erreicht werden kann.

Eine Neuakzentuierung der technisch-ökonomischen Ziele im Hinblick auf die Herstellung einer menschengerechten sozialen und natürlichen Umwelt ist ohne organisatorische Veränderungen der Unternehmens- und Wirtschaftsverfassung nicht durchsetzbar. Sowohl auf der einzel- wie auf der volkswirtschaftlichen Ebene gilt es, vom Leitbild bloßer Produktionsmaximierung und eines daraufhin verkürzten Rentabilitätsdenkens abzukommen, um einem komplexen Zielbündel Geltung zu verschaffen.

a) Angesichts zunehmender ökologischer Krisen und der Gefahr langfristiger Arbeitslosigkeit kommt es darauf an, eine Wirtschaftsordnung zu fördern, die den beiden Zielen

– der Vollbeschäftigung und
– des ökologischen Gleichgewichts

gerecht wird. Das schließt das Festhalten an einem undifferenzierten Wachstumspostulat ebenso aus wie eine Festlegung auf Nullwachstum.

Wir müssen langfristig eine Wirtschaft anstreben, in der nicht mehr an Energie und Ressourcen verausgabt wird, als durch Regeneration und ökologisch verantwortbare Innovation wiederhergestellt werden kann.

Zur Wiederherstellung von Vollbeschäftigung ist es zugleich notwendig, sowohl in ökologisch verantwortbarer oder gar nützlicher Form die Nettoinvestitionen nach Möglichkeit auszubauen als auch die Arbeitszeit systematisch zu reduzieren. Um diese Ziele zu erreichen, sind folgende allgemeine Maßnahmen notwendig:

– regionale und gesamtgesellschaftliche Planung mit dem Ziel, Orientierungsdaten für Forschung und Entwicklung, Investitionsschwerpunkte, Raumplanung, Städtebau, Arbeitsmarktpolitik und Bildungspolitik vorzulegen. Dazu gehört vor allem auch die
– Erarbeitung zuverlässiger Daten über die ökologischen und sozialen Auswirkungen der Wirtschaftstätigkeiten und über die Gefahren technischer Systeme;
– Steuer- und Finanzpolitik im Dienste der in der Planung entwickelten Ziele; Ausbau entsprechender Rechtsvorschriften, DIN-Normen usw., verbunden mit wirksamen Kontrollen und Sanktionsmöglichkeiten;
– Veränderung der Unternehmenspolitik durch die Verpflichtung der Unternehmen auf die so genannten Ziele.
– Wesentliche Erweiterung der seit 1973 in Gang gesetzten Forschungs- und Entwicklungsprogramme zur Humanisierung der Arbeit bei gleichzeitiger wesentlicher Kompetenzerweiterung der Betriebsräte und der unmittelbar betroffenen Arbeitnehmer (z. B. durch entsprechende Novellierung der §§ 90/91 BetrVG im Sinne echter Mitbestimmungs- und neuer Initiativrechte).

Es sind also Formen der Planung und Investitionslenkung zu entwickeln, die auf Energieersparnis, ökologisch sinnvolle Produktgestaltung, Dezentralisierung von Industrieansiedlungen – vor allem aber auf systematische Arbeitszeitanpassung – hinzielen.

Zweifellos bleibt für die große Mehrheit der Menschen auch weiterhin die Sicherung eines Arbeitsplatzes mit Abstand die wichtigste Aufgabe staatlicher und gewerkschaftlicher Politik. Es beginnt sich aber seit einigen Jahren die Einsicht durchzusetzen, daß eine die ökologischen und sozialen Folgen außer acht lassende Wachstumsförderung, wie sie lange betrieben wurde, Vollbeschäftigung nicht wird herstellen können. In dem Maße, in dem es gelingt, die Arbeitslosigkeit durch systematische Verkürzung der Arbeitszeit zu verringern, läßt der Zwang zum Wachstum um jeden Preis nach.

Da es bei faktisch weltweit sinkenden Wachstumsraten ohnehin immer unwahrscheinlicher wird, daß sich das Problem der Vollbeschäftigung lösen läßt durch Investitionsförderung um jeden Preis (nicht zuletzt um den Preis gefährlich werdender Staatsverschuldung), sollte die Sozialdemokratie die Gewerkschaften bei ihrem Tarifkampf um die Verkürzung der Arbeitszeit mit Entschiedenheit unterstützen. Wo Arbeitszeitverkürzung ökonomisch nötig wird, nimmt die Bedeutung der Eigenarbeit zu. Eigenarbeit kann die Abhängigkeit von Fremdleistungen vermindern, Reparatur und Wiederverwendung an die Stelle des Wegwerfens setzen. Arbeit für den eigenen Verbrauch und Gebrauch kann Selbstbewußtsein stärken, Arbeit als Nachbarschaftshilfe kann soziale Beziehungen verbessern. Eigenarbeit wirkt auch der Entfremdung der Arbeit entgegen.

Die offenbare Unzulänglichkeit des gesamtwirtschaftlichen Maßstabes «Bruttosozialprodukt» ließ Wissenschaftler in aller Welt an Katalogen sogenannter Sozialindikatoren arbeiten. Die Nichtberücksichtigung der «externen Effekte» in der betriebswirtschaftlichen Bilanz inspirierte Versuche mit sogenannten «Sozialbilanzen». Auch der Orientierungsrahmen '85 der SPD weist in diese Richtung, wenn er einen gewandelten «Rentabilitätsbegriff» für notwendig erklärt.

b) Strategien der Dezentralisierung

Unter den beiden Gesichtspunkten, dem der Erhaltung der ökologischen Basis des menschlichen Lebens und dem der Erweiterung der Möglichkeiten, die Industriearbeit sinnvoll zu gestalten, ist eine teilweise Dezentralisierung unserer technisch-ökonomischen Einheiten erforderlich. Dies betrifft den Abbau der regionalen Konzentration von Produktions- und sonstigen Arbeitsstätten derselben Branche, wo die Standortbedingungen eine weitere Streuung zulassen, in bestimmten Fällen auch die Entflechtung industrieller Giganten und die bewußte Förderung kleiner und mittlerer Unternehmen. Maßnahmen dieser Art können den Bedarf an Transporten und die Belastung der Umwelt erheblich verringern, die Anwendung umweltfreundlicher und menschengerechter Technik erleichtern, die Produktion enger mit den Bedürfnissen der Verbraucher verkoppeln, die Verwundbarkeit der Gesellschaft und damit den Aufwand für Sicherheitsmaßnahmen verringern und die Überschaubarkeit der Wirtschaftsprozesse verbessern. Auf diesem Wege werden die Möglichkeiten konkreter Mitbestimmung und Selbstorganisation der Arbeitenden und anderer gesellschaftlicher Gruppen erweitert.

Wo dies ohne ökonomische Nachteile möglich ist, sollte in Zukunft mit lokal oder regional verfügbaren Ressourcen für lokale oder regionale Abnehmer produziert werden. Auf diese Weise könnten auch Formen der Güterherstellung und Dienstleistung wieder vermehrt zur Geltung kommen, die den Abbau exzessiver Formen der Arbeitszerteilung eher ermöglichen als die großindustrielle. Maßnahmen der Dezentralisierung machen zugleich auch eine Korrektur des technologischen Entwicklungstrends notwendig. Statt immer größere und komplexere Apparaturen zu entwickeln, muß Erfindergeist vor allem auf die Entwicklung und Verbesserung relativ einfacher, energiesparender, leicht und vielseitig von kleinen Gruppen handhabbarer Technik konzentriert werden. Zwar wäre es falsch, dem unreflektierten Streben nach immer größeren Einheiten einen Dogmatismus der Kleinheiten entgegenzustellen. Aber ohne eine Reduzierung der Größen können die sozialen und ökologischen Probleme, denen wir uns ausgesetzt sehen, nicht gelöst werden.

c) Demokratisierung der Unternehmensverfassung

Die Reform der Unternehmensverfassung halten wir in diesem Zusammenhang für besonders bedeutsam, da sie den Zwang zur Integration der verschiedenen in den Wirtschaftszielen genannten Gesichtspunkte in die einzelwirtschaftlichen Einheiten verlegt und somit einer weiteren Bürokratisierung entgegenwirkt, die Probleme der Informationsbeschaffung und -verarbeitung reduziert und die je besonderen Lösungen auf Grund lokaler, regionaler oder branchenspezifischer Eigenheiten eher gestattet.

Die im sozialdemokratischen (Godesberger) und im DGB-Grundsatzprogramm geforderte Demokratisierung der Unternehmensverfassung, insbesondere durch gleichberechtigte Mitbestimmung der Beschäftigten und wirksame Kontrolle unternehmerischer Macht, bleibt auch unter ökologischen Gesichtspunkten eine unabdingbare Forderung. Der Orientierungsrahmen '85 weist darauf hin, daß durch «Veränderungen in den einzelnen Wirtschaftseinheiten» (Mitbestimmung, Vergesellschaftung) ein gewandelter Erfolgsmaßstab «ohne ein Übermaß an Geboten und Verboten» wirksam werden könne (OR '85, 2.6.4.).

Ernsthafter Prüfung bedürfen dabei zusätzliche Vorschläge für die Einbeziehung von Vertretern der Gebietskörperschaften in den Mitbestimmungsprozeß. Sorgfältiges Studium verdienen ferner die Versuche, Unternehmensformen, die sich in kleinen Einheiten auf der Basis von Gleichheit selbst verwalten, theoretisch und praktisch anzuerkennen.

Wenn auch diese Versuche keineswegs in jeder Hinsicht überzeugend sind und sicher keine Alternative zum industriegesellschaftlichen System insgesamt darstellen, so zeigen sie doch, daß insbesondere in der Jugend das Bedürfnis nach unentfremdeter Arbeit an Bedeutung gewinnt und die Bereitschaft, auch aus ökologischen Einsichten praktische Schlußfolgerungen für das eigene Leben zu ziehen, wächst. Wo sie eine gesunde Grundlage haben, sollte die Sozialdemokratie alles tun, um die Lebensfähigkeit solcher selbstorganisierten und selbstverwalteten genossenschaftlichen Unternehmensformen – auch durch eine wesentliche Verbesserung des Genossenschaftsrechts – zu stärken.

d) Förderung von Strategien zur Humanisierung der Arbeit

Zu den wichtigsten neuen Grundimpulsen im ökonomischen Bereich gehören zahllose, vor einem Jahrzehnt meist noch für unrealisierbar gehaltene, inzwischen erfolgreich erprobte Versuche, Arbeit weniger repressiv zu gestalten und demgemäß Arbeitsplätze, -abläufe, -kontrollen und nicht zuletzt Arbeitszeiten stärker den menschlichen Bedürfnissen nach Einkommensgerechtigkeit, Abwechslung (bei wechselnder Leistungsfähigkeit), gesunder Körperhaltung, eigener Zeiteinteilung, Selbstbestimmung, Kreativität und Muße anzupassen.

Es darf aber nicht verkannt werden, daß alle diese Ansätze (einschließlich einer «qualitativ» orientierten neueren Tarifpolitik) immer noch Ausnahmen bilden von einer in der Regel nach wie vor – selbst unter kapitalistischen Bedingungen – unnötig inhumanen Arbeitsorganisation. Sozialdemokratische Programmatik und Politik muß alles daransetzen, hier eine weitaus allgemeinere Bewußtseins- und Verhaltensänderung in Gang zu bringen.

Dazu ist nötig:

– Konzentrierte Bemühungen der Arbeiterbewegung, weitere Gesetze und Tarifverträge zur Humanisierung der Arbeit durchzusetzen, vorhandene Modelle mit allen gewerkschaftlichen, politischen und publizistischen Mitteln zu unterstützen und nicht zuletzt: selbst in ihren eigenen Verwaltungen und (ihr nahestehenden) Betrieben Modelle humanerer Arbeits(zeit)gestaltung zu verwirklichen. Ein Ausbau des Forschungs- und Entwicklungsprogramms «Humanisierung der Arbeit» sollte wesentlich der nachhaltigen Förderung solcher mit- und selbstbestimmter Modelle der Arbeitshumanisierung dienen.

– Eine «Deklaration der Rechte der Arbeitenden», in der modellhaft längst erprobte Möglichkeiten, Arbeitsorganisation menschlicher zu gestalten, zu einer integralen demokratischen Verfassung der Arbeit zusammengefaßt werden. Einer solchen Deklaration käme ein ähnlicher Rang zu, wie er seit dem 18. Jahrhundert der Deklaration der Menschenrechte zukommt. Hauptprinzipien einer solchen Freiheitsdeklaration wären

– Existenzsicherung: Befreiung der arbeitenden Menschen von der Angst um den Arbeitsplatz;

– Gerechtigkeit: Abbau von Einkommensunterschieden;

– freie Entfaltung der Persönlichkeit: möglichst weitgehende Reduzierung der Fremdbestimmung im Arbeitsprozeß, freiere Arbeitszeitwahl, möglichst selbstverantwortliche Arbeits(gruppen)gestaltung und möglichst umfassende Arbeitsaufgaben, Mitbestimmung am Arbeitsplatz, im Betrieb, im Unternehmen und in überbetrieblichen Organen der Wirtschaft;

– körperliche Unversehrtheit: Beseitigung gesundheitsschädlicher Arbeitsbedingungen, die durch das Interesse an maximaler Profiterzeugung geschaffen wurden;

– Solidarität: Die Arbeit soll im Einklang mit den Lebensinteressen und den Bedürfnissen der Gesamtgesellschaft stehen. Sie darf nicht der Befriedigung oder Anregung einer sinnlosen und verschwenderischen Konsumsucht dienen.

Wandel der Einstellungen im Verhältnis zu Staat, Demokratie und Institutionen

Wir haben dargestellt, wie in Teilen der jungen Generation und in der alternativen Bewegung seit einigen Jahren der Wille gewachsen ist, zur Regelung der eigenen Angelegenheiten selbst oder in selbstgewählten Gemeinschaften mit anderen tätig zu werden. Bürokratisch reglementierende Fürsorge des Sozialstaates wird von vielen als ein Hemmnis bei der Entfaltung eigener Initiative erfahren. Die Institutionen der repräsentativen Demokratie mit ihren oft indirekten Entscheidungswegen und geordneten Verwaltungsverfahren werden von vielen nicht als Einladung, sondern als Hindernis politischer Eigeninitiative erfahren. So entstanden:

– neue Formen selbstorganisierter Sozialhilfe,
– neue Zusammenschlüsse zu Arbeits- und Wohngemeinschaften, in denen gemeinsame Probleme in eigener Initiative der Beteiligten gemeinsam gelöst werden,
– zahllose Bürgerinitiativen, in denen betroffene Bürger die Regelung der Probleme ihrer Wohnumwelt selbst in die Hand nahmen und oft ohne oder gegen Verwaltungen und Repräsentativorgane Erfolge erzielten.

Solche Betätigungen von Bürgern in selbstverantworteter Praxis sind zur Ausfüllung einer sozialen Demokratie unerläßlich. In diesem Sinne verdienen sie Schutz und Förderung durch die Institutionen der repräsentativen Demokratie und Unterstützung durch die jeweils betroffenen Verwaltungen. Die wachsende Bereitschaft zu eigener Verantwortung sollte begrüßt werden, weil sie einer vielfach vorhandenen Mentalität entgegenwirkt, die vom Staat alle Versorgung erwartet. Diese Bereitschaft zur Selbsttätigkeit und zum Verzicht auf den vorschnellen Ruf nach der Hilfe des Staates ist sehr unterschiedlich motiviert und oft in sich widersprüchlich.

Insgesamt ist die Einstellung der hier betrachteten Teile der jüngeren Generation zu den Institutionen der repräsentativen Demokratie so vielfältig wie die Äußerungsformen der alternativen Bewegungen. Es gibt Gruppen, die durchaus auch alternative Inhalte der Politik mit Hilfe der bestehenden demokratischen Institutionen durchsetzen wollen, sei es innerhalb der bestehenden Parteien oder durch neue. Ihnen erscheinen weniger diese Institutionen fraglich als vielmehr der politische Gebrauch, der heute von ihnen gemacht wird, und die Zielsetzungen und Inhalte, die dabei verwirklicht werden.

Eine zweite Gruppe sieht die Durchsetzung alternativer Inhalte notwendig mit einer Abkehr von den Institutionen der repräsentativen Demokratie verbunden und sucht neue Organisationsformen. Ihnen schwebt eine Form von Basisdemokratie vor, bei der zwar der politische Gesamtzusammenhang der Gesellschaft erhalten bleiben soll, aber die zentralen Entscheidungsorgane und die heute herrschenden Formen der repräsentativen Demokratie zugunsten starker Dezentralisierung und direkter Beteiligung überwunden sein sollen. Das führt zu den widerspruchsvollen Versuchen, alternative Parteien derart zu gründen, daß sie zugleich Bestandteil des bestehenden politischen Systems sind und doch auch wieder in ihrem Selbstverständnis alternativ zu ihm sein sollen. Dies zeigt sich auch in der Forderung nach dem imperativen Mandat.

Die dritte Gruppe glaubt, durch eine gänzliche Ablehnung der Großorganisation und der demokratischen Institutionen die Unmittelbarkeit eines selbstbestimmten Lebens zurückzugewinnen. Sie sieht in jeder Form von zentraler Organisation, von Repräsentativität und von festen institutionellen Verpflichtungen eine Bedrohung für die Verwirklichung ihres Lebenszieles und ihrer eigenen Freiheit.

Die im folgenden vorgetragenen Besorgnisse und Argumente beziehen sich in erster Linie auf die Haltung dieser dritten Gruppe und teilweise auf bestimmte Denkmuster innerhalb der zweiten.

Verbreitet ist die Meinung, am besten erreiche man die nötigen Freiräume für das gewünschte alternative Leben und Arbeiten, wenn die parlamentarischen, bürokratischen und ökonomischen Strukturen soweit wie möglich ignoriert oder dadurch unterlaufen werden, daß man die eigenen Arbeits- und Lebensformen möglichst unverbunden mit ihnen aufbaut. Die Hoffnung, die eigenen Ziele auf dem Wege einer Mitarbeit in den bestehenden Institutionen verwirklichen zu können, die noch die außerparlamentarische Opposition der sechziger Jahre kennzeichnete, hat in der alternativen Bewegung an Anhängern deutlich verloren. Die bestehenden Institutionen selbst werden für die Ursache des Übels gehalten, dessen Überwindung dringlich erscheint.

Eine Reaktion auf diese Einschätzung war auch die Gründung alternativer Parteien. Diese allerdings leiden unter der Schwäche, die sich aus der Ambivalenz innerhalb der alternativen Bewegungen selbst ergibt. Sie droht, das alternative parteipolitische Engagement zu zerstören. Aus Rücksicht gegenüber den antiparlamentarischen, basisdemokratischen Strömungen innerhalb ihrer Mitgliedschaft artikulieren diese Parteien häufig eine so distanzierte, nichts festlegende Haltung zur parlamentarischen Arbeit, daß sie darin bündnisunfähig und damit politikunfähig werden – was sehr bald dazu führen kann, daß ihre Wähler sich enttäuscht wieder von ihnen abwenden.

Im Gegensatz zur außerparlamentarischen Opposition der sechziger Jahre mit ihrer Kritik an den Institutionen der parlamentarischen Demokratie verfolgt der überwiegende Teil der alternativen Bewegung heute indessen nicht mehr das Ziel, diese Institutionen so zu verändern, daß ein eigenes Engagement in ihnen wieder lohnen könnte. An die Stelle der Perspektive des Marsches durch die Institutionen tritt mehr eine resignierte, mitunter haßerfüllte Abkehr von ihnen. Man will damit nichts zu tun haben. Ein ausgeprägter Anti-Institutionalismus beherrscht das Denken und Handeln eines größeren Teils der alternativen Bewegungen. Ihnen scheint, daß alleine schon die Mitarbeit in den Großorganisationen (z. B. Parteien und Gewerkschaften) und mehr noch in den staatlichen Institutionen (Parlamenten, Verwaltungen u. ä.) einer moralischen Korrumpierung gleichkomme, welche die von ihnen verfolgten Ziele diskreditieren müßte.

Gleichwohl bleibt festzuhalten, daß – meist junge – Menschen in alternativen und grünen Parteien in einer Reihe von kommunalen und regionalen Parlamenten konstruktive, vorwiegend natürlich auf ökologische Zielsetzungen konzentrierte Beiträge zu liefern versuchen. Damit haben sich lokale und regionale Ansätze einer Reformpartei etabliert, die nach Meinung vieler Bürger Fragen zur Sprache bringen, die im bestehenden Parteiensystem der Bundesrepublik nicht ausreichend beachtet werden.

Wie Wahlergebnisse in Baden-Württemberg, Schleswig-Holstein, Hessen und Berlin zeigen, stellen die parteipolitischen Anfangserfolge insbesondere für die SPD eine Herausforderung dar, der nur durch ernste, sachliche Auseinandersetzung, durch die Besinnung auf eigene Versäumnisse und die Bereitschaft zu bürgernaher Orientierung und Berücksichtigung ökologischer Fragen zu begegnen ist.

Allerdings versteht sich die «Graswurzeldemokratie», die bei den Protestveranstaltungen und bei der Regelung der eigenen Angelegenheiten von diesen Gruppen oft eindrucksvoll praktiziert wird, häufig nicht als Ergänzung oder Korrektiv zu den Institutionen der repräsentativen Demokratie, die den Zusammenhang der Gesellschaft insgesamt vermitteln. Sie versteht sich oft eher als Kampfansage gegen sie.

Dieser Anti-Institutionalismus verzichtet auf theoretische Fundierung ebenso wie auf den Entwurf praktikabler und begründeter Gegenmodelle. Er ist im wesentlichen emotional bedingt und daher im Dialog schwer zu erreichen.

Der gerade im politischen Bereich vorherrschenden Tendenz einer Flucht in die Überschaubarkeit entspricht die Unfähigkeit, jene institutionellen und organisatorischen Vermittlungen zu erkennen und zu akzeptieren, ohne die auch das eigene, begrenzte alternative Experiment seiner Basis beraubt würde. Was an organisatorischen, verwaltungsmäßigen und institutionellen Voraussetzungen in jeder Großgesellschaft unabdingbar ist, um Leben überhaupt zu ermöglichen, wird von vielen Angehörigen der alternativen Bewegungen nicht mehr wahrgenommen.

Dabei ignorieren sie, daß sie selber vielfach Nutznießer der Freiräume und sozialen Sicherungen sind, die innerhalb der von ihnen abgelehnten Ordnung bestehen. So setzen sie ihre Kleinorganisation absolut, als könnte sie autark existieren. Die Versteifung auf die Unmittelbarkeit des überschaubaren Lebensbereiches führt nicht nur zu ernsthaften Widersprüchen im Zukunftsentwurf großer Teile der alternativen Bewegungen, sie kann auch politisch destruktive Folgen haben. Eine Reihe von Fragen, die von ihnen mit besonderem Nachdruck aufgegriffen werden, wie Umweltschutz, vernünftige Produktionskontrolle, kollektive Verkehrsformen lassen sich letztlich nur gesamtgesellschaftlich anpacken.

Ein Grundwiderspruch im Staatsverständnis großer Teile der alternativen Bewegungen besteht darin, daß sie einerseits dazu neigen, jegliches wirtschaftliche, soziale, selbst menschliche Problem, das sie erfahren, als «Staatsversagen» anzuprangern, während sie gleichzeitig ein umfassendes staatliches Engagement zugunsten der Eigeninitiative kleiner Gruppen vehement zurückweisen. Auf diese Weise wird der Staat in eine Rolle gedrängt, in der alles, was er tut oder unterläßt, automatisch eine fundamentale Staatskritik bestätigt. Hält sich der Staat heraus, so versagt er. Mischt er sich ein, so bevormundet er.

Eine der Haupterfahrungen des demokratischen Sozialismus besteht in der Erkenntnis, daß gesellschaftliche Veränderung, Freiheitssicherung für den einzelnen und erfolgversprechender Kampf gegen Macht und Privilegien nicht ohne gesamtgesellschaftliche Organisationen und Institutionen möglich ist. Diese Erfahrung verliert ihre Gültigkeit nicht, solange wir in einer komplexen Großgesellschaft leben. Wollten wir darauf verzichten, sie den nachwachsenden Generationen stets aufs neue zu vermitteln, so würden wir unserer Politik die Zukunft verbauen.

Die Alternativen, soweit sie für rationale Dialoge erreichbar sind, sollten in ihrem eigenen Interesse erkennen, daß sie ihr Verhältnis zum demokratischen Staat und zu den Großorganisationen klären müssen, wenn sie nicht ihre eigenen Zwecke aufs Spiel setzen wollen.

Wir bestehen darauf:

– Es ist auch für die Alternativen ein entscheidender Unterschied, ob Parteien regieren, die die relative Berechtigung alternativer Projekte akzeptieren und diese fördern, oder ob Parteien Macht verwalten, die ihren Lebensraum einschnüren.

– Es ist auch für die Alternativen ein entscheidender Unterschied, ob sie mit einem demokratischen Staat kooperieren, der ihnen Hilfen zur Selbsthilfe anbietet, oder ob sie behindert und an den Rand der Gesellschaft abgedrängt werden.

– Die Ziele der Alternativen, die realisierbar und mehrheitsfähig sind, können nur dadurch erreicht werden, daß sie von mehrheitsfähigen Parteien aufgegriffen und gesamtgesellschaftlich zur Geltung gebracht werden.

Oft liegen der Abkehr von den Institutionen der repräsentativen

Demokratie Einzelerfahrungen zugrunde, die verallgemeinert werden.

Die Sozialdemokratie, die sich im Godesberger Programm zur Demokratie als allgemeiner Lebensform bekennt, sollte Wege der Selbstorganisation und Selbstbestimmung nicht nur dort fördern, wo sie von ihr lizensiert worden sind, und Formen der Selbstverantwortung nicht nur dann begrüßen, wenn sie von der Partei angestoßen, getragen oder beeinflußt werden. Andernfalls würde sie zwangsläufig auch das verbliebene Vertrauen ohne Rest verspielen.

– Die Sozialdemokratie ist die Partei, die Selbstorganisation als Element einer als Lebensform verstandenen Demokratie um ihrer selbst willen stützt.

– Sie kann daher zu einem Bindeglied zwischen den ansprechbaren Teilen der alternativen Bewegung und den Institutionen der repräsentativen Demokratie werden. Dies setzt voraus, daß sie nicht um jeden Preis Ansätze gesellschaftlicher Selbstorganisation in eigene Regie übernehmen oder in die Arme der Institutionen zurückführen will.

– Auf der anderen Seite muß sie auf Grund ihrer geschichtlichen Erfahrung mit aktionistisch-syndikalistischen und mit rätedemokratischen Bewegungen deutlich darauf hinweisen, daß beide Demokratiekonzeptionen, welche auch die Alternativen vertreten, sofern sie das imperative Mandat und die grundsätzliche Verdächtigung aller demokratischen Parteien proklamieren und die spontane Aktion zum zentralen Mittel politischer Einflußnahme und Auseinandersetzung machen, mit der repräsentativen Demokratie unvereinbar sind und sie auch nicht ersetzen können. Beide bieten keinen Weg für die gewaltfreie Lösung von Interessenkonflikten.

– Mit der Überzeugungskraft ihrer historischen Erfahrungen muß die Sozialdemokratie der anti-institutionellen Tendenz der Alternativen entgegenwirken. Sie muß bei diesen Gruppen um die Einsicht ringen, daß eine Staatsverdrossenheit, die ohne die Institutionen der repräsentativen Demokratie auskommen will, statt auf ihre Verbesserung zu drängen und ihre Möglichkeiten zu nutzen, am Ende nur die Befürworter eines autoritären Staates stützt, die auch das Verlangen nach alternativen Lebensformen nicht respektieren.

Wir müssen die Staatsverdrossenen auch an ein unverzichtbares Gebot der Solidarität erinnern, daß nämlich auf die Dauer niemand Leistung in Anspruch nehmen kann, wenn er nicht wenigstens zu ihrer Ermöglichung einen Beitrag leistet.

Arbeiterbewegung und Sozialstaat

A. Von der «Arbeiterfrage» zum «Sozialstaatsauftrag» des Grundgesetzes

«Die Bundesrepublik Deutschland ist ein demokratischer und sozialer Bundesstaat» (Art. 20 GG). Dies ist der Verfassungsauftrag des Grundgesetzes.

Mißt man die soziale Wirklichkeit in unserer Gesellschaft an diesem grundgesetzlich verankerten Gebot, so darf das sozialpolitisch Erreichte nicht losgelöst von der Geschichte der Arbeiterbewegung und ihrem politischen Kampf um den Rechtsanspruch jedes einzelnen auf soziale Hilfe und Sicherung gesehen werden.

Die Verankerung des Sozialstaatsgebots im Grundgesetz und der Ausbau der sozialen Daseinsvorsorge bis heute weisen darauf hin, daß es der Arbeiterbewegung gelungen ist, diesen Anspruch als soziales Grundrecht verfassungspolitisch zu verankern und in der sozialen Wirklichkeit der Bundesrepublik Deutschland mit breiter Zustimmung durchzusetzen.

Noch Ende des 19. Jahrhunderts war staatliche Sozialpolitik gleichbedeutend mit «Arme-Leute-Politik», bei der es darum ging, die ärmeren Schichten nicht so tief ins Elend sinken zu lassen, daß die staatliche Ordnung gefährdet war.

Sozialpolitik war vorwiegend darauf angelegt, das Lebensschicksal insbesondere der Arbeiter zu erleichtern, nicht aber grundlegend zu ändern. Erst durch den politischen Kampf der Arbeiterbewegung wuchs das gesellschaftliche Bewußtsein für die Vielfalt sozialer Benachteiligungen und Lebensrisiken und die Notwendigkeit gesellschaftlicher Hilfe und Solidarität. Denn auch bei Fortentwicklung der Industriegesellschaft und Verbesserung des Lebensstandards blieben viele Gruppen der Gesellschaft den Wechselfällen des Lebens schutzlos ausgesetzt.

Nach 1945, verstärkt nach 1966, erreichte Sozialpolitik mit einem umfassenden System sozialer Sicherung fast die ganze Bevölkerung.

Heute macht das Grundgesetz die soziale Sicherung zum Verfassungsauftrag. Indem es die künftige Gestaltung der gesellschaftlichen und wirtschaftlichen Ordnung offenhält, gibt es auch der gesellschaftsverändernden Zielsetzung der Arbeiterbewegung Raum.

Sozialpolitik ist damit nicht mehr nur Reaktion auf ökonomische und soziale Notlagen, sondern hat eine eigene vorausschauende Gestaltungsfunktion.

Der moderne Sozialstaat hilft, den parlamentarischen Rechtsstaat auch in Zeiten ökonomischer Krisen zu bewahren. Ohne das Engagement der Arbeiterbewegung, ohne die zähe und beharrliche Arbeit von sozialdemokratischer Partei und Gewerkschaften wäre dieser soziale Fortschritt nicht möglich gewesen. Schritt für Schritt haben Sozialdemokraten in Regierungsverantwortung wie in der Opposition, in Betriebsräten und Gewerkschaften, in Verbänden, in der Wohlfahrtspflege und in der Selbstverwaltung der Sozialversicherung diese sozialpolitischen Errungenschaften miterstritten, initiiert und durchgesetzt. Nie zuvor in der deutschen Geschichte sind so viele soziale Reformen durchgeführt und bestehende Lükken der sozialen Sicherung geschlossen worden wie seit 1966, als Sozialdemokraten im Bund Regierungsverantwortung übernommen haben. Der soziale Friede in unserem Land ist das Ergebnis dieser Politik.

B. Kritik am Ausbau des Sozialstaates

Ausmaß und Formen unseres Systems sozialer Sicherung stoßen in den letzten Jahren allerdings auf wachsende Kritik. Die Finanzierungsprobleme der sozialen Sicherung bei veränderten ökonomischen und finanziellen Rahmenbedingungen geben den grundsätzlichen Kritikern ausgebauter sozialstaatlicher Daseinsvorsorge wieder Auftrieb. Ihr Schlagwort lautet: Die «Grenzen des Sozialstaates» seien erreicht. Und wider alle historische Erfahrung wird behauptet, daß mehr Markt und weniger gesamtgesellschaftliche Vorsorge unsere gegenwärtigen Probleme lösen könnte.

Die Arbeiterbewegung hat in ihrer Geschichte die Erfahrung gemacht, daß soziale Gerechtigkeit sich nicht als Nebenprodukt marktwirtschaftlicher Mechanismen ergibt. Deshalb steht die Sozialdemokratie in der gegenwärtigen Auseinandersetzung um die «Grenzen des Sozialstaates» fest zum Sozialstaatsauftrag des Grundgesetzes und widersetzt sich entschlossen allen Versuchen, gesamtgesellschaftlich organisierte Solidarität abzubauen.

So eindeutig wir Sozialdemokraten aber Angriffe auf das Prinzip der Sozialstaatlichkeit zurückweisen müssen, so wenig verkennen wir, daß sich in den letzten Jahren im Bereich der sozialen Sicherung Fragen gestellt haben, die neue Antworten erfordern. Die bisherige wohlfahrtsstaatliche Methodik führt an manchen Stellen zu Finanzierungsproblemen, Bürokratisierung, mangelnder Flexibilität und Überprofessionalisierung.

Finanzierungsprobleme sind es vor allem, die Anlaß zu Umorientierung bieten. Selbst wenn es langfristig wieder höhere ökonomische Wachstumsraten gäbe, wären die finanziellen Probleme im Bereich der sozialen Sicherung dadurch nicht zu beseitigen. Sie sind auch strukturell, d. h. in den Funktionszusammenhängen unseres sozialen Sicherungssystems begründet.

Dank ständig und beträchtlich steigender Aufwendungen sind zwar viele soziale Probleme gelöst worden; es sind jedoch neue und nicht weniger gewichtige entstanden. Viele soziale Leistungssysteme sind nicht effektiv genug. Es gibt sogar Anzeichen für Kontraproduktivität. Entgegen dem eigentlichen Zweck des Leistungssystems und der guten Absicht der in ihm Tätigen werden häufig mit der Beseitigung sozialer Mißstände auch neue geschaffen.

Zum Beispiel wird bei gewissen Formen des sozialen Wohnungsbaus in Ballungsgebieten Wohnungsnot behoben, aber Kommunikationsarmut mit der häufigen Folge psychischer Erkrankungen erzeugt, die Entfaltungsmöglichkeit von Kindern behindert, Kriminalität und Drogensucht gefördert.

Auch im Gesundheitswesen lassen sich Anzeichen der Kontraproduktivität aufzeigen: Vielfach sind die Behandlungsmethoden so angelegt, daß die Menschen zu Dauerpatienten werden, die bald nicht mehr in der Lage sind, sich selbst um ihre Gesundheit vorbeugend zu kümmern.

Die unzureichende Effektivität unserer sozialen Leistungssysteme hängt aber nicht nur damit zusammen. Insgesamt ist unser System der sozialen Sicherung allzusehr auf Leistungen ausgelegt, die Schäden nachträglich kompensieren sollen, und vernachlässigt – trotz mancher Verbesserungen in dieser Hinsicht – immer noch sträflich die vorbeugende Verhinderung von Not und Benachteiligung. Darüber hinaus haben sich in unseren sozialen Leistungssystemen Betrachtungsweisen festgesetzt, die an den eigentlichen Problemen vorbei Hilfen anbieten. Dies ist augenfällig der Fall in einem Gesundheitswesen, das die sozialen Ursachen von Krankheit nicht genügend berücksichtigt und die psychischen weitgehend vernachlässigt.

Viele soziale Aufgaben – so auch in der Altenpolitik – werden vorrangig unter wirtschaftlichen Gesichtspunkten betrachtet. So ist es nicht verwunderlich, wenn trotz rasant gesteigertem Aufwand den vielfältigen Bedürfnissen alter Menschen nicht genügend entsprochen worden ist.

Alle diese Probleme signalisieren keineswegs die Grenzen des Sozialstaates. Aber hinter den Finanzierungsproblemen liegen sehr wohl berechtigte Fragen nach Struktur, Organisationsweise und Methodik der sozialen Sicherung. Sie geben uns Hinweise, in welche Richtung Neuorientierung der Sozialpolitik zu gehen hat.

Das bisherige sozialpolitische Konzept mit seinen Grundelementen
– Zusicherung individueller Rechtsansprüche auf Hilfe und Förderung,
– Erbringung sozialer Leistungen, die vor allem im nachträglichen Ausgleich für Schäden und Benachteiligungen und in der Verbesserung der Ausgangslage des einzelnen bestehen,
– Förderung wirtschaftlichen Wachstums als ökonomische Basis sozialer Leistungen,
– Finanzierung dieser Leistungen aus Steuern und Beiträgen, die je nach Wirtschaftsentwicklung in der Höhe schwanken,
ist ohne Strukturveränderung in Zukunft nicht mehr tragfähig.

Unbestritten ist, daß dieses System des «Wohlfahrtsstaates» einen gewaltigen historischen Fortschritt darstellt. Die Zusicherung von Rechtsansprüchen hat mit vielen entwürdigenden Praktiken gnädig gewährter Hilfe aufgeräumt. Sie schafft materielle Voraussetzungen für die Freiheit der materiell Schwächeren. Aber die Achillesferse dieses Konzepts ist heute unübersehbar: Teile des Systems funktionieren nur bei relativ hohen Wachstumsraten. Wachstum dieser Größenordnung ist aber nach allem, was wir heute wissen, in den nächsten Jahren, vielleicht Jahrzehnten, nicht zu erwarten. Solange das Wachstum nicht nach Kriterien der Lebensqualität gesteuert wird und daher die sozialen Kosten laufend erhöht, ist auch von hohen Wachstumsraten keine Minderung des Problemdrucks zu erwarten. Daher ist eine teilweise Umorientierung der Sozialpolitik nötig.

Eine solche Akzentverlagerung der Sozialpolitik muß zweierlei leisten: Sie muß das Niveau der sozialen Sicherung halten oder verbessern und gleichzeitig die Kostendynamik in den Leistungssystemen bremsen.

C. Fehlsteuerungen

Die historisch gewachsenen Systeme der sozialen Sicherung, ihre rechtlichen Ausprägungen und materiellen Auswirkungen werfen auf zahlreichen Feldern Fragen auf, die neuer Antworten bedürfen. Mangelnde Effizienz bei den sozialen Dienstleistungen, z. B. im Gesundheitsbereich, führen zu unvertretbaren Kosten und Belastungen. Ungerechtfertigte Inanspruchnahmen von Leistungen erregen Ärgernis. Nur durch Abbau bzw. Vermeidung von Fehlsteuerungen, Beseitigung von Privilegien einerseits und Benachteiligungen andererseits kann die Effizienz gesichert und die Akzeptanz der sozialen Sicherung gewahrt und zukunftsgerechten Entwicklungen der Weg bereitet werden. Die folgenden Hinweise sind beispielhafter Natur und keineswegs erschöpfend, markieren aber erforderliche Neuorientierungen.

– Die vielfältigen und unterschiedlichen Leistungssysteme im Bereich der Alters-, Invaliditäts- und Hinterbliebenensicherung haben zur Folge, daß gleiche soziale Tatbestände und vergleichbare Personengruppen sehr unterschiedlich behandelt werden. Nicht das jeweilige Risiko, sondern die jeweilige Schadensursache sowie Zugehörigkeit zu einem bestimmten Leistungssystem entscheiden über die Leistung und Belastung. Unterversorgung, Überversorgung und Lücken in der Sicherung sind die Folge. Hinzu kommt, daß die jeweiligen Beiträge zur Alterssicherung sehr unterschiedlich sind, insbesondere auch die Beteiligung an den zunehmenden Belastungen auf Grund der demographischen Entwicklung.

– In der Alterssicherung der öffentlichen Bediensteten führen Altersrente und die aus öffentlichen Mitteln gespeisten Zusatzversorgungssysteme in zahlreichen Fällen dazu, daß das verfügbare Einkommen im Alter höher ist als das zuletzt erzielte Nettoarbeitseinkommen und damit das Nettoarbeitseinkommen vergleichbarer Arbeitnehmer.

– Immer mehr Bürger scheiden wegen gesundheitlicher Beeinträchtigungen vorzeitig aus dem Erwerbsleben aus und gehen über die Zuerkennung von Erwerbsunfähigkeitsrenten vorzeitig in die Rente. Verschleißprozesse im Arbeitsleben, mangelnde Bereitstellung altersgerechter Arbeitsplätze führen zu beträchtlicher Belastung der solidarischen Sicherungsinstitutionen. Bei der Frühverrentung werden sinnvolle sozialpolitische Regelungen zu Instrumenten einzelwirtschaftlicher Anpassung mißbraucht.

– Die medizinische Forschung vernachlässigt das Gebiet der Entstehungsbedingungen und -ursachen von Krankheiten. Daher sind die Strategien der Prävention unterentwickelt.

– Das Gesundheitswesen ist so finanziert, daß kaum positive Steuerungswirkungen in Richtung eines effektiv und effizient arbeitenden Gesundheitssystems ausgelöst werden. Dies gilt u. a. für die wesentlich von der Pharmaindustrie finanzierte Forschung, für das System der Einzelleistungsvergütung der niedergelassenen Ärzte, für die Investitions- und Betriebskostenfinanzierung der Krankenhäuser. Negative Wirkungen sind vielmehr:

Einschränkung zeitaufwendiger ärztlicher Tätigkeiten wie Hausbesuche, sorgfältige Anamnese, eingehende Beratung bei Vorsorge und Behandlung sowie Nachsorge, ferner Überkapazitäten an technischen Einrichtungen im ambulanten und stationären Bereich.

– Das Verbleiben alter, der Betreuung bedürftiger Mitbürger in ihrer vertrauten sozialen Umgebung ist allseits akzeptiertes Ziel. Gleichwohl sind die Voraussetzungen hierzu oft noch nicht gegeben, so daß als verbleibende Alternative Pflegeheim oder Krankenhaus erforderlich sind. Es hängt nicht selten von der Einweisungsverfügung des Arztes ab, ob der Betreffende damit Sozialhilfeempfänger wird (Pflegeheimkosten höher als Rente) oder aber sein Alterseinkommen (Krankenhauskosten trägt die Krankenkasse) behalten kann. Der Mangel an ambulanten Pflegediensten führt zu einer Fehlbelegung teurer Krankenhausbetten.

– Arbeitslosigkeit ist kein individuell versicherbares Risiko, sondern ein gesamtgesellschaftlich zu tragendes und auch entsprechend zu finanzierendes Risiko. Die gewachsene Form der Arbeitslosenversicherung führt dazu, daß das Risiko Arbeitslosigkeit nicht von allen Teilen der Bevölkerung finanziell mitgetragen wird. Das zieht groteske Widersprüche nach sich. Während der unkündbare Arbeiter oder Angestellte im öffentlichen Dienst Beiträge zur Arbeitslosenversicherung leistet, ist der – z. T. in gleicher Funktion tätige – Beamte hiervon freigestellt.

– Die Möglichkeit, die Ausgleichsabgabe für nicht gestellte Arbeitsplätze für Behinderte steuerlich abzusetzen oder – wie bei öffentlichen Arbeitgebern – aus Steuermitteln zu finanzieren, birgt die Gefahr, daß nicht mit dem gebotenen Nachdruck auf die Einstellung von Behinderten hingewirkt wird.

Es verstärkt sich darüber hinaus der Trend, daß die Testierung der Schwerbehinderteneigenschaft auch aus Gründen von steuerlichen oder sonstigen Vorteilen betrieben wird. Es gibt Arbeitgeber, die Beschäftigte dazu auffordern, um die Erfüllung der Beschäftigungsquote nachweisen zu können. So werden immer mehr Mittel gebunden, die dann für die gesellschaftliche und berufliche Integration der Schwerbehinderten fehlen.

– Die steuerliche Begünstigung der nicht erwerbstätigen Ehefrau durch das Ehegattensplitting kann bei Besserverdienenden im Einzelfall so hoch sein wie das Arbeitseinkommen einer voll berufstätigen Frau.

D. Weiterentwicklung und Umorientierung der sozialen Sicherung

Der Politik der Konservativen einer grundsätzlichen Kehrtwende in der Sozialpolitik mit einem Abbau von Leistungen der Solidargemeinschaft und einer Reprivatisierung von sozialen Lebensrisiken setzen wir einerseits die Ergänzung des sozialen Sicherungssystems durch vorbeugende Einkommens- und Gesundheitspolitik, andererseits die notwendige Weiterentwicklung und teilweise Umorientierung unseres sozialen Sicherungssystems selbst entgegen:

- durch Steigerung der Effizienz der sozialen Dienste,
- durch die Förderung freiwilliger Mitarbeit in den Leistungssystemen,
- durch wirksame neue Formen der Selbsthilfe.

Die Notwendigkeit der Weiterentwicklung und Umorientierung des Gesamtsystems der sozialen Sicherheit legt es nahe, den Gedanken der Subsidiarität in sinnvoller Weise aufzunehmen. Im Rahmen der für uns unverzichtbaren Gesamtverantwortung des Staates für das Recht eines jeden auf die erforderlichen sozialen Dienste und Leistungen gilt es, Probleme so weitgehend wie möglich durch Hilfe zur Selbsthilfe und damit möglichst unbürokratisch zu lösen. Das gilt für die freien Träger der sozialen Dienste und Leistungen ebenso wie für das öffentlich organisierte System der sozialen Sicherheit.

Für uns bedeutet Subsidiarität nicht den prinzipiellen Vorrang privater vor öffentlicher Hilfe; die Frage ist nicht, wer die Aufgabe leistet, sondern wie sie und wo sie zweckmäßigerweise geleistet wird. Die Ursache für Bürgerferne und mangelnde Effizienz und Flexibilität der Leistungssysteme ist nicht die öffentliche Trägerschaft; vielmehr ist eine zweckmäßige bürgernahe und flexible Organisation sozialer Leistungen auch in öffentlicher Verantwortung möglich. Im sozialdemokratischen Verständnis kann Subsidiarität keinesfalls die Einführung oder Aufrechterhaltung schematischer Funktionssperren für die eine oder andere Trägerschaft bedeuten. Subsidiarität meint auch die Hilfe, die die größere Einheit der kleineren schuldet.

Was in kleinen Einheiten, häufig auch in Selbstorganisation der Betroffenen, in nachbarschaftlicher Hilfe oder vom einzelnen selbst geleistet werden kann, das sollten staatliche Behörden und Wohlfahrtsverbände nicht an sich reißen, sondern es vielmehr unterstützen. Gegen Tendenzen der Entmündigung im Zeichen zunehmender Professionalisierung und Verrechtlichung menschlicher und zwischenmenschlicher Lebensbezüge kommt es darauf an, durch Dezentralisierung und Selbstverwaltung mehr Selbstverantwortung zu stimulieren und zur Entfaltung zu bringen.

Dabei darf freilich niemals übersehen werden, daß noch so viele kleine soziale Netze nicht das große soziale Netz staatlicher oder durch Gesetz geordneter selbstverwalteter sozialer Sicherheit ersetzen können; sie können es wirksam entlasten und ergänzen.

Im folgenden sind einige Vorschläge für Maßnahmen dieser Art gemacht. Sie sind keineswegs erschöpfend und in ihrer Darstellung auch nicht systematisch geordnet, aber sie machen gleichwohl deutlich, was hier gemeint ist. Alle diese Maßnahmen liegen jenseits der falschen Alternativen zwischen staatlich oder privat, politischer Steuerung oder Marktregulierung. Sie versuchen, mehr Felder der sozialen Daseinsvorsorge als bisher der gesellschaftlichen Eigenhilfe und der Eigeninitiative zu öffnen. Die im folgenden genannten Maßnahmen sind oft auch auf die Unterstützung und Förderung durch die öffentlichen Hände angewiesen. Sie sollte ihnen zuteil werden, ohne ihren Charakter durch bürokratische Auflagen zu verändern.

E. Mögliche Felder für aktive Kommunalpolitik und gesellschaftliche Eigenhilfe

Es gibt vielfältige Initiativen von Bürgern, deren soziales Engagement gefördert werden sollte. Notwendig zum breiteren Gelingen von solchem Sozialengagement ist ein weitaus stärkeres Zusammenwirken von kommunalen Selbstverwaltungen und aktiven Bürgern: Zum einen sind deren Initiativen in den meisten Fällen ohne finanzielle und personelle Unterstützung der Verwaltungen zum Scheitern verurteilt – zum anderen muß gegenüber den sozialstaatlichen Instanzen eine Rechenschaftspflicht anerkannt werden. Einige Beispiele seien genannt:

Im Wohn- und Schulbereich:

– Engagement der Bürger im sozialen Wohnungsbau, bei dem die künftigen Mieter Gelegenheit zur Mitwirkung vor allem im Innenausbau haben,
– Mitwirkung bei Instandsetzung und Renovierung von Wohnungen,
– Förderung von Mieterinstandsetzungen,
– Einladung der Bewohner, bei der Gestaltung von Abenteuerspielplätzen, Grünanlagen etc. im eigenen Wohnblock oder Wohnbereich mitzuwirken,
– selbstorganisierte Kinder- und Schülerläden, wenn kommunale Kindergärten nicht ausreichend vorhanden sind,
– Hilfe bei nachbarschaftlich organisierter Kinder- und Altenbetreuung,

– Hilfe bei Stadtteilzentren, Altentreffs, Ausländertreffs, Frauencafés,
– Hilfe in kommunalen Jugendheimen durch Jugend- und Erwachsenengruppen, die gemeinsam eingerichtet und unterhalten werden,
– aktive Beteiligung der Bewohner bei der Stadtteil- bzw. Gemeindeplanung (nach dem Prinzip der Strategien für Kreuzberg),
– Mitwirkung von Eltern bei Schulrenovierungen, in selbstorganisierten Lerngruppen (Aufgabenhilfen), stärkere Förderung von Schulträgerschaften, aktiven Elternvereinen etc.,
– offene Jugend- und Altenhilfe unter Beteiligung Freiwilliger.

Im Bereich der Arbeitslosen- und Rentenversicherung

– Förderung von Arbeitslosenselbsthilfe, insbesondere durch Unterstützung genossenschaftlicher Unternehmensformen;
– Ausbau sinnvoller (vorübergehender) Beschäftigungsmöglichkeiten gemeinnütziger Art. Natürlich können arbeitsmarkt- und beschäftigungspolitische Maßnahmen dadurch nicht ersetzt werden,
– Unterstützung von Werkstätten für Rentner; Angebote von vielfältigen gemeinnützigen Tätigkeiten (z. B. Mitwirkung in der Sozialhilfe und -betreuung sowie im Umweltbereich).

Im Bereich Gesundheitswesen

– Systematische Förderung von Eigeninitiativen, Verbreitung von selbst zu erwerbenden Heil- und Pflegekenntnissen; Entwicklung von Anreizen, verschwenderische Heil-, Arzt- und Krankenhauskosten zu vermeiden,
– Förderung dezentraler, nachbarschaftlich organisierter Pflegeformen, insbesondere auch im Rahmen einer offenen (nicht in Heimen stattfindenden) Altenhilfe,
– Ermutigung und Ermöglichung partieller Selbstversorgung für ausreichend leistungsfähige Krankenhaus- und Heiminsassen. Sie können auch in Organisation und Pflege tätig werden.

F. Vorbeugende Maßnahmen zur Verhinderung von Krankheit, Invalidität und Hilfsbedürftigkeit

– Verbesserung des Arbeitsschutzes,
– Maßnahmen zum Abbau von Stress, Unfallgefahren und anderen psychophysischen Belastungen in der Arbeitswelt,

- primärpräventive Maßnahmen gegen psychische Erkrankungen, Sozialversagen und Kriminalität durch Veränderung der Lebensbedingungen in der Wohnumwelt,
- Intensivierung des vorbeugenden Umweltschutzes und der Umweltsanierung,
- intensivierte Aufklärung über gesundheitliche Risiken, die mit falscher Ernährung, Bewegungsarmut, Rauchen, Alkohol, Drogen- und Tablettenkonsum usw. verbunden sind,
- Vermittlung eines breiten medizinischen Grundwissens durch das Bildungssystem und die Medien,
- Zurückdrängen der Profitinteressen (Pharmaindustrie, medizinischer Apparatebau) und Einkommensinteressen (Ärzte, Zahnärzte) im Gesundheitswesen, auch durch Änderung der ärztlichen Gebührenordnung,
- wirksamere Maßnahmen zur Unfallverhütung im Straßenverkehr: Ausbau und Förderung des öffentlichen Personennahverkehrs, Tempolimit auf Autobahnen und Straßen, Intensivierung der Maßnahmen zur Verkehrsberuhigung in Wohngebieten usw.,
- Verlegung des Förderungsakzentes vom Spitzensport zum Breitensport,
- aktive Beschäftigungspolitik und stärkere Angleichung der Primäreinkommen.

G. Unsere Aufgabe

Bei der Fortentwicklung des Sozialstaates brauchen wir ein neues Verhältnis von staatlicher Daseinsvorsorge und Eigeninitiative, von notwendig flächendeckenden Hilfsangeboten und örtlich unterschiedlichen dezentralen Hilfen.

In der Vergangenheit stand der Ausbau der sozialen Sicherung im Vordergrund der Bemühungen. Die Sicherung der materiellen Existenz mußte Vorrang haben. Fragen der sozialen Integration, der Sicherung von Unabhängigkeit zum Beispiel älterer Menschen sind demgegenüber unbeachtet geblieben. Erst in neuerer Zeit wächst das Bewußtsein dafür, daß es nach der materiellen Absicherung jetzt um die verlorengegangenen gesellschaftlichen und familiären Bezüge und Bindungen geht. Hier sind soziale Phantasie und soziales Engagement gefragt. Dies gilt auch für den Ausbau sozialer Dienste: einmal zur Durchsetzung einer stärker vorbeugenden Sozialpolitik und zum anderen bei der Verwirklichung von mehr Selbsthilfe und Mitwirkung der Betroffenen.

Gleichheit, Leistung, Wachstum

Gerechtigkeit und Leistung gelten als Legitimationsgrundlage der sozialstaatlichen Industriegesellschaft. Soweit der Grundwert Gerechtigkeit über die «bloße» Rechts- und Startchancengleichheit hinauszielt und die Rechtfertigung der faktisch unterschiedlichen Lebenslagen der Menschen einfordert, sollten diese sich allein daraus legitimieren, daß die Menschen unterschiedliche Leistungen erbracht haben.

Dieser Rechtfertigungszusammenhang zwischen unterschiedlichen Leistungen und unterschiedlichen Lebenslagen wird von unserer Gesellschaft heute in den Augen vieler weithin zu Unrecht in Anspruch genommen.

Veränderte Einstellungen

– Die Zahl derer wächst, die die bestehenden gesellschaftlichen Beteiligungs- und Verteilungsverhältnisse für ungerecht halten. Es stimmt nachdenklich, daß immer weniger Menschen das Empfinden haben, mit ihren Leistungen ihres eigenen Glückes Schmied zu sein, und immer mehr Menschen meinen, andere Faktoren seien für das Fortkommen nachhaltiger bestimmend als die eigene persönliche Leistung.

– Insoweit noch die Überzeugung vorherrscht, in der «Leistungsgesellschaft» bestimmten Erfolge und Fähigkeiten – letztlich also Produktivität und Mobilität – den sozialen Status, spüren doch immer mehr Menschen, daß sich dies allzu einseitig auf wirtschaftliche Leistungen bezieht, die überbewertet werden, wohingegen soziale, aber auch künstlerische und wissenschaftliche Fähigkeiten kaum sozialen Status begründen – sofern sie sich nicht außerdem «gut verkaufen». Wirtschaftlich meßbare Quantitäten dominieren über produktive Beiträge zur Verbesserung des sozialen Zusammenlebens. Aber auch die Maßstäbe für die Bewertung wirtschaftlicher Leistungen scheinen im dunkeln zu liegen. Damit aber wird vielen der Zusammenhang zwischen individuellem Fortkommen und gesellschaftlichem Wohlergehen unklar.

– Seit längerem stellen Beobachter fest, daß insbesondere in der jüngeren Generation das traditionelle Arbeitsethos und die forcierte Leistungsmotivation, Karrierementalität und Statusstreben an Prägekraft verlieren. Berufliche Leistung büßt in der Wertschätzung vieler Menschen ihren alten Rang ein.

– Gleichzeitig wächst das Verlangen nach Mitsprache in der Arbeitswelt, nach humaneren Arbeitsbedingungen und nach sinnvoller Tätigkeit auch um den Preis des Verzichts auf höheres Einkommen.
– Die Forderung nach «mehr Gleichheit» hat so von verschiedenen Erfahrungen und Denkansätzen her neue Geltung gewonnen – heute stimmen ihr mehr Menschen zu als noch vor zehn Jahren. Innerhalb der Bewegung des demokratischen Sozialismus, in der wissenschaftlichen Diskussion und in der Alternativbewegung wird ihr wachsende Aufmerksamkeit zuteil.

Für viele waren bestehende Ungleichheiten und ein fragwürdiges Leistungsverständnis so lange kein Anlaß zu Gegenwehr, als sie hoffen konnten, durch fortgesetzte Einkommenszuwächse wenigstens morgen oder übermorgen zu erlangen, worüber die Bessergestellten schon heute verfügen. Rasches und ununterbrochenes Wirtschaftswachstum galt als Ersatz für Gleichheit, weil es mit der Zeit schon allen alles verschaffen würde. Dabei aber wurde lange übersehen, im Laufe der Zeit jedoch immer offenkundiger, daß dies noch nicht einmal für den Bereich des materiellen Konsums und Besitzes, geschweige denn für die anderen Lebensbereiche einzulösen war: Die Vorstellung, der Luxus von heute sei der allgemeine Konsum von morgen, war und ist der Motor eines Wirtschaftssystems, das nur dann aus sich selbst heraus immer wieder die nötige Schubkraft gewinnt, wenn zugleich mit allgemeiner Bedürfnisbefriedigung auf einem bestimmten Konsumniveau neue Ungleichheit in anderen Bereichen entsteht.

In gewissem Maße hat auch die Sozialdemokratie die Tendenz nachvollzogen, die Gleichheitsforderung von den gegebenen Verhältnissen auf künftige Wachstumssegnungen abzulenken – in der praktischen Politik mehr als in ihrem programmatischen Selbstverständnis, das die Verengung des alledem zugrunde liegenden Fortschrittsbegriffs nie ganz übersehen hat. Unter dem Motto «Unsere Kinder sollen's besser haben» waren Ungezählte bereit, die Überwindung gegenwärtiger Ungleichheit als zweitrangig anzusehen gegenüber dem Bemühen, allen alles durch Wirtschaftswachstum in der Zukunft zu verschaffen. Heute erkennen immer mehr Menschen, daß die bloße Fortsetzung solcher Lebensentwürfe und Lebensweisen keineswegs Zustände heraufführen wird, in denen es unsere Kinder besser haben werden.

In dem Maße, in dem die Wachstumshoffnungen zweifelhaft und fragwürdig geworden sind, ist die Frage nach der Gleichheit und nach einem humanen Leistungsverständnis neu gestellt. Der Kern der Ökologiebewegung, Teile der jüngeren Generation, wichtige Kräfte des demokratischen Sozialismus treffen sich heute in dieser Einschätzung; sollten sie zu einem neuen sozialen Bündnis zusammenfinden können, eröffnete sich die reale Chance, den geforderten Wandel möglich zu machen. Die Motivation vieler Kritischgesinnter zur engagierten Mitarbeit in unserer Gesellschaft werden wir nur erhalten – in vielen Fällen erst wiedergewinnen – können, wenn wir bestehende nicht zu rechtfertigende Ungleichheiten nicht länger hinnehmen und nicht weiterhin Leistungen ungeprüft verlangen, die von vielen als fragwürdig empfunden werden.

Strukturelle Probleme

Mehr Gleichheit wird aber auch gefordert aus Gründen, die in der industriellen Wohlfahrtsgesellschaft selbst liegen:

Wirtschaftswachstum

– Die spürbar werdende Verknappung von Energie- und anderen Rohstoffen sowie der «Ressource Umwelt» zieht dem Wirtschaftswachstum engere Grenzen, die zugleich auch die Grenzen der Erwartung markieren, aus dem Zuwachs an materiellem Wohlstand werde morgen oder übermorgen eine Gesellschaft der Gleichen oder wenigstens der Gleicheren zu verwirklichen sein.
– Bei unveränderten Verteilungsrelationen verschärfen sich die bestehenden Ungleichheiten sogar dann weiter, wenn reales Wachstum weiterhin erzielbar wäre.
– Dem ließe sich nur gegensteuern, wenn durch eine auf mehr Gleichheit der Verteilung gerichtete Einkommens- und Sozialpolitik dafür gesorgt würde, daß die Nachfragepotentiale derjenigen systematisch erschlossen werden, die bei den bestehenden Verteilungsrelationen zu kurz kommen und die erst ein gutes Stück mehr Lebensstandard brauchen, ehe die anderen Fragen der Lebensqualität für sie vorrangig werden.
– Soweit die Masseneinkommen sich heben, vermindert sich der individuelle Befriedigungswert dadurch, daß der Zugang zu bestimmten Gütern und Diensten schwieriger wird.

Wenn die Massen sich leisten können, was die Bessergestellten längst hatten, ist es nicht mehr das, was sie eigentlich wollen. Die Angleichung der Chancen individueller Bedürfnisbefriedigung führt dazu, daß sich die Menschen gegenseitig hindern, ihre Ziele so zu erreichen, wie die Bessergestellten, die vor ihnen da waren, sie tatsächlich noch erreichen konnten. Auf diesem Wege ist ein höheres Maß an Gleichheit nicht zu erreichen.

Bildungssystem und Arbeitsmarkt

Wesentliche Probleme des heutigen Bildungssystems und des Arbeitsmarktes resultieren daraus, daß schon im Ausbildungsgang über enorme Ungleichheiten in den späteren Entfaltungschancen und Lebenslagen entschieden wird. Die Spannweite zwischen den Lebenschancen manuell ausgeübter und akademischer Berufe ist so gewaltig, daß viele allein deswegen und weniger aus Neigung in jene Ausbildungsgänge drängen oder gedrängt werden, die Zugang zu den oberen Einkommensklassen verheißen. Das künftig noch anwachsende Überangebot an akademisch Ausgebildeten wird gewiß in manchen Bereichen überzogene Einkommensunterschiede einebnen; eine gewollte und bewußte Steuerung dieser Tendenz könnte jedoch beizeiten dazu führen, daß bei der Berufswahl die Neigung entscheidet und späterer Berufswechsel nicht als individuelle Katastrophe empfunden wird.

Damit soll nicht der Eigenwert von Bildung oder das Ziel der Hebung des allgemeinen Bildungsniveaus in Frage gestellt werden. Wir wollen auch nicht gesellschaftliche Privilegien durch die Reservierung bestimmter Bildungsgänge für die privilegierten Schichten sichern. In Frage stellen wir freilich jene Nachfrage nach schulischer Bildung, die nicht zustande käme, wenn nicht Zertifikate über abgeschlossene Bildungsgänge wie Bezugsscheine für ein lebenslang höheres Einkommen verwertet werden könnten.

Einkommensstruktur

Heute gilt die Faustregel: Je höher die Einkommen, desto größer die innere Arbeitsbefriedigung in den verschiedenen Berufen. Besonders hohe Befriedigung in der Arbeit – breites, interessantes Aufgabengebiet – wird in aller Regel durch besonders hohe Einkommen ergänzt, während die Tätigkeiten, die mit Langeweile oder starker physischer Belastung verbunden sind, gering entlohnt werden. Abgesehen von der Zumutung, die in diesem Häufungseffekt liegt, stellt sich die Frage, ob mit einem solchen Bewertungssystem in Zukunft für alle Berufstätigkeiten ein ausreichendes Interesse zu mobilisieren sein wird. Je höher das allgemeine Lebensniveau ist, desto weniger wird dies der Fall sein – es sei denn, die Lücken würden weiterhin mit Ausländern für die schmutzigen Arbeiten geschlossen. Hier schlagen nicht die tatsächlichen Knappheitsrelationen durch. – Hier entscheidet nicht der Markt, sondern es entscheiden die Privilegien. Bei alledem übersehen wir nicht, daß auch die Bereitschaft zur Übernahme von Verantwortung und Risiko ein relativ knappes Gut ist.

Verteilungskampf

Auch dort, wo Märkte noch funktionieren, können ihre Ergebnisse nicht allein als Maßstab von Gerechtigkeit dienen, auch wenn sie einen wichtigen Hinweis auf die gesellschaftliche Nützlichkeit einzelner Leistungen enthalten. Seit langem werden in immer mehr Bereichen Marktstrukturen durch Verhandlungsstrukturen ersetzt. Dies gilt für die Tarifauseinandersetzungen ebenso wie für das Zustandekommen der Kassenarzteinkommen und die interne Differenzierung der Lohn- und Gehaltstabellen. In all diesen Bereichen bedarf es einer an der Realisierung gleicher Lebenschancen orientierten Vorstellung von Gerechtigkeit, die den Verhandlungen als regulative Idee zugrunde liegt. Sie kann nicht nur die Verteilungskämpfe begrenzen, sondern auch die Leistungsmotivation verbessern.

Sozialstaat

Die Finanzierungsschwierigkeiten im System unserer sozialen Sicherung sind in hohem Maße die Folge ungleicher Verteilung der Primäreinkommen. Die Zahl der Menschen, die gezielter sozialstaatlicher Hilfen bedürfen – bis hin zur Ergänzung zu niedriger Arbeitseinkommen oder Renteneinkommen durch Sozialhilfe –, ist beständig gewachsen. Sicher hat dies auch damit zu tun, daß im allgemeinen Bewußtsein von einem immer höheren Niveau der Mindestausstattung eines menschenwürdigen Lebens ausgegangen wird. Die finanziellen und personellen Aufwendungen zur Sicherung eines Mindestniveaus könnten jedoch nur dann spürbar reduziert werden, wenn durch stärkere Angleichung der Primäreinkommen die Zahl der Unterstützungsbedürftigen vermindert würde. Vermutlich würde eine solche Angleichung die Identifikation des einzelnen mit seiner Arbeit und damit seine Leistungsbereitschaft wachsen lassen. So sehr das Bewußtsein des einzelnen, einen Rechtsanspruch auf soziale Sicherheit und Sicherung zu haben, auch sein Freiheitsbewußtsein stärken mag, so ist doch das Gefühl, trotz eigener – vergangener oder gegenwärtiger – Arbeitsleistung sozialer Hilfen zu bedürfen, für viele demütigend.

Internationale Solidarität und Zusammenarbeit

Die Bereitschaft innerhalb der Industriegesellschaften, den Ärmsten in der Dritten Welt ausreichend Überlebenshilfe und Hilfe zur Selbsthilfe zu gewähren, bleibt hinter den Notwendigkeiten weit zurück, solange große Gruppen in den Industriegesellschaften spüren, daß sie – verglichen mit anderen – selbst noch großen Nachholbedarf haben. Je mehr der einzelne bei uns sich übervorteilt fühlt, desto geringer wird seine Bereitschaft sein, einer Umverteilung materieller Güter zugunsten der Ärmsten dieser Welt zuzustimmen und dazu beizutragen.

Für eine Neubestimmung von Gleichheit und Leistung

So gibt es heute ein gesteigertes Verlangen nach mehr Gleichheit, und es gibt gesellschaftliche Strukturprobleme, deren Lösung mehr Gleichheit gebietet. Aber gibt es auch ein praktikables Verständnis von Gleichheit? Gibt es einen humanen Leistungsbegriff? Im wesentlichen herrschen noch immer die alten Unsicherheiten und Vorurteile, die den Begriff der Gleichheit von Anfang an belastet haben. Der Leistungsbegriff blieb bislang ziemlich unbestimmt. Wir brauchen somit eine neue Anstrengung, um die Forderung nach mehr Gleichheit handhabbar und den Leistungsbegriff einsichtig und akzeptabel zu machen.

Der demokratische Sozialismus hat die ursprünglich allein auf Rechtsgleichheit gerichtete Vorstellung des Liberalismus zu einem sozial erfüllten Gleichheitsverständnis weiterentwickelt:

«Gerechtigkeit verwirklicht die Freiheit des einzelnen, indem sie ihm gleiche Rechte und gleichwertige Lebenschancen eröffnet. Freiheit bedeutet das Freisein von entwürdigenden Abhängigkeiten und die Möglichkeit, die eigene Persönlichkeit in den Grenzen, die durch die Forderungen der Gerechtigkeit und der Solidarität gezogen sind, frei zu entfalten. Freiheit ist jedoch nur dann gesellschaftliche Wirklichkeit und nicht bloß Illusion oder Vorrecht für wenige, wenn alle Menschen die tatsächliche (wirtschaftliche, politische, soziale, kulturelle) Möglichkeit der freien Entfaltung besitzen.» (OR '85, Tz 1.2)

Für den demokratischen Sozialismus ist Gleichheit sozusagen das Ausrufezeichen hinter der Allgemeingültigkeit der Forderung nach Freiheit:

Freiheit muß universal gelten. Im Sinne der Grundwerte des demokratischen Sozialismus – Freiheit, Gerechtigkeit, Solidarität –

kann Freiheit nur als die gleiche Freiheit aller verstanden werden; Freiheit als Privileg weniger, um die Dimensionen der Gerechtigkeit und der Solidarität verkürzt, wäre Willkür. Unbegrenzte Freiheit geht immer zu Lasten der Freiheit anderer und verstößt daher gegen die Gleichheit. Vollständige Sicherung der Gleichheit wäre nur unter Bedingungen praktisch möglich, die individuelle Freiheit unzumutbar einschränken. Aber mit ihrer Parole «Freiheit gegen Gleichheit» verteidigen die Konservativen nicht die allgemeine Freiheit, sondern die Privilegien weniger.

Godesberger Programm und OR '85 bestimmen den Grundwert Gerechtigkeit als gleiche Freiheit. Damit wird die ursprüngliche Forderung der sozialistischen Arbeiterbewegung nach «Gleichheit in Freiheit» begründet und untermauert.

Die gleiche Freiheit aller muß immer wieder neu gesucht werden: Nicht zuletzt deshalb charakterisiert das Godesberger Programm den demokratischen Sozialismus als dauernde Aufgabe.

Eine geschlossene Theorie der Gerechtigkeit, die Gleichheit ein für allemal bestimmt, ist nicht nur unmöglich – sie wäre auch gar nicht wünschenswert; wenn der Grundwert Gerechtigkeit jedoch seine Rolle als Maßstab und Legitimation nicht einbüßen soll, so ist eine klarere und bewußtere Durchdringung des Zusammenhangs von Gerechtigkeit, Gleichheit und Leistung nötig – dies insbesondere unter den Bedingungen einer Wirtschaftsgesellschaft, die sich des materiellen Immermehr nicht mehr gewiß sein kann. Wir brauchen einen neuen gesellschaftlichen Dialog über den Zusammenhang zwischen Gerechtigkeit, Gleichheit und Leistung, den wir wollen. In diesem Dialog wird zu klären sein, welche Güter zur Verteilung stehen: Bildung und Ausbildung, Arbeitseinkommen, Arbeitsbefriedigung, die dadurch ermöglichten Lebenschancen. Die Verteilungsmaßstäbe für die unterschiedlichen Güter sind durchaus unterschiedlich, vielleicht sind sie nie ganz angemessen. Aber wir bleiben dabei, daß die gleiche Würde dem Menschen substantiell eigen und vor der gleichen Würde des Menschen jede Ungleichheit im Lebensvollzug akzidentiell und rechenschaftspflichtig ist.

Der Dialog sollte bei der Bestimmung dessen beginnen, was heute als Leistung besonderen gesellschaftlichen Status begründet und in welcher Weise der Leistungsbegriff geläutert werden müßte, damit die dadurch legitimierte Zuweisung von Lebenschancen humanem Fortschritt dienlich wäre. Was soll als gesellschaftlich wertvolle Leistung gelten, wie kann sie von anderen unterschieden, willkürfrei gemessen und bewertet werden?

Heute werden überwiegend Ausbildungsvoraussetzungen und

Durchsetzungsfähigkeit prämiert. Leistungen und Fähigkeiten, die für das Zusammenleben der Menschen und für die Gestaltung der Zukunft so unersetzlich sind wie «Phantasie, Originalität, gesellschaftliches und politisches Verantwortungsgefühl, Kooperationsfähigkeit, moralische und soziale Empfindsamkeit» (OR '85) setzen sich hingegen kaum in soziale Anerkennung und gesellschaftlichen Rang um.

Aber auch die materiellen Leistungen, die der einzelne für die Entwicklung der Gesellschaft erbringt, stehen überwiegend nicht in einem einsichtigen Zusammenhang mit der Stufenleiter der individuellen Entlohnung.

Setzt individuelle Freiheit Rangunterschiede und Unterschiede der Einkommen und Lebenslagen tatsächlich voraus, wie die Konservativen und manche Liberale behaupten?

Freie Selbstbestimmung ist auch bei gleichem Einkommen und auf einem angeglichenen Niveau der Lebenslagen möglich, solange es Sache des einzelnen bleibt, über die Verwendung seines Einkommens und die Gestaltung seines Lebens selbst zu bestimmen. (Daß aus unterschiedlichen Einkommensverwendungen und unterschiedlichen Lebensgestaltungen ungleiche Ergebnisse resultieren und damit ungleiche Startbasen für die nächste Leistung, wird dabei nicht übersehen.) Sind Regierungsräte oder Studienräte unfrei, weil sie gleichen Vergütungsgruppen angehören? Die Schichtung von Einkommen und Lebenslagen muß schon mit anderen Argumenten gestützt werden können als dem, individuelle Freiheit sei bei gleichen Einkommen und Lebenslagen nicht möglich.

Die Abstufung der individuellen Lebenschancen muß mit dem Anspruch gleicher Freiheit in Einklang stehen. Dies setzt voraus, daß
– Ungleichheiten der Lebenschancen enge Grenzen gezogen bleiben;
– die weniger Begünstigten selber ein Interesse an den als gerecht geltenden Ungleichheiten haben können, insofern sie – wie auch die darauf begründeten Hierarchien – funktional erforderlich sind, um ihnen, den weniger Begünstigten, selbst größere Freiheitschancen zu eröffnen;
– alle die gleichberechtigte Chance haben, nach Maßgabe ihrer Interessen an der Bestimmung des jeweiligen Verteilungsprinzips mitzuwirken.

Ins Positive gewendet, ergeben sich daraus folgende Leitlinien zur Bestimmung der Maßstäbe für Differenzierungen, die den Grundsatz gleicher Lebenschancen sinnvoll mit einem sozial erfüllten Leistungsbegriff verbinden:

– Jeder soll in den Genuß des größten Maßes von Freiheiten kommen, das für alle möglich ist;
– Differenzierungen der Lebenslagen sind nur dann gerecht, wenn durch sie auch den am schlechtesten Gestellten größere Freiheitschancen erwachsen als ohne sie. Nur dann liegen sie im Interesse aller;
– diese Maßstäbe können nur gelten, wenn ihnen alle Betroffenen in gleichberechtigter Entscheidung zustimmen können. (Rawls)

Gesellschaftliche Differenzierung muß somit funktional auf Freiheit bezogen sein. Damit ist auch die Art der Leistung bestimmt, die bei der Verteilung prämiert werden soll: Beiträge des einzelnen zur Erhaltung und Hebung des gesellschaftlichen Lebensniveaus. Die Bewertung solcher Leistungen ist ebenso wie die Bestimmung des gesellschaftlichen Vorteils Sache aller Betroffenen. Die Aufgaben, die sich stellen, und die Anstrengungen und Talente, die sie erfordern, ändern sich laufend. Es bedarf daher stets aufs neue einer aufgabenorientierten Bewertung anerkennenswerter sozialer Leistungen. Auch solche Anstrengungen können als Leistungen gelten, die eine Verbesserung des sozialen Klimas, humanere Arbeitsbedingungen und Hilfen für die Selbstentfaltung aller in den Bereichen der Wirtschaft, der Politik, der Kultur und des menschlichen Zusammenlebens schaffen helfen. Leistung wird so auf Lebensqualität bezogen. Ungleichheiten bleiben gerechtfertigt, soweit und solange sie auf die übergeordnete Idee der Gleichheit bezogen bleiben: Alle sollen von der Differenzierung profitieren, und alle sollen in gleicher Weise berechtigt sein, darüber zu entscheiden. Dadurch ist zugleich die Bandbreite möglicher Ungleichheiten begrenzt.

Das gleiche läßt sich auch sagen, indem man den Grundwert der Gerechtigkeit ausfaltet in die Zuteilungsprinzipien der Billigkeit (nach erwiesenen Leistungsunterschieden), der Bedürftigkeit und der Gleichheit. Jedes dieser Zuteilungsprinzipien fußt auf einem elementaren Gerechtigkeitsempfinden. Sie genießen in unterschiedlichen Lebensbereichen unterschiedliche Priorität. Jedes dieser Prinzipien ist durch die beiden anderen begrenzt. Dabei gilt es,
– die Zuteilung nach dem Prinzip der Bedürftigkeit durch eine der Bedürftigkeit vorbeugende Politik zurückzudrängen und dort, wo dies nicht möglich ist, das Sockelniveau der Existenzsicherung so weit anzuheben, wie dies ohne Schaden für das Gemeinwohl möglich ist,
– dem Zuteilungsprinzip der Gleichheit Geltung zu verschaffen, wo immer die Prinzipien der Billigkeit und der Bedürftigkeit ohne Schaden für das Gemeinwohl zurückgedrängt werden können,

– das Prinzip der Billigkeit dort, wo es zu den besseren Ergebnissen führt, nach den oben aufgestellten Regeln anzuwenden.

In diesem Zusammenhang spielt die Demokratisierung der Verfügung über Investivkapital eine besondere Rolle, auch in der Vermögensbildung in Arbeitnehmerhand. Eine Neubelebung des Genossenschaftsgedankens könnte hilfreich sein.

Bei alledem wird nicht von der Möglichkeit einer ein für allemal vorgegebenen Idee von Gerechtigkeit, nicht von «absoluter Gerechtigkeit» oder gar «absoluter Gleichheit» ausgegangen. In der Trias der Grundwerte des demokratischen Sozialismus ist Gerechtigkeit durch die Werte der Freiheit und der Solidarität bedingt und begrenzt. Gefordert ist das jeweils erreichbare komparativische «bißchen Mehr» an Gerechtigkeit, das seine Substanz in der Gleichheit hat. Diese Vorstellung von Gerechtigkeit vermittelt drei Arten von Einsichten:

Aufklärung: Sie zeigt uns den Sinn (oder Unsinn), die Grenzen und die Geltungsweise gesellschaftlicher Ungleichheiten.

Veränderbarkeit: Gesellschaftliche Differenzierung – im Unterschied zur Gleichheitsforderung – ist geschichtlich wandelbar. Welche Prämiierung für den einzelnen zu besonderer Leistung motiviert, hängt ab vom erreichten gesellschaftlichen Lebensniveau, vom sozialen Bewußtsein und von bewußter politischer Gestaltung.

Regulative Idee: Sie gibt inhaltliche Kriterien für das Wechselverhältnis von Gleichheit und Differenzierung.

Die Selbsterziehung der Gleichen zur Gleichheit

Das Streben nach «mehr Gleichheit» wird letztlich nur in dem Maße vorankommen, in dem die Forderung nach mehr Gleichheit auch als sittliche Leistung des einzelnen empfunden und gewollt wird.

– Wo Leistungsmotivation vollständig oder allzu weitgehend von materiellen Anreizen abhängt (in Wirklichkeit hängt sie immer auch ab von Normen, die der Mensch in seinem individuellen Erziehungs- und Sozialisationsprozeß verinnerlicht hat), ist wohl zu Recht von einem Defizit an sittlicher Werthaltung zu sprechen: Talent und Begabung sind sozialpflichtig; etwas zu leisten ermöglicht Selbstverwirklichung und «macht Spaß»; die Freude an der eigenen Leistung muß gegenüber der materiellen Abgeltung um so mehr ins Bewußtsein gehoben und in den praktischen Verteilungsvorgängen um so mehr zur Geltung gebracht werden, je höher der Lebensstandard des betreffenden Leistungserbringers schon ist.

– Leistungswille, der sich am Verteilungsprinzip der Billigkeit entzündet, ist oftmals an aufgeschwatzten Bedürfnissen orientiert und damit fehlorientiert (gesellschaftlicher Druck zur Konsumsteigerung im Prestigewettbewerb).

– Verzicht kann und wird regelmäßig der Preis für die Verwirklichung der je höherrangigen Stufe der Freiheit sein. Ohne Verzicht – Nicht-Wahrung der vollen eigenen Zuteilungschance – würden zudem die Lebenschancen weder aller Mitmenschen noch die der kommenden Generationen zu sichern sein.

Den Dialog beginnen!

Nehmen wir den Dialog über Gleichheit und Leistung auf! Er wird viele der heute bestehenden Ungleichheiten ihrer fragwürdigen Legitimation entkleiden und häufig Macht zutage fördern, wo Markt vorgegeben wird.

Es gibt heute Bereiche, wo wir über unzumutbare Ungleichheiten leicht Übereinstimmung erzielen können:

– das enorme Gefälle im Durchschnittseinkommen zwischen Facharbeitern und der Mehrheit der Freiberufler,
– die enormen Einkommensunterschiede zwischen Klein- und Großbetrieben innerhalb der Landwirtschaft,
– die weit überdurchschnittlichen Einkommen aus Kapitalbesitz ohne angemessene Teilhabe derer, durch deren Arbeit sie ermöglicht werden,
– die erheblichen Einkommensunterschiede durch ein überzogenes Anciennitätsprinzip,
– die überbetonte Differenzierung der Gehaltsgruppen in Privatwirtschaft und öffentlichem Dienst,
– die erheblichen Differenzen zwischen angestellten und freiberuflich tätigen Akademikern,
– die ständige Zunahme der Ungleichheit durch das System der proportionalen Lohn- und Gehaltserhöhungen.

Der Dialog kann für die verbleibenden Ungleichheiten einsichtige – und widerrufliche! – Gründe liefern und so sozialem Neid entgegenwirken. Das Prinzip gleicher Lebenschancen wirkt als begrenzender Rahmen. Eine einseitige Legitimation für die gesellschaftliche Verteilung von Lebenslagen kann die Motivation des einzelnen, seinen Leistungsbeitrag für die Entwicklung der Gesellschaft zu erbringen, erhalten und verbessern.

Allein schon die Erhaltung unseres gegenwärtigen Lebensniveaus wird erhebliche gesellschaftliche Anstrengungen erfordern. Wir werden ohne Leistungsbereitschaft nicht auskommen. Ein einsichtiger Zusammenhang von Leistung und Einkommen bzw. Lebenslagen fördert die Leistungsbereitschaft.

Der gesellschaftliche Dialog über Leistung und Gleichheit eignet sich in besonderer Weise, das gestörte Gespräch zwischen junger Generation, ökologischer Bewegung und demokratischem Sozialismus neu zu beleben: Jede dieser Gruppen nimmt an diesem Thema auf ihre Weise Anteil. Die Erwartung ist nicht unbegründet, daß eine Einigung und Verständigung zwischen ihnen ein tragfähiges soziales Bündnis in wichtigen gesellschaftlichen Fragen stiften könnte.

VI. Godesberg heute

Bericht zum Godesberger Grundsatzprogramm

14. 1. 1984

Grundwerte des Sozialismus / für eine menschenwürdige Gesellschaft / Die staatliche Ordnung / Landesverteidigung / Wirtschafts- und Sozialordnung / Agrarwirtschaft / Gewerkschaften / Soziale Verantwortung / Frau – Familie – Jugend / Religion und Kirche / Schule / Wissenschaft / Kunst / Internationale Gemeinschaft / Unser Weg

A. Allgemeine Feststellungen

1. Die Grundwertekommission schlägt dem Parteivorstand einmütig vor, ein neues Grundsatzprogramm vorzubereiten, zu diskutieren und noch in diesem Jahrzehnt zu verabschieden.

Die Grundwertekommission tut dies nicht, weil auch nur ein einziges ihrer Mitglieder an den Grundentscheidungen von Godesberg rütteln wollte. Die Grundwertekommission hält es – einmütig – für richtig und nötig, folgende Aussagen des Godesberger Programms in einem künftigen Programm zu bestätigen.

– Das Bekenntnis zur Demokratie, ihrer Verteidigung und ihrem Ausbau.

Demokratie ist für uns ein Wert an sich und nicht nur Mittel zum Zweck. Wir arbeiten mit demokratischen Mitteln für den demokratischen Sozialismus, der für uns nichts anderes ist als zu Ende gedachte und zu Ende geführte Demokratie.

– Das Bekenntnis zum Grundgesetz und damit zum Staat des Grundgesetzes, den die SPD mit begründet, aufgebaut und ausgestaltet hat. Zu diesem Staat gehört auch die Bundeswehr.

– Das Bekenntnis zum demokratischen Sozialismus als einer dauernden, niemals abgeschlossenen Aufgabe. Es gibt keinen Endzustand, in dem sich die gesellschaftlichen Widersprüche auflösen.

– Das Bekenntnis zur weltanschaulichen Offenheit der Partei.

Die SPD ist und bleibt politische Heimat für Menschen verschiedener Glaubenshaltungen und Überzeugungen. Der demokratische Sozialismus ist kein Religionsersatz, sondern Anleitung zu politischem Handeln.

– Das Bekenntnis zu den Grundwerten der Freiheit, der Gerechtigkeit und der Solidarität. Es gibt keinen zwingenden Grund, diese Trias der Grundwerte zu verändern oder zu ergänzen. Es wäre allerdings ratsam, in einem neuen Programm Genaueres zu sagen über das Verhältnis der Grundwerte zueinander und zur sozialdemokratischen Interpretation der Trias. Sowohl im OR '85 als auch in «Grundwerte in einer gefährdeten Welt» und «Grundwerte und Grundrechte» ist dafür vorbereitende Arbeit geleistet.

– Die Entscheidung für die Volkspartei. Sowenig die SPD Anlaß hat, ihre Herkunft aus der Arbeiterbewegung zu leugnen, so sicher ist der Weg zur Volkspartei unumkehrbar. In der SPD ist für jede Frau und für jeden Mann Platz, die sich dem demokratischen Sozialismus verpflichtet wissen.

– Die Anerkennung des Marktes als eines wichtigen Mittels für die Wirtschaft jeder Industriegesellschaft. Godesberg hat Planung und Markt, Vergesellschaftung und freie Unternehmerentscheidung in den Rang von Mitteln zurückverwiesen, deren sich demokratischer Sozialismus zur Erreichung seiner Ziele pragmatisch bedienen kann und muß. Dabei soll es bleiben.

2. Dies alles gilt unverändert, auch 25 Jahre nach Godesberg. Es gibt auch keinen Grund zu der Annahme, daß sich dies 30 oder 40 Jahre danach anders verhielte.

Aber die Welt, in der diese Grundentscheidungen in praktische Politik umzusetzen sind, hat sich wesentlich gewandelt. Die Grundwertekommission hat schon 1977 festgestellt:

«Seit der Verabschiedung des Godesberger Programms im Jahre 1959 haben sich die technologischen, ökonomischen, gesellschaftlichen und politischen Voraussetzungen für eine Politik des demokratischen Sozialismus entscheidend verändert.»

(Grundwerte in einer gefährdeten Welt, S. 8)

Die Kommission hat damals, 18 Jahre nach Godesberg, zu beschreiben versucht, worin sie diese Veränderungen sieht (a. a. O. S. 8ff). Sie hat 1982 den Wandel des gesellschaftlichen Bewußtseins darzustellen versucht, der diese Veränderungen begleitet. Fast alles ließe sich heute wiederholen.

Heute, sieben Jahre später, erkennen wir darüber hinaus einige Zuspitzungen:

– Die Arbeitslosigkeit hat sich seither noch einmal verdoppelt. Nur wenige der Verantwortlichen erwarten noch, daß sie sich allein durch jenes Wirtschaftswachstum beseitigen lasse, an dessen Dauerhaftigkeit und dessen segensreicher Wirkung 1959 noch niemand gezweifelt hat.

– Der technische Wandel, am dramatischsten im Bereich der Mikroelektronik, hat sich weiter beschleunigt. Die damit zusammenhängenden beschäftigungspolitischen und sicherheitstechnischen Probleme sind erst neuerdings ins öffentliche Bewußtsein getreten.

– Die Weiterentwicklung der weltwirtschaftlichen Arbeitsteilung hat zu einer tiefen Krise einiger alter Industrien – vor allem Grundstoffindustrien – geführt.

– Die Zerstörung der Umwelt ist durch das Sterben der Wälder auf eine bedrückende Weise in das Bewußtsein der Mehrheit gedrungen. Ökologische Gefährdungen werden nur noch von denen bagatellisiert, die daran ein unmittelbares Interesse haben.

– Die Verschuldung der armen, aber auch der halbindustrialisierten Länder hat sich seit 1977 weiter dramatisch gesteigert. Die hohen Zinsen auf den Kapitalmärkten zwingen immer mehr Länder, sich den Entscheidungen des internationalen Währungsfonds zu unterwerfen. Es ist nicht mehr auszuschließen, daß große Länder, vor allem in Lateinamerika, ihre Zahlungen einseitig unterbrechen oder einstellen und damit das internationale Bankensystem gefährden.

– Das quantitative, vor allem aber das qualitative Wettrüsten zwischen den Weltmächten und damit auch die Destabilisierung atomarer Abschreckung hat sich beschleunigt. Die Gefahr eines atomaren Krieges, noch 1977 kaum ein Thema der öffentlichen Diskussion, ist im Bewußtsein der Menschen – und in der Realität – gewachsen.

– Der Wandel des gesellschaftlichen Bewußtseins, von der Grundwertekommission 1982 noch einmal beschrieben, hat sich fortgesetzt. War 1977 z. B. die «Erschütterung des Glaubens an einen gesetzmäßigen Fortschritt der geschichtlichen Entwicklung» festzustellen, so ließe sich heute von wachsender Zukunftsangst sprechen.

– Neue soziale Bewegungen, deren Bedeutung schon 1977 erkennbar war, haben an Breite und Tiefe gewonnen. Die Friedensbewegung ist ihr sichtbarster Exponent geworden. Die Verbindung zwischen der SPD und diesen Bewegungen hat sich verstärkt.

3. Die Delegierten des Godesberger Parteitages konnten nicht ahnen, welche Aufgaben sich heute vor uns türmen. Wenn das Godesberger Programm aus heutiger Sicht Lücken aufweist oder auch Entwicklungen falsch eingeschätzt hat, so geht dies nicht zu ihren Lasten.

Andererseits hat der Leser eines Grundsatzprogrammes heute ein Anrecht darauf zu erfahren, worum sich die SPD für den Rest dieses Jahrhunderts bemühen, wie sie sich den Aufgaben der achtziger

und neunziger Jahre stellen will. Aus dieser Sicht hat das Godesberger Programm vor allem folgende Defizite:
– Es geht von einem auf absehbare Zeit ungebrochenen Wirtschaftswachstum aus, dem «stetigen Wirtschaftsaufschwung», der den Wohlstand mehrt, Verteilungskämpfe mildert, die Finanzierung sozialer Sicherheit gewährleistet, Not und Elend «beseitigt». Aufgabe der Wirtschaftspolitik ist vor allem, diesen «Wirtschaftsaufschwung» zu sichern und zu verstetigen. Weder ökologische noch soziale Grenzen des Wachstums sind in Sicht.
– Der Glaube an *die* Wissenschaft als Motor technischen und ökonomischen Fortschritts, aber auch als zuverlässiger Kompaß für politische Entscheidungen, ist unangefochten. Die Diskussion über verschiedene – teilweise kontroverse – wissenschaftliche Ansätze und die begrenzte Relevanz ihrer überdies oft widersprüchlichen Ergebnisse hat sich im Godesberger Programm noch nicht gespiegelt.
– Die Annahme und die Hoffnung, die technologische Entwicklung sei prinzipiell neutral und könne letztlich immer zum Guten gewendet werden, ist im Godesberger Programm noch weithin ungebrochen.
– Dem Godesberger Programm fehlt die ökologische Dimension. Das Verhältnis von Mensch und Natur stellt sich nicht als Problem. Die Beziehungen zwischen Ökonomie und Ökologie sind daher auch kein Thema.
– Den Aussagen über «Frau – Familie – Jugend» liegt ein Leitbild von Familie und von der Rolle der Geschlechter zugrunde, das – obwohl 1959 progressiv – heute für viele Sozialdemokraten, zumal Frauen, überholt ist.
– Die Nord-Süd-Dimension ist nur andeutungsweise sichtbar. Entwicklungsländer haben zwar «Anspruch auf die Solidarität der anderen Völker», aber es gibt keine Hinweise darauf, was solche Solidarität mit der Mehrheit der Erdbevölkerung für die Industrieländer und ihre Politik bedeutet.
– Außenpolitisch konzentriert sich das Godesberger Programm auf die Frage, wie «das ganze deutsche Volk in freier Selbstbestimmung» wieder vereinigt werden kann. Von den internationalen Organisationen kommen fast nur die Vereinten Nationen in den Blick. Die NATO ist nicht angesprochen, die Europäische Gemeinschaft nur unbestimmt als eine der «regional begrenzten übernationalen Gemeinschaften».

B. Zu den Abschnitten des Programms im einzelnen

1. Präambel

Die Präambel beschreibt – antithetisch – den «Widerspruch unserer Zeit». Die Widersprüche, die im ersten Teil der Präambel genannt sind, ließen sich auch heute noch ähnlich beschreiben. Wollte man am Gliederungsprinzip festhalten, so wäre eine Erweiterung um einige wichtige Widersprüche zu erwägen.

Daß all diesen Widersprüchen dann im zweiten Teil der Präambel die Hoffnungen entgegengesetzt sind, hat seinen guten Sinn. Allerdings wären solche Hoffnungen heute etwas verhaltener zu formulieren. Daß wir «aufgerufen» seien, all diese Widersprüche «aufzulösen», läßt sich heute so wohl nicht mehr sagen.

Insgesamt neigt die Kommission zu folgendem Vorschlag: Zu Beginn eines neuen Programms sollte ein plakativer Problemkatalog stehen, nicht hymnisch, wohl auch nicht, wie in Godesberg, antithetisch, aus dem sich dann nüchtern unsere Aufgaben ableiten lassen.

In dieser Einleitung müßten vor allem die einschneidenden Veränderungen seit 1959 dargestellt werden, und zwar in den objektiven Rahmenbedingungen, national wie international, und im Wandel des Bewußtseins.

Als Ausgangspunkt könnten dabei die drei fundamentalen Veränderungen gesellschaftlicher Realität dienen, die Jochen Vogel mehrfach genannt hat:
- die Gefahr der Selbstvernichtung der Menschheit durch nukleare Konfrontation,
- das rapide Anwachsen der technischen Macht des Menschen und das Zurückbleiben der politisch-ethischen Kräfte hinter diesem Zuwachs,
- die Schrumpfung der Erddimension infolge der weltumspannenden Medienkommunikation und der Möglichkeit, nahezu alle Entfernungen innerhalb weniger Stunden zu überbrücken.

An eine zugespitztc Aufzählung von Problemen und Aufgaben – Anregungen dafür wären auch in diesem Bericht zu finden (A 2) – könnten sich dann zwischen Präambel und «Grundwerten des Sozialismus» zwei neue Abschnitte einfügen lassen:
- eine historische Würdigung des Godesberger Programms in der Geschichte der Partei,
- eine Art Minimalanthropologie als Hinführung zu den Grundwerten.

Während sich über die Würdigung des Godesberger Programms

relativ leicht Konsens erreichen ließe, wird jede Minimalanthropologie – auch ihre Notwendigkeit und Zweckmäßigkeit – umstritten sein. Solche Kernaussagen zum Menschen müßten ausgehen von der Würde des Menschen, in der sich Grundwerte und Grundrechte treffen, von der aus sich Grundwerte wie Grundrechte entfalten lassen. Es müßten aber auch die Fehlbarkeit und Unvollkommenheit des Menschen sowie seine Lernfähigkeit und Entwicklungsfähigkeit zugrunde gelegt werden. Der Würde des Menschen läßt sich nur Rechnung tragen, wenn der Mensch als Naturwesen und als Individuum in der Gemeinschaft wahrgenommen und ernst genommen wird. Wer die Zugehörigkeit des Menschen zur Natur übersieht, wer seine Individualität, seine Einmaligkeit und Besonderheit und damit auch sein Selbstbestimmungsrecht verneint oder aber auch seine Angewiesenheit auf die Mitmenschen und damit seine Verantwortung für sie nicht beachtet, wird der Würde des Menschen nicht gerecht.

Weil der Mensch Naturwesen, Individualwesen und Gemeinschaftswesen ist, bedarf es einer Gesellschaft, die sein natürliches Dasein sichert und in der er «seine Persönlichkeit in Freiheit entfalten und als dienendes Glied der Gemeinschaft am politischen, wirtschaftlichen und kulturellen Leben der Menschheit mitwirken kann».

Es bliebe zu prüfen, ob über solche Minimalaussagen zu einem Bild des Menschen Präziseres im Konsens gesagt werden kann und soll.

2. Grundwerte des Sozialismus

Die Grundwertekommission hat ausführlich alle Vorschläge diskutiert, den Katalog der Grundwerte über die Trias des Godesberger Programms hinaus auszuweiten. Genannt wurden «Frieden», «Leben», «Arbeit», «Menschenwürde», «Nation». Dabei ergab sich Einigkeit darüber, daß zwischen drei Ebenen zu unterscheiden sei:
(1) Grundvoraussetzungen dafür, daß Grundwerte realisiert werden können (Leben, natürliche Lebensgrundlagen, Frieden etc.),
(2) Grundwerte als Maßstäbe menschenwürdigen Zusammenlebens (Freiheit, Gerechtigkeit, Solidarität),
(3) Grundforderungen, die sich aus der Verwirklichung der Grundwerte ergeben (Demokratie, Pluralismus, Arbeit etc.).

Dabei erinnert die Kommission an ihre Abgrenzung der Grundwerte von Grundrechten, Ordnungsprinzipien, wertbezogenen Institutionen, Rechtsgütern und Tugenden (Grundwerte und Grundrechte, S. 2). Dort ist über Grundwerte gesagt:

«Die Grundwerte der Parteien sind Maßstäbe für individuelles Han-

Die Bücher kosten nur noch ein Fünftel ihres früheren Preises …

deln, für die Bewertung der gesellschaftlichen Wirklichkeit und für das politische Wollen, das diese Wirklichkeit verändert.» (a. a. O. S. 3f)

Freiheit, Gerechtigkeit und Solidarität erfüllen diese Bedingungen.

Auch wenn niemand für die Ersetzung des Grundwertes «Gerechtigkeit» durch «Gleichheit» plädierte, hat sich die Kommission intensiv mit dem Verhältnis von Gleichheit und Gerechtigkeit befaßt. In der Forderung nach Gerechtigkeit sind Postulate der Gleichheit enthalten, aber Gerechtigkeit läßt sich nicht auf Gleichheit reduzieren. Daher sollte im Grundwerteteil die Beziehung von Gerechtigkeit zu Gleichheit hergestellt und gesagt werden, wo Gleichheit Bestandteil der Gerechtigkeit ist und wo nicht. Bei den Einkommen bedeutet z. B. heute mehr Gleichheit sicher auch mehr Gerechtigkeit, während absolute Gleichheit der Gerechtigkeit widersprechen dürfte.

Nachdem andere Parteien die Trias des Godesberger Programms übernommen haben, ist es ratsam, die gegenseitige Zuordnung der Grundwerte aus unserer Sicht im Programm darzustellen. Dabei kann die Partei zurückgreifen auf den Orientierungsrahmen '85 1,2. Dort ist vor allem eine eindrucksvolle Abgrenzung zum konservativen, liberalen, aber auch zum kommunistischen Verständnis der Grundwerte-Trias zu finden. Die Grundwertekommission sieht die drei Grundwerte eng aufeinander bezogen. In jedem Grundwert schwingen die beiden anderen mit.

Freiheit verwirklicht die Würde des Menschen, die in seinem Anspruch auf Selbstverantwortung liegt.

Gerechtigkeit ist die Forderung nach gleicher Freiheit für jedermann.

«Solidarität drückt die Erfahrung und die Einsicht aus, daß wir als Freie und Gleiche nur dann menschlich miteinander leben können, wenn wir uns füreinander verantwortlich fühlen und einander helfen.» (OR '85 1,2)

«Die Bereitschaft zur Solidarität kann um so stärker wachsen, je mehr Freiheit und Gerechtigkeit in Staat und Gesellschaft verwirklicht sind.» (Grundwerte und Grundrechte, S. 9ff)

Alle diese Überlegungen ändern nichts daran, daß das Kapitel «Grundwerte des Sozialismus» zu den klassischen Formulierungen unserer Programmgeschichte gehört, die auch heute Bestand haben. Daher sollte dieses Kapitel – auch entsprechend dem Antrag 716 des Münchner Parteitages – so weit wie möglich erhalten bleiben. Es wäre zu prüfen, welche der Anregungen der Grundwertkommission in welcher Form weiter verfolgt werden sollen und ob entsprechende

Ergänzungen so präzise gefaßt werden können, daß sie den Duktus des ursprünglichen Textes nicht zerstören. Vielleicht ließe sich auch ein Abschnitt anfügen, der die Grundwerte-Trias in ihrem Zusammenhang erläutert und abgrenzt.

3. Grundforderungen für eine menschenwürdige Gesellschaft

Die Grundforderungen des Godesberger Programms zielen vor allem auf
– Frieden durch internationale Rechtsordnung,
– Demokratie, woraus sich der Widerstand gegen jede Diktatur ebenso ergibt wie die Forderung nach der Kontrolle wirtschaftlicher Macht und nach einer «neuen Wirtschafts- und Sozialordnung»,
– kulturellen Pluralismus,
– Chancengleichheit sowohl zwischen den Gliedern der Gesellschaft als auch zwischen Völkern. Daraus folgt Solidarität mit Entwicklungsländern.

Keine dieser Forderungen ist heute weniger richtig als 1959. Trotzdem glaubt die Kommission, die sich mit diesem Kapitel besonders eingehend beschäftigt hat, daß heute
– neue Forderungen hinzukommen,
– die Dringlichkeit sich verschoben hat,
– einige Forderungen neu zu formulieren wären.

Im einzelnen:

(1) Die Forderung nach Frieden darf sich heute nicht mehr auf die Feststellung beschränken, daß der «Krieg kein Mittel der Politik» sein dürfe. Die Kommission regt an, mit einer Formulierung analog der ersten der Heidelberger Thesen von 1959 zu beginnen:

«Der Weltfriede wird zur Lebensbedingung des technischen Zeitalters.»

Dann wäre darauf hinzuweisen, daß im Zeitalter der Massenvernichtungsmittel Krieg heute die Möglichkeit der Selbstausrottung in sich trägt. Darauf könnte dann die Feststellung, daß der Krieg kein Mittel der Politik mehr ist, folgen.

Damit ergäbe sich die Forderung nach anderen Formen der Konfliktaustragung, die in eine internationale Rechtsordnung einmünden könnten. Als erster Schritt dahin wäre Sicherheitspartnerschaft anzustreben.

(2) Der Absatz über Entwicklungsländer könnte heute etwa so formuliert werden:

«Der Frieden erfordert, daß die Völker der Dritten Welt den ihren

Bedingungen jeweils angemessenen Weg aus Hunger und Elend zu einem menschenwürdigen Zusammenleben finden. Alle Anstrengungen dazu haben unsere Unterstützung.»

(3) Als dritter Absatz sollte eine Passage über Rettung und Bewahrung von Natur eingefügt werden.

(4) Der bisher 3. Absatz, nun eventuell an vierter Stelle, könnte ergänzt oder ersetzt werden durch folgende Formulierung:

«Demokratie muß als Grundlage der staatlichen Ordnung gewahrt und auf die Austragung der gesellschaftlichen Konflikte zwischen verschiedenen Werten und Interessen ausgedehnt werden.»

(5) Im bisher 4. Absatz, nun an fünfter Stelle, könnte der Schlußsatz ergänzt oder ersetzt werden durch folgende Formulierung:

«Sozialismus ist konsequent zu Ende gedachte Demokratie. Sozialismus ist die Anwendung der Demokratie auf Gesellschaft und Wirtschaft.»

Statt des bisherigen 5. Absatzes könnte dem neuen Punkt 5 angefügt werden:

«Das gilt auch für kommunistische Diktaturen, die sich auf Sozialismus berufen, aber durch die Vernichtung der Demokratie nicht nur Freiheit, sondern auch die soziale Gerechtigkeit zerstören. Freiheit kann nicht mit diktarorischen Mitteln geschaffen werden.»

(6) Dem bisherigen 6. Absatz entspräche heute etwa folgende Anregung:

«Der demokratische Sozialismus erstrebt eine sozial gerechte, ökologisch verantwortbare Wirtschaftsdemokratie, in der das Interesse der Gesamtheit über dem Einzelinteresse steht und jede ökonomische Macht sich öffentlicher Kontrolle fügen muß.»

(7) Die Ausführungen des Absatzes 7 (Bildungspolitik) dürfen nicht mehr vorrangig auf sozialen Aufstieg des einzelnen gezielt sein. Bildung muß auch als Selbstzweck, als unerläßliche Orientierungshilfe dargestellt werden, etwa:

«Freiheit und Demokratie sind nur denkbar, wenn eine ständig steigende Zahl von Menschen in die Lage versetzt wird, ein als sinnvoll erfahrenes Leben zu führen, sich in der Gesellschaft zurechtzufinden und mitzuentscheiden.»

In diesem Absatz könnte unter dem weiteren Aspekt der Verteilungsgerechtigkeit auch über den Zugang zur Bildung gesprochen werden, die unter der Zielsetzung von Orientierung, sinnvoller Lebensgestaltung und Mitverantwortung zu würdigen wäre.

(8) Der bisherige Absatz 8, der von neuen Abhängigkeiten handelt, könnte weitgehend beibehalten werden.

Einige weitergehende Anregungen hat die Kommission nicht

ausdiskutiert. Dazu gehört der Vorschlag, vor dem Kapitel «Grundwerte» eines über Grundvoraussetzungen einzufügen, das dann einige Gedanken aus den «Grundforderungen» aufnehmen könnte.

4. Die staatliche Ordnung

In der Kommission wurde erwogen, ob einem Kapitel über die Ordnung des Staates nicht eines über Gesellschaft und Staat vorangehen sollte. Denn nur so könnte unser Staatsverständnis deutlich vom Staatsverständnis anderer Parteien abgehoben werden. Dabei ließe sich an das Kapitel 2.4 im OR '85 anknüpfen. Der Staat ist in der Tat «kein unabhängig über der Gesellschaft stehender neutraler Schiedsrichter, kein Vertreter des objektiven Gemeinwohles gegenüber den Interessen der konkreten gesellschaftlichen Gruppen ..., wie es in bürgerlich-idealistischen Staatstheorien, besonders in Deutschland, oft dargestellt wird» (OR '85 2.4.2).

Der Staat empfängt nicht nur seine Inhalte von den gesellschaftlichen Gruppen, auf jede staatliche Politik wirken die betroffenen gesellschaftlichen Gruppen und Mächte immer ein, so daß nur im Zusammenwirken staatlicher und gesellschaftlicher Instanzen zielorientierte Politik sich durchsetzen läßt.

Folgte man diesem Vorschlag, so wäre es ratsam, die wichtigsten gesellschaftlichen Gruppen hier anzusprechen. Hier wäre wohl der Ort, etwas über Verbände und vor allem über Gewerkschaften zu sagen, die ja keineswegs nur ein Teil des Wirtschaftslebens sind. Hier wären die Kirchen zu nennen, was den Vorteil hätte, daß besser zu unterscheiden wäre zwischen der Rolle der Kirchen und Religionsgemeinschaften in der Gesellschaft und dem Verhältnis des einzelnen oder der Partei zu verschiedenen Glaubenshaltungen.

Hier hätten dann auch die Bürgerinitiativen und neue soziale Bewegungen ihren Ort. Und hier wäre auch der gesellschaftliche Pluralismus zu würdigen. Die Grundwertekommission verweist dazu auf ihre Schrift «Zur politischen Kultur in der Demokratie» aus dem Jahre 1980.

Unabhängig von dieser Anregung schlägt die Kommission vor, einem neuen Kapitel über die staatliche Ordnung die Überschrift «Unser Staat» zu geben.

In diesem Kapitel hätten die meisten Aussagen des Godesberger Programms unverändert ihre Geltung:
- das Bekenntnis zum Grundgesetz (Absatz 1, Satz 2),

– das Bekenntnis zur Menschenwürde und zur Überzeugungs- und Gewissensfreiheit (4,1 und 2),
– die Bestimmung
○ der Sicherung von Glaubens- und Gewissensfreiheit (4,3) und
○ der Schaffung von Vorbedingungen für die selbst verantwortete Persönlichkeitsentfaltung des einzelnen (5,1) als Staatsziele
– die Einsetzung der Grundrechte auch als gemeinschaftsbildende Normen (5,2),
– das – indirekt formulierte – Bekenntnis zum Rechtsstaat (7),
– das Bekenntnis zur parlamentarischen Demokratie mit betontem Minderheitsschutz (8 und 9),
– das Bekenntnis zur Gewaltenteilung (10,1), zur bundesstaatlichen Ordnung (10,2) und zur Gemeindefreiheit (10,3 und 4),
– die Aussagen zur Funktion, zur inneren Ordnung und zur Verantwortung der Verbände (11),
– das Bekenntnis zur Medienfreiheit (12,1),
– die Forderung nach öffentlich rechtlicher Organisation von Rundfunk und Fernsehen (12,2 und 3),
– die justiz- und rechtspolitischen Grundsätze (13).

Einige Passagen des Kapitels erscheinen überarbeitungsbedürftig:
– Die Aussagen zur deutschen Einheit (1,1 und 3,2): Sollten sie überhaupt an dieser Stelle kommen, so müßten der Grundlagenvertrag, die Ostverträge und die Ergebnisse der Entspannungspolitik gewürdigt und Perspektiven für eine weiterführende Deutschlandpolitik entwickelt werden. Außerdem wären dann Aussagen zur nationalen Frage zu erwägen.

Die Kommission rät, an dieser Stelle lediglich die Nation und ihr Selbstbestimmungsrecht zu erwähnen, etwa im folgenden Sinne:

«Als Bürger der Bundesrepublik Deutschland fühlen wir uns als Teil der deutschen Nation. Wir fordern, daß alle Deutschen ihre staatliche Ordnung frei wählen können, und sehen eine besondere Aufgabe darin, den Zusammenhalt der Nation auch zwischen getrennten Staaten zu fördern und zu erhalten.»

Alles andere wäre in das Kapitel zu verweisen, das sich mit Außen-, Deutschland- und Sicherheitspolitik befaßt (B 15). Auch der Abschnitt über den Sozialstaat (Absatz 6) ist wohl überholungsbedürftig. Die Kommission könnte sich etwa die folgende Formulierung vorstellen:

«Als Sozialstaat hat er neben der Daseinsvorsorge für seine Bürger vor allem aktiv gestaltend die Bedingungen zu schaffen für den Abbau vorhandener Ungleichheiten und für die Herstellung von Chancengleichheit, um so jedem die eigenverantwortliche Lebensführung zu er-

möglichen und die Entwicklung einer freiheitlichen Gesellschaft zu fördern.»

Auch die Passage zum Kulturstaat müßte wohl etwas weniger abstrakt gefaßt werden.

Auch die Frage nach Staatszielbestimmungen gehört hierher. Zu diesen Staatszielbestimmungen könnten Arbeit und Ausbildung ebenso gehören wie der Schutz der natürlichen Lebensgrundlagen und der Kultur.

Während die Kommission Bürgerinitiativen als zusätzliche Formen demokratischer Willensbildung überwiegend positiv bewertet sehen möchte, konnte sie sich über die Wünschbarkeit von mehr plebiszitären Elementen nicht einigen.

Folgende Themen könnten neu anzusprechen sein:
– Entbürokratisierung, Dezentralisation und Subsidiarität (siehe auch: «Die Arbeiterbewegung und der Wandel ...», S. 33 ff und 43 ff),
– Neue Medien und innere Medienfreiheit,
– Datenschutz
– Funktion und Grenzen der Verfassungsgerichtsbarkeit,
– Ausländerpolitik (Ausländerwahlrecht?).

5. Landesverteidigung

Die Kommission hielt es nicht für ihre Aufgabe, in die Diskussion einzugreifen, die in der Partei über Strategien zur Erhaltung des Friedens aufgebrochen ist. Sicherlich wird das Ergebnis der Debatte in ein neues Grundsatzprogramm einfließen. Die Kommission beschränkt sich daher auf einige Bemerkungen zum Text des Godesberger Programms:
– Die überwiegend nationale Sicht wird sich in Fragen der Sicherheit nicht halten lassen. Von daher ist der Begriff *Landes*verteidigung problematisch.
– Ein Hinweis auf unsere Einbindung in die NATO und unsere Position im Ost-West-Gegensatz sind unerläßlich.
– In diesen Kontext gehört das Ja zur Bundeswehr.
– Hinweise auf die Wiedervereinigung sollten in diesem Kapitel wegfallen.
– Der Unterschied zwischen Verteidigung und Abschreckung müßte erkennbar werden, auch die Tendenzen zur Destabilisierung der Abschreckung.
– Die Maßnahmen zum Zivilschutz, die aus verständlichen Gründen unterblieben, sollten nicht wieder gefordert werden.

– Gleichgewicht sollte nur im Sinne gleicher Verwundbarkeit angesprochen werden.
– Anzustreben wäre eine gemeinsame Sicherheit, in der die Sicherheit des einen als die Sicherheit des anderen begriffen wird.

Was die Gliederung betrifft, so rät die Kommission, in dem Kontext der «staatlichen Ordnung» nur die Bundeswehr als Teil dieser Ordnung zu beschreiben, während Strategien der Friedenssicherung im Zusammenhang der auswärtigen Beziehungen aufzugreifen wären (siehe B 15).

6. Wirtschafts- und Sozialordnung

Hier die Unterkapitel:
– Stetiger Wirtschaftsaufschwung,
– Eigentum und Macht,
– Einkommens- und Vermögensbildung.

In der Kommission besteht Konsens darüber, daß diese Kapitel gründlich überarbeitet werden müssen. Dies schließt eine völlig neue Gliederung ein. Die Kommission will damit keineswegs alle oder auch nur die Mehrzahl der Aussagen dieser Kapitel in Frage stellen.

Feststellungen wie:

«Es ist also nicht die Frage, ob in der Wirtschaft Disposition und Planung zweckmäßig sind, sondern wer diese Disposition trifft und zu wessen Gunsten sie wirkt. Dieser Verantwortung für den Wirtschaftsablauf kann sich der Staat nicht entziehen. Er ist verantwortlich für eine vorausschauende Konjunkturpolitik.»

oder:

«Freie Konsumwahl und freie Arbeitsplatzwahl sind entscheidende Grundlagen, freier Wettbewerb und freie Unternehmerinitiative sind wichtige Elemente sozialdemokratischer Wirtschaftspolitik. Die Autonomie der Arbeitnehmer- und Arbeitgeberverbände beim Abschluß von Tarifverträgen ist ein wesentlicher Bestandteil freiheitlicher Ordnung.»

oder:

«Wettbewerb so weit wie möglich – Planung so weit wie nötig.»

bleiben nach wie vor wegweisend.

Was das Godesberger Programm zur Umsetzung von wirtschaftlicher Macht in politische Macht sagt, erscheint nach der Flick-Affäre eher noch aktueller als 1959.

Sätze wie:

«Gemeineigentum ist eine legitime Form der öffentlichen Kontrolle,

auf die kein moderner Staat verzichtet. Sie dient der Bewahrung der Freiheit vor der Übermacht großer Wirtschaftsgebilde.»
behalten ebenso ihre Gültigkeit wie die Feststellung:

«Jede Zusammenballung wirtschaftlicher Macht, auch die in Staatshand, birgt Gefahren in sich. Deshalb soll das Gemeineigentum nach den Grundsätzen der Selbstverwaltung und der Dezentralisierung geordnet werden.»

Daß es einer «zielbewußten Einkommens- und Vermögenspolitik» bedarf, wird nicht dadurch unrichtig, daß hier auch in der Zeit der sozialliberalen Regierungen kein Durchbruch erzielt werden konnte. Aber es wäre zu fragen, ob Vermögensbildung in Arbeitnehmerhand wirklich «eine stetige Erhöhung des Sozialprodukts bei gerechter Verteilung» voraussetzt oder ob beim Fehlen stetiger Erhöhung des Sozialprodukts die Gerechtigkeit nicht gerade durch Erhöhung der Vermögensbildung in Arbeitnehmerhand hergestellt werden kann.

Wenn die Kommission – bei voller Zustimmung zu vielen Passagen – einmütig eine völlige Neuformulierung vorschlägt, so vor allem, weil sich die zahlreichen neuen Fragestellungen – innerhalb neuer Rahmenbedingungen – nicht auf die vorliegenden Kapitel des Godesberger Programms aufkleben lassen.

Die Kommission plädiert dafür, die Fragen der Ökologie nicht vom Wirtschaftskapitel abzutrennen, sondern sie im Kontext der Wirtschaft abzuhandeln, da es nicht ausreicht, das ökologisch Wünschbare aufzulisten, sondern eine Wirtschaftsordnung zu entwickeln ist, in der sich das ökologisch Notwendige durchsetzen läßt.

Dabei wären die Beschlüsse des Berliner Parteitags (Grundlagen für ein ökologisch-ökonomisches Gesamtkonzept, Antrag 664) und die «Ökologiepolitischen Orientierungen der SPD», vorgelegt von der Kommission für Umweltfragen und Ökologie beim Parteivorstand, ein hilfreicher Ausgangspunkt.

Auch die Partnerschaft mit der Dritten Welt läßt sich nicht als isolierter Merkposten abhandeln, sie muß eine Dimension der Gesamtpolitik und insbesondere der Wirtschaftspolitik sein. Daher gehört sie als integraler Bestandteil in eine Wirtschaftskonzeption.

Aus all diesen Gründen hat sich die Arbeit der Kommission schließlich auf die Frage konzentriert, wie ein neues Kapitel – überschrieben «Sozial und ökologisch verantwortbare Wirtschaftsordnung» – gegliedert sein könnte.

Eingehende Diskussion ergab folgenden Konsens, der allerdings nicht mehr sein kann als eine Momentaufnahme in einem intensiven Denkprozeß:

(1) Was wurde erreicht?

Was ist gefährdet?
Was ist heute notwendig?
– Auf dem Weg vom kapitalistischen Wildwuchs zum sozialen und demokratischen Konsens
– Was bedeutet in diesem Kontext das Godesberger Programm?
– Wohlstand durch Wachstum, positive Würdigung der Wachstumsperiode, in der auch das Godesberger Programm entstand
– Grenzen und Preis solchen Wachstums
der ökologische Preis und die ökologischen Grenzen
soziale Grenzen und Unverträglichkeiten (beides im nationalen wie im internationalen Rahmen)
– Technische Entwicklung, Chancen und Gefahren, vor allem für die Zukunft der Arbeit
– Unsere Aufgabe heute: Innerhalb neuer Rahmenbedingungen mit neuen Einsichten und Werthaltungen neue Wege zu suchen.

(2) Wichtige Ziele,

wenn Wirtschaft nicht als Selbstzweck, sondern als Mittel für menschenwürdiges Leben verstanden wird.
– Arbeit für alle
– Humanisierung der Arbeit
– gerechte Verteilung der Mittel zum Leben
– dauerhafter Wohlstand
– Erhaltung und Pflege von Natur, Umwelt und Ressourcen
– Partnerschaft mit der Dritten Welt.

(3) Demokratische Gestaltung – nicht Schicksal

Unsere Wirtschaftsordnung:
die demokratisch gesteuerte Marktwirtschaft
– Notwendigkeit von Gebildereichtum und Pluralismus
– Leistung und Grenzen des Marktes
– Aufgaben und Grenzen des Staates (auch Bundesbank)
– Tarifvertrag, Mitbestimmung, Selbstverwaltung, Aufgabe der Gewerkschaften
– die verschiedenen Formen der Kontrolle wirtschaftlicher Macht
– neue Wege der Steuerung, national wie international.

(4) Was wir tun müssen – Aufgaben im einzelnen

– Arbeit für alle
– Umverteilung der Arbeit
– Förderung der Innovation bei sozialer Beherrschung der Technik
– selektives, auf Lebensqualität gerichtetes Wachstum
– dazu gehören u. a. neue Ansätze bei Energie, Bauen und Wohnen, Verkehr, Landwirtschaft und der unmittelbaren Pflege und Schonung von Umwelt und Ressourcen
– internationale Zusammenarbeit, auch als Teil der Friedenssicherung, Kooperation mit Entwicklungsländern
– Schritte zu einer gerechteren Verteilung; hier öffentliche Finanzen, Steuern auch als ordnungspolitische Instrumente, Bildung von Produktivvermögen.

7. Agrarwirtschaft

In der Kommission gab es keine abschließende Meinungsbildung darüber, ob über die Hinweise im Kapitel über «Sozial und ökologisch verantwortliche Wirtschaftsordnung» (unter 4) hinaus ein Kapitel über Agrarpolitik ratsam ist.

In jedem Fall müßte ein Agrarkapitel von einem Tatbestand ausgehen, der im Godesberger Programm gar nicht erwähnt sein konnte: der Krise der EG-Agrarpolitik. Die Kommission hat mit Interesse die Versuche des hessischen Ministers für Umwelt, Landwirtschaft und Forsten zur Kenntnis genommen, eine – auch ökologisch – verantwortbare Alternative zu erarbeiten. Der Kommission fehlt jedoch der Sachverstand, der nötig wäre, eigene Konzepte beizutragen.

Bleiben sollte sicherlich das Ja zum bäuerlichen Familienbetrieb bei gleichzeitiger Förderung des Genossenschaftswesens.

8. Die Gewerkschaften in der Wirtschaft

In der Kommission bestand Einmütigkeit darüber, daß auch ein neues Programm eine Darstellung unseres Verhältnisses zu den Gewerkschaften, eine Würdigung der gewerkschaftlichen Arbeit und der gemeinsamen Ziele enthalten sollte.

Anders als im Godesberger Programm, schlägt die Kommission jedoch vor, Themen wie das der Wirtschaftsdemokratie oder auch andere wirtschaftspolitische Fragen nicht im Gewerkschaftskapitel, sondern als Teil sozialdemokratischer Politik aufzugreifen, wobei natürlich die parallelen Bestrebungen der Gewerkschaften zu erwähnen wären.

Die Kommission hat auch überlegt, wo der angemessene Ort von Aussagen über die Gewerkschaften wäre.

Die Meinung überwog, die Gewerkschaften zuerst in dem angeregten Zwischenkapitel über «Gesellschaft und Staat» als gesellschaftliche Kraft einzuführen, um der Bedeutung der Gewerkschaften über die Wirtschaft hinaus gerecht zu werden. Später sollten dann im Wirtschaftskapitel – entsprechend der angeregten Gliederung unter (3) – die Aufgaben der Gewerkschaften in der Wirtschaft beschrieben werden.

Die Inhalte des Kapitels «Die Gewerkschaften in der Wirtschaft» waren nicht kontrovers. Wo von Mitbestimmung die Rede ist, müßte künftig auch die Forderung nach paritätischer Mitbestimmung aufgenommen werden.

9. Soziale Verantwortung

Die Kommission ist sich darin einig, daß manche Passagen dieses Kapitels noch durchaus aktuell sind und nur geringfügig verändert werden müßten, um unserer Zeit zu entsprechen. Verblüffend aktuell ist z. B. der dritte Absatz, der mit den Sätzen beginnt:

«Technik und Zivilisation setzen heute den Menschen einer Vielzahl von gesundheitlichen Gefährdungen aus. Sie bedrohen nicht nur die lebende, sondern auch künftige Generationen. Gegen diese Schädigungen kann sich der einzelne nicht schützen. Deshalb fordert die Sozialdemokratische Partei eine umfassende Gesundheitssicherung. Lebensbedingungen und Lebensformen sind so zu gestalten und die Gesundheitspolitik ist so auszubauen, daß ein Leben in Gesundheit möglich wird.»

Da jedoch Gesundheitspolitik heute noch mehr als 1959 als eine unserer Hauptaufgaben erkannt ist, wäre es wohl angemessen, diesem Thema ein eigenes Kapitel zu widmen.

Dabei wäre der Gedanke der Vorbeugung umfassender anzusprechen. Es müßte dargetan werden, daß es zugleich humaner und auf die Dauer billiger ist, die Lebens- und Arbeitsbedingungen humaner zu gestalten, als die Menschen nachträglich mit hohem Aufwand zurechtzuflicken. Hierher würden auch Aussagen über die Grenzen der Chemotherapie und der Apparatemedizin gehören. Die Interessen, die auf das Gesundheitswesen einwirken, wären zu nennen. Auch Gesundheitsaufklärung und die Verantwortung des einzelnen für seine Gesundheit müßten erwähnt werden.

Wir sollten uns auch nicht scheuen, etwas zum Thema Sterbehilfe zu sagen, zumindest in dem Sinne, daß der Umgang mit Krankheit und Tod von Tabus befreit werden sollte.

Ob die Forderung nach Mindestrente (2. Absatz) so wieder aufgenommen werden kann, müßte von den Sozialpolitikern neu diskutiert und von den Führungsgremien entschieden werden.

Durchaus aktuell ist die Forderung Absatz 5:

«Bei vollem Ausgleich des Einkommens ist die Arbeitszeit fortschreitend zu verkürzen, wie es die Entwicklung der Wirtschaft ermöglicht.»

Es fragt sich jedoch, ob heute diese knappe und präzise Formulierung ausreicht. Ein neues Programm müßte wohl ein Kapitel zur «Zukunft der Arbeit» enthalten, entweder als Unterkapitel von «Sozial und ökologisch verantwortliche Wirtschaftsordnung» (siehe Gliederungsvorschlag Ziffer 1) oder im Anschluß daran.

Zu dem Stichwort «individuelle fürsorgerische Dienste» (Absatz 6) ergab die Diskussion, daß es hier nicht nur um das Verhältnis zwischen öffentlichen und freien Trägern gehe. Wichtiger noch sei die Öffnung der sozialen Leistungssysteme (öffentlich wie «frei») für die Mitwirkung der Betroffenen, der Ausbau der Kooperation zwischen Professionellen und Laien, wirksamere Hilfe zur Selbsthilfe.

Die Forderung nach einem Arbeitsgesetzbuch (Absatz 7) hat sich weitgehend erledigt. Vielleicht könnte eine Vereinfachung der Gesetzgebung selbst gefordert werden.

Das «Recht auf eine menschenwürdige Wohnung» (letzter Absatz) sollte erhalten bleiben, auch wenn an dieser Stelle der Hinweis auf die Familie das Thema verengt. Soweit nicht im Wirtschaftskapitel (Gliederungsvorschlag Ziffer 4) schon auf die neuen Aspekte dieses Themas eingegangen wird, könnte hier etwas über die Wege gesagt werden, auf denen Wohnraum zu erschwinglichen Preisen geschaffen oder erhalten werden kann.

Neu sollten die konservativen Versuche aufgegriffen werden, die Lebensrisiken zu reprivatisieren.

Die Grundwertekommission hat sich mit der Kritik am Ausbau des Sozialstaates eingehend befaßt («Die Arbeiterbewegung ...», S. 41 ff). Dort wären auch Kriterien zu finden für eine Weiterentwicklung der sozialen Sicherung, die berechtigte Kritik aufnimmt und als Ansporn nutzt.

Die Kommission hält es auch für erforderlich, etwas über die flexiblere Anpassung der Sicherungssysteme an unterschiedliche Lebenslagen und Bedürfnisse auszusagen (z. B. entsprechend der schwedischen Regelung: Möglichkeit der Kombination von Teilrente und Teilarbeitseinkommen 5 Jahre vor und 5 Jahre nach dem gesetzlichen Rentenalter).

Davon scharf zu unterscheiden wären die Versuche, möglichst viele Risiken wieder beim einzelnen abzuladen.

Hinzu kommen müßten wohl auch Aussagen zur Finanzierung der sozialen Sicherheit, vor allem dann, wenn die Willensbildung der Partei in eine neue Richtung geht (Finanzierung nicht nur aus dem Faktor Arbeit).

10. Frau – Familie – Jugend

Die Kommission ist sich einig, daß ein künftiges Programm kein Kapitel mit dieser Überschrift haben darf. Die Forderung nach «Gleichberechtigung der Frau ... rechtlich, sozial und wirtschaftlich» klingt heute nicht mehr überzeugend, wenn man über die Frau nur im Kontext von Familie und Jugend spricht, auf ihre «psychologischen und biologischen Eigenarten» verweist und Hausfrauenarbeit als Berufsarbeit anerkannt wissen will.

Letztlich liegt auch dem Godesberger Programm ein konservatives Leitbild von männlichen und weiblichen Rollen zugrunde.

Wahrscheinlich wäre es ratsam, in einem Abschnitt «Emanzipation» etwas über eine Aufgabenverteilung zwischen Mann und Frau zu sagen, die beiden erlaubt, sich freier und weniger einseitig zu entfalten (siehe dazu «Die Arbeiterbewegung ...», S. 17 ff).

Dem wäre möglicherweise je ein Kapitel über die Generationen der Jungen und der Alten anzufügen. Ein Seniorenkapitel empfiehlt sich im Blick auf den wachsenden Anteil älterer Menschen in unserer Gesellschaft.

In einem neuen Programm müßte das Ziel einer gesellschaftlichen Gleichstellung von Mann und Frau in der personalen Wahlfreiheit zwischen den Lebensaufgaben Beruf, gesellschaftliche Arbeit, häusliche Tätigkeit und Erziehungsarbeit angesprochen werden, wobei alle diese Möglichkeiten Frau und Mann geboten sein sollen. Erst von daher wird dann die Gleichstellungsforderung des Godesberger Programms sinnvoll. Dann wäre ein Satz angebracht: «Arbeit zur Erziehung von Kindern oder Hausarbeit sind jeder Erwerbsarbeit gleichwertig.» Im übrigen wäre auf die speziellen Aufgaben der Frau in den entsprechenden Kapiteln einzugehen.

Die Leistungen der Familie für die Gesellschaft sollten anerkannt werden, auch wenn der Satz «In der materiellen Sicherung der Familie liegt die Anerkennung ihrer ideellen Werte» dem heutigen Sprachgebrauch nicht mehr ganz entspricht.

Familienlastenausgleich ist nach wie vor nötig, Mutterschaftshilfe und Kindergeld keineswegs überholt. Dabei käme es darauf an, den Begriff der Familie nicht einzuengen auf ein Leitbild, dem die Realität vielfach nicht mehr entspricht. Richtunggebend für die Familienpolitik soll das Wohl der Kinder sein. Neu müßten bessere soziale Angebote für einen oder beide Elternteile gefordert werden, die zumindest die frühkindliche Erziehung in der Familie gewährleisten. (Urlaubsanspruch bei Wiedereinstellungsgarantie, Verkürzung der täglichen Arbeitszeit nach Wahl, Baby-Jahr)

Zum Erziehungsauftrag der Familie und des Staates hat das Godesberger Programm vorsichtig und wohlabgewogen formuliert: «Staat und Gesellschaft haben ... die Aufgabe, die Erziehungskraft der Familie zu stärken, sie in Bereichen, die sie nicht ausfüllen kann, zu ergänzen und notfalls zu ersetzen.»

Forderungen zum Jugendarbeitsschutz (letzter Absatz) müßten wohl entweder im Kapitel «Zukunft der Arbeit» oder in einem Kapitel über die junge Generation untergebracht werden.

11. Religion und Kirche

(unter der Generalüberschrift: Das kulturelle Leben)

Die Kommission ist sich einig, daß die Aussagen dieses Kapitels hohen Rang in der Programmgeschichte unserer Partei haben und fast durchweg so formuliert sind, daß sie Bestand haben. Bliebe es bei der bisherigen Gliederung, so schlüge die Kommission lediglich vor, an den dritten Absatz folgenden Satz anzufügen:

«Sie (die SPD) bejaht, daß Kirchen und Religionsgemeinschaften von ihrem Glauben und ihrer Ethik her die Politik des Gesetzgebers und der politischen Parteien kritisch begleiten und somit gleichberechtigt mit anderen gesellschaftlichen Kräften an der demokratischen Willensbildung teilnehmen.»

Aber es bleibt die Frage, ob die Inhalte dieses Kapitels nicht an anderer Stelle angemessen zur Sprache kommen müßten: etwa im Kapitel «Gesellschaft und Staat», wo einiges über die Bedeutung der Kirchen in der Gesellschaft zu sagen wäre; ob zum andern im Kapitel «Unser Staat» unter dem Aspekt der Glaubens- und Gewissensfreiheit auf die Kirchen Bezug genommen werden soll.

Sollte im Programm auch ein historischer Rückblick über den Wandel des Selbstverständnisses der Partei enthalten sein, so hätten dort andere Aspekte des Themas ihren Ort. Jedenfalls spricht einiges dagegen, das Thema «Religion und Kirche» allein unter der Überschrift «Das kulturelle Leben» abzuhandeln.

12. Die Schule

Die meisten Aussagen und Forderungen dieses Kapitels gelten auch heute.

Diesen Aussagen liegt ein eher harmonisches, jedenfalls nicht konfliktbetontes Bild von der Gesellschaft zugrunde. Auch wenn die Kommission nicht dazu rät, nun in ein anderes Extrem zu verfallen, wäre es ratsam, auch die Fähigkeit zu Kritik und Konflikt in die Ziele der Schule aufzunehmen. Beides, das Erkennen und Durchstehen wie das Bewältigen und Überwinden von Konflikten (etwa durch Kompromißfähigkeit) sollte geübt werden.

Die Notwendigkeit von «Kenntnis und Aneignung der überlieferten kulturellen Werte» (Absatz 1) wird nicht bestritten, auch wenn die Formulierung die Dynamik des hier gemeinten Prozesses nicht voll wiedergibt. Es geht darum, in der Auseinandersetzung mit dem Überlieferten die historische Dimension der eigenen Existenz und damit sich selbst zu verstehen.

Der zweite Absatz, der in komprimierter Form Erziehungsziele nennt, könnte der Sache nach beibehalten werden, eventuell in sprachlicher Überarbeitung.

Den dritten Absatz (musische und handwerkliche Erziehung, Vertrautheit mit Kunst) hält die Kommission für besonders wichtig. Vielleicht ließe sich dieser Absatz folgendermaßen erweitern:

«Die Schule soll junge Menschen auf eine Gesellschaft vorbereiten, in der immer weniger Zeit durch rasch sich ändernde Erwerbsarbeit, immer mehr Zeit durch Eigenarbeit, kulturelle und soziale Betätigung ausgefüllt wird. Dies bedeutet, daß die Schule handwerkliche, künstlerische und soziale Grundfertigkeiten vermitteln und die Bereitschaft zu eigenständiger Aktivität fördern soll.»

In welcher Weise Schule, Gesellschaft und Arbeitswelt insgesamt miteinander verbunden und verzahnt sein sollen, wurde ausführlich diskutiert, ohne daß eine gemeinsame Formulierung vorgelegt werden kann.

Die Kommission ist der Meinung, daß die berufliche Bildung im künftigen Programm einen höheren Stellenwert erhalten soll.

Im vierten Absatz (Sport und körperliche Erziehung) wäre es heute wohl angebracht, den Akzent auf Breitensport zu legen und den Auswüchsen des Leistungssports zu widersprechen.

Die Mitwirkung der Eltern (Absatz 5) wird bei den Bildungspolitikern nicht einheitlich beurteilt.

Andere Punkte (kostenloser Schulbesuch, Lehr- und Lernmittelfreiheit, 10jährige Schulpflicht, zweiter Bildungsweg) sind unbestritten.

Zwei Punkte hielte die Kommission zusätzlich für wichtig:

(1) Das Prinzip, Förderung muß in unseren Schulen Vorrang haben. Das schließt die besondere Förderung besonderer Begabungen ein.

(2) Eine Aussage über den Eigenwert von Bildung. Bildung ist nicht nur Mittel zum Fortkommen, sie hat – zumal in der Gesellschaft der Zukunft – auch da Eigenwert, wo eine unmittelbare Verwendung nicht möglich und vielleicht auch nicht gewollt ist.

Schließlich plädiert die Kommission dafür, aus dem folgenden Kapitel «Die Wissenschaft» die Absätze, die sich mit wissenschaftlicher Ausbildung, Hochschule und Erwachsenenbildung befassen, in dieses Kapitel einzubeziehen, so daß dann die Überschrift «Schule, Bildung» angemessener wäre.

13. Die Wissenschaft

Die Kommission schlägt vor, dieses Kapitel um alle Fragen der Bildung und Ausbildung zu kürzen (s. o.) und zu einem Kapitel «Wissenschaft, Forschung, Technik» zu erweitern.

Dabei müßte sichtbar werden, daß es heute schwieriger ist als 1959, von *der* Wissenschaft zu sprechen. Es wäre darauf zu verweisen, daß es verschiedene, oft gegensätzliche Ansätze zu wissenschaftlicher Wahrheitsfindung gibt, daß verschiedene wissenschaftliche Methoden verschiedene Teile der ganzen Wahrheit erschließen und daß immer die Gefahr besteht, Teilwahrheiten als ganze Wahrheit auszugeben. Dies um so mehr, je stärker Interessen die Forschung bestimmen.

In diesem Kapitel müßte der Satz des Godesberger Programms «Der Staat hat Vorsorge zu treffen, daß Forschungsergebnisse nicht zum Schaden der Menschheit mißbraucht werden» entfaltet und auf die schwierigen Probleme moderner Forschung angewandt werden. Dabei geht es vor allem um den Zeitpunkt des staatlichen Eingriffs. Wissenschaftsfreiheit hat nie bedeutet, daß jede Art von Forschung mit Steuergeldern gefördert werden muß. Die Berufung auf Wissenschaftsfreiheit entbindet die Politik nicht von der Aufgabe, nach politischen Wertkriterien über die Verteilung knapper Mittel zu entscheiden. Die Erfahrung der letzten Jahre zeigt, daß ein wünschenswerter Pluralismus der Fragestellungen, Ansätze und Methoden (Parallelforschung) an der Knappheit der Mittel seine Grenzen findet. Das Kriterium der Sozialverträglichkeit müßte schon früh ins Spiel kommen. Dazu wären auch Anstrengungen der Wissenschaftler selbst hilfreich, ihre eigene Verantwortung für die Verwendung wissenschaftlicher Ergebnisse so wahrzunehmen, daß die Gefahr staatlicher Bevormundung sich verringert. Die Kommission verweist dazu auf ihre Diskussionsschrift «Humane Grenzen des technisch Machbaren».

Es wird aber auch Fälle geben, in denen unmittelbar politisch (durch Regierung oder Parlament) über ausgereifte technische Alternativen zu entscheiden ist (Überschall-Reiseflugzeug, Schneller Brüter etc). Es müßte deutlich werden, daß in Zukunft hier eine der wichtigsten Aufgaben der Politik liegt.

In der Tendenz erhalten bleiben sollte die Forderung nach «Ausbau und Vertiefung der Wissenschaft vom Menschen und der Gesellschaft». Aber auch hier wird der Eindruck zu vermeiden sein, die SPD halte an einem ebenso einheitlichen wie überoptimistischen Wissenschaftsbegriff fest, der vor einem Vierteljahrhundert noch kaum angefochten war.

14. Die Kunst

Dieser Abschnitt wäre auszubauen. Kunst ist hier zu sehr das, was Künstler schaffen und Förderung verdient. In einem neuen Programm wäre Kunst als eine wichtige, nämlich die ästhetische Dimension menschenwürdigen Lebens darzustellen. Dabei wären die Bürger – jeden Alters und Geschlechts – nicht nur als möglichst kunstverständige Konsumenten, sondern als potentiell schöpferisch Tätige anzusprechen, die eigene Fähigkeiten entdecken und entfalten. Länder und Bund, vor allem aber die Kommunen, sollten lokale Initiativen aller Art unterstützen.

Es muß deutlich werden, daß Kunst kein Luxus für Bildungsbürger, kein entbehrlicher Schnörkel an der Fassade der Leistungsgesellschaft ist, sondern ein wesentliches Gegengewicht gegen Abstumpfung und Verflachung, Vereinsamung und Banalisierung des Alltags von Menschen in einer hochindustrialisierten Zivilisation.

15. Internationale Gemeinschaft

Kaum ein Kapitel des Godesberger Programms ist so weit von der Wirklichkeit unserer Tage entfernt wie das über «Internationale Gemeinschaft». Es spiegelt das Denken der Sozialdemokraten der fünfziger Jahre, die sich weigerten, die deutsche Teilung auf lange Sicht hinzunehmen. Um Chancen und Rahmenbedingungen deutscher Einheit kreiste ihr Denken. Sie sahen keinerlei Spannung zwischen diesem Ziel und der «größten und dringendsten Aufgabe ..., den Frieden zu bewahren und die Freiheit zu sichern» (erster Absatz des Kapitels), da sie in der deutschen Spaltung eine zusätzliche Gefährdung des Friedens, in ihrer Überwindung den Ansatz zu einer europäischen Friedensordnung sahen. Der Satz «Das wiedervereinigte Deutschland soll mit allen Rechten und Pflichten Mitglied eines europäischen Sicherheitssystems sein» (6. Absatz) zielt auf ein gesamteuropäisches System kollektiver Sicherheit, das die Militärblöcke ablösen sollte. Nur von daher ist verständlich, daß die NATO und die Europäische Gemeinschaft, deren Mitglied die Bundesrepublik bereits war, gar nicht erwähnt werden, während die UNO schon deshalb eine zentrale Stellung bekam, weil die SPD hoffte, «regionale Sicherheitssysteme im Rahmen der Vereinten Nationen aufzubauen» (6. Absatz).

Aus diesem Denken heraus ist wohl auch die Überschrift «Internationale Gemeinschaft» entstanden, die uns im Blick auf die Realität des Jahres 1984 eher verniedlichend erscheint.

Die Kommission schlägt vor, unter einer neuen Gesamtüberschrift – sie könnte in Anlehnung an eine Schrift Fritz Erlers «Unser Platz unter den Völkern» heißen oder «Unsere Friedensaufgabe im internationalen Kräftefeld» – alles zusammenzufassen, was mit Außen-, Sicherheits-, Deutschland- und Friedenspolitik zu tun hat.

Dahin würden dann auch die Fragen der Deutschlandpolitik gehören.

Für das bisherige Kapitel «Landesverteidigung» im Rahmen der «staatlichen Ordnung» blieben dann lediglich Aussagen zur Einordnung der Bundeswehr in den demokratischen Staat, zur Kriegsdienstverweigerung etc., während Fragen der Strategie im Rahmen des außenpolitischen Gesamtkapitels abzuhandeln wären.

Die Entwicklungsländer, denen im Kapitel «Internationale Gemeinschaft» der ausführliche letzte Absatz gewidmet ist, kämen in einer neuen Gliederung zuerst vor in den «Grundforderungen», dann im Kapitel «Sozial und ökologisch verantwortbare Wirtschaftsordnung (innen- und wirtschaftspolitische Voraussetzungen für ökonomische und ökologische Partnerschaft)» und schließlich im außenpolitischen Kapitel, wo sie als politische Partner zu würdigen wären, deren Unabhängigkeit gegen alle alten und neuen Abhängigkeiten zu stützen wäre. Hierher würden dann auch Fragen der inneren Entwicklung der Staaten der Dritten Welt sowie der Weltwirtschaftsordnung gehören.

Wir könnten uns ein neues Kapitel zu den Außenbeziehungen ungefähr so vorstellen:

(1) Es wäre durchaus möglich, wie im Godesberger Programm mit der Aufgabe der Friedenswahrung zu beginnen. Dem wäre allerdings anzufügen, daß die Bewahrung des Friedens primär eine politische Aufgabe ist.

(2) Dann wäre der politische Kontext zu schildern, in dem sich die Aufgabe stellt (Ost-West-Gegensatz, Nord-Süd-Spannung). Dabei wäre zu skizzieren, was sich im Osten, Westen und Süden seit 1959 vollzogen hat (z. B. Entstalinisierung, wirtschaftliche Blüte Westeuropas, innere Krisen im kommunistischen System, Scheitern vieler Entwicklungsmodelle im Süden, Entstehung von immer neuen Militärdiktaturen, Aufkommen der multinationalen Konzerne, Aufstieg und Krise der Ölländer, religiöser Fundamentalismus, Machtlosigkeit der UNO).

(3) Dann könnte kurz auf die Entwicklung der Ost-West-Beziehungen eingegangen werden (Ostverträge, Entspannung, Verschärfung seit Ende der siebziger Jahre, Gefahren der Konfrontation, vor allem im Süden, z. B. in Nahost, der Karibik etc.).

(4) Der nächste Abschnitt könnte zeigen, was sich daraus für unsere Politik gegenüber der Dritten und Vierten Welt ergibt (Entschärfung der Krisenherde, Stützung der Unabhängigkeit, Ja zur Blockfreiheit, Entschuldung, Umstrukturierung des Internationalen Währungsfonds, Meeresnutzung etc.).

(5) Hier könnte sich ein Abschnitt anschließen, der sich etwa mit «Europa als Friedensfaktor» umschreiben ließe. Darin wären die Notwendigkeiten, Schwierigkeiten und Chancen europäischer Einigung im Blick auf die Erhaltung des Friedens darzustellen.

(6) Hieran ließe sich ein Kapitel über die militärischen Aspekte von Friedensgefährdung und Friedenswahrung anschließen. Hier hätte das Bekenntnis zum Westen, zur NATO seinen Ort, aber auch die Nennung gemeinsamer Sicherheitsinteressen der Europäer in West und Ost und die Feststellung, daß die herkömmlichen und sich wandelnden Strategien atomarer Abschreckung heute ihre Selbstaufhebung in sich tragen, so daß wir nach anderen Formen der Sicherheit suchen müssen.

Hierher gehörten auch Überlegungen, wie sich die Blöcke durch Bemühungen um gemeinsame Sicherheit überwölben, in ihrer Bedeutung relativieren und schließlich ablösen lassen durch eine europäische Ordnung, wie sie das Godesberger Programm im Auge hat, aber auch die spezifischen Beiträge deutscher Sicherheitspolitik zur Schaffung von mehr Stabilität und gegenseitigem Vertrauen zwischen den Blöcken.

(7) Erst dann wäre das Thema zu behandeln, das im Godesberger Programm dominiert: die Frage nach der Zukunft der Deutschen in beiden Staaten. Dabei müßte klar werden, daß wir, ohne das Recht auf Selbstbestimmung aufzugeben, die Zusammenführung der Deutschen – sicher nicht im klassischen Nationalstaat – dem Ziel des Friedens unterordnen.

(8) In einem Programm der Sozialdemokratie darf auch die Erweiterung der Sozialistischen Internationale über Europa hinaus nicht unerwähnt bleiben. An dieser Stelle ließe sich auch – in sehr viel bescheidenerer Form – ein Gedanke aufnehmen, der im Godesberger Programm lautet: «Ihre (der Entwicklungsländer) wirtschaftliche, soziale und kulturelle Entwicklung muß von den Ideen des demokratischen Sozialismus erfüllt werden, damit sie nicht neuen Formen der Unterdrükkung verfallen» (letzter Absatz).

Die Kommission hat sich in diesem Bereich absichtlich darauf beschränkt, einige Angaben zu neuen Themen und ihrer möglichen Gliederung zu machen. Da bis zur Verabschiedung eines neuen Programms im günstigsten Fall mehrere Jahre vergehen werden, könnte ein Konsens über Formulierungen frühestens in der zweiten Hälfte des Jahrzehnts als Ergebnis einer Diskussion gefunden werden, die in der Partei, aber auch weit über die Partei hinaus zu führen sein wird.

16. Unser Weg

Ein Kapitel dieser Art sollte auch ein künftiges Grundsatzprogramm abschließen.

Wenn die Kommission dafür Änderungen anregt, so aus dem einfachen Grund, daß der Weg der Sozialdemokratie seit 1959 um ein Viertel länger geworden ist. Die Stationen dieses Weges gewinnen aus der Perspektive des Jahres 1984 andere Proportionen als aus der des Jahres 1959.

Zur Geschichte der Partei gehört heute auch die Wirkungsgeschichte des Godesberger Programms und sechzehn Jahre der Regierungsverantwortung im Bund. Wenn die Kommission hier eigene Formulierungsvorschläge macht, so ist sie sich der Tatsache bewußt, daß bis zur Verabschiedung eines neuen Programms unser Weg noch um einige Stationen reicher geworden sein wird und daß dann aus dieser Perspektive neu formuliert werden muß.

Im einzelnen schlägt die Kommission vor:

In den ersten Absätzen wären lediglich einige Präzisierungen wünschenswert; z. B., daß mit «geschichtlicher Aufgabe» nicht irgendeine Form von Determinismus gemeint ist, sondern die Tatsache, daß die Arbeiterbewegung sich wie keine andere gesellschaftliche Kraft der Bedürfnisse der Zeit annahm und daß sie zur geschichtswirksamen Kraft wurde.

Der 5. und alle folgenden Absätze könnten durch folgende Gedanken ersetzt werden:

(1) Im Godesberger Programm sind die Schlußfolgerungen aus der Erfahrung des fast einhundertjährigen Kampfes der Arbeiterbewegung – ihrer Niederlagen, Irrtümer und Erfolge – gezogen worden. Dazu gehört auch die Erkenntnis, daß der Marxismus einen unverzichtbaren Beitrag zur Analyse des Kapitalismus und zum Kampf gegen dessen Übel geleistet hat, jedoch nicht beanspruchen kann, als geschlossene Lehre die theoretische Grundlage der Sozialdemokratie zu bilden.

Sozialismus wird als die aus den Grundwerten Freiheit, Gerechtigkeit und Solidarität folgende Aufgabe der umfassenden gesellschaftlichen Demokratisierung verstanden. Sie ist auch die Voraussetzung dafür, daß die Kräfte, die durch die industrielle Revolution und die Technisierung aller Lebensbereiche entbunden wurden, in den Dienst von Freiheit und Gerechtigkeit für alle gestellt werden können.

(2) Das Godesberger Programm hat die Sozialdemokratie für neue Schichten und Gruppen geöffnet und hat ihr den Weg zur Übernahme von Regierungsverantwortung in der Bundesrepublik geebnet.

In den 16 Jahren ihrer Regierungsbeteiligung von 1966 bis 1982 konnte die Sozialdemokratie unbestreitbare Fortschritte im Sinne der Zielsetzungen des Godesberger Programms erreichen, vor allem in den Bereichen Rechtspolitik, Mitbestimmung, soziale Sicherung und Friedenspolitik; ebenso beim Abbau autoritärer Traditionen in unserem Land.

Die Verwirklichung dieser vom Godesberger Programm getragenen Politik stieß an enger werdende Grenzen. Einige dieser Grenzen waren durch Mängel sozialdemokratischen Handelns selbst bedingt.

Widerstandskräfte gegen Reformen wurden oft nicht rechtzeitig und ausreichend wahrgenommen und ernst genommen; es gelang auch nicht immer, die politischen Tagesentscheidungen in einen einleuchtenden Zusammenhang mit sozialdemokratischen Reformzielen zu bringen.

Objektive Grenzen setzen die Abhängigkeit von einem Koalitionspartner, der andere Interessen verfolgte, aber auch weltwirtschaftliche Umbrüche um das Hervorbrechen neuer Probleme der Industriegesellschaft und der Weltpolitik in den letzten Jahren.

Völlig neue Aufgaben standen vor Partei und Regierung durch das weltweite Erwachen des ökologischen Bewußtseins, die Erfahrung der Grenzen der Belastbarkeit des Planeten Erde und der Verfügbarkeit von Rohstoffen für stetiges Wirtschaftswachstum, neue Gefährdung durch nicht absehbare oder nicht beherrschbare Folgen technologischer Entwicklungen sowie Grenzen der Finanzierbarkeit und der Wirksamkeit des zentral organisierten Sozialstaates. Dazu kamen im Weltmaßstab neue Gefahren für den Frieden durch die Entwicklung der nuklearen Waffentechnologie, die Gefahr eines Rückfalls in den kalten Krieg zwischen den Machtblöcken und die anhaltende skandalöse Unfähigkeit der Industriestaaten, ihren Verpflichtungen gegenüber den armen Ländern gerecht zu werden.

(3) Seit Godesberg haben neue Schichten und Gruppen unserer Bevölkerung ihren Weg zur Sozialdemokratie gefunden. Heute vertritt die Partei, die in der Arbeitnehmerschaft verankert bleibt, ein breiteres Spektrum an sozialen Schichten, Interessen, persönlichen Lebensstilen, Erwartungen und Werten als je zuvor in der Geschichte. Dies ist ein gewolltes Ergebnis der Öffnung der Partei, aber auch Folge sozialen Wandels und der unterschiedlich raschen Veränderung von Wertmustern bei den Anhängern der Sozialdemokratie.

(4) Das sozialdemokratische Anliegen einer umfassenden Humanisierung und Demokratisierung der Gesellschaft behält gerade angesichts der neuen Herausforderungen ungebrochen seine Gültigkeit.

Die Konservativen und Liberalen unserer Zeit weigern sich, auf die neuen Herausforderungen ernsthaft einzugehen. In ihrer Abhängigkeit von den durch sie vertretenen Interessenten- und Machtgruppen beschränken sie sich auf überholte Rezepte.

Die Kommunisten unterdrücken Freiheit und Menschenrechte radikal, wo immer sie Macht gewinnen.

Neue soziale Bewegungen greifen viele der neugestellten Fragen sensibel auf, erweisen sich aber als unfähig, umfassende und mehrheitsfähige Programme der gesellschaftlichen Erneuerung zu entwickeln und die dafür notwendigen politischen Kompromisse zu schließen.

Mehr denn je bleibt es daher die Aufgabe der Sozialdemokratie, durch eine neue Reformpolitik demokratische, humane und ökologische Korrekturen an der Industriegesellschaft vorzunehmen.

Neue soziale Bündnisse sind schwerer zu schließen als früher, weil soziale Interessengegensätze und die Spannweite der individuellen Wertmuster mehr denn je anwachsen und weil bei einer Verknappung der verteilbaren Güter die Bereitschaft zu sozialen Kompromissen abnimmt. Mit ihrem neuen Grundsatzprogramm will die Sozialdemokratie eine gemeinsame Grundlage schaffen für alle, die sich durch begründete Sorge und Angst nicht in die Resignation abdrängen lassen. Sie will ein Zeichen der Hoffnung setzen für alle, die, allen Gefahren zum Trotz, menschenwürdig leben und überleben wollen.

C. Schlußbemerkung

Die Kommission hat auch bei der Arbeit, deren Ergebnisse hier komprimiert sind, die Erfahrung gemacht, daß die Diskussion von Grundsatzfragen nicht zu neuen Polarisierungen führt, sondern eher geeignet ist, bestehende abzubauen. In der Kommission sind die wichtigen geistig-politischen Strömungen, die heute in der SPD wirksam sind, zu Wort gekommen.

Dabei sind Differenzen präzisiert, aber auch auf ihren Kern reduziert worden. Die Mitglieder der Kommission haben ständig voneinander gelernt und Auseinandersetzungen, die auf einem falschen Bild des jeweils andern beruhten, zu den Akten gelegt.

Manche Positionen, die bislang als «links» oder «rechts» galten, sind auch dadurch überholt und korrigiert worden, daß die ganze Kommission neue Tatbestände und neue Bewußtseinsinhalte im Lichte sozialdemokratischer Tradition reflektierte.

Unsere Arbeit über das Godesberger Programm hat eher integrierend als polarisierend gewirkt.

Vieles spricht dafür, daß sich über weite Teile eines neuen Programms Konsens erzielen ließe, so daß nur eine begrenzte Anzahl von Fragen durch Mehrheit entschieden werden müßte. Daher teilt die Kommission nicht die Befürchtungen, bei der Diskussion über ein neues Grundsatzprogramm werde die SPD das Bild einer zerstrittenen oder gar gespaltenen Partei bieten. Der Prozeß einer weit über die Partei hinausreichenden und andere Gruppen einbeziehenden Debatte über ein neues Grundsatzprogramm, der nicht weniger wichtig sein wird als das Ergebnis, könnte durchaus auch eine Chance der Integration bieten. Die Grundwertekommission bittet daher den Parteivorstand, dem nächsten ordentlichen Bundesparteitag die Einleitung dieses Prozesses vorzuschlagen.

Mitglieder der Kommission Grundwerte beim SPD-Vorstand (Stand März 1984)

Vorsitzender:
Dr. Erhard Eppler

stellv. Vorsitzende:
Prof. Dr. Richard Löwenthal
Heinz Rapp MdB

Mitglieder:
Prof. Dr. Günter Brakelmann
Prof. Dr. Iring Fetscher
Bruno Friedrich MdEP
Volker Jung MdB
Klaus Matthiesen
Dr. Thomas Meyer
Dr. Susanne Miller
Prof. Dr. Gesine Schwan
Prof. Dr. Johano Strasser
Prof. Dr. Fritz Vilmar
Dr. Hans-Jochen Vogel MdB

Berater:
Dr. Manfred Balz
Dr. Klaus Mehrens
Dr. Eberhard Moths
Dr. Werner Tegtmeier

Sekretär:
Burkhard Reichert

In früheren Zusammensetzungen der Kommission waren als Mitglieder beteiligt:

Prof. Dr. Horst Ehmke MdB
Anke Fuchs MdB
Kurt Gescheidle
Dr. Peter Glotz MdB
Heinz Kühn
Dr. Peter von Oertzen
Helmut Schmidt MdB
Klaus Schütz
Jochen Steffen

Sinn und Politik

Schriften und Selbstzeugnisse einer neuen Aufklärung

«Sich selbst zu verändern, glaubwürdig zu werden, Menschen zu überzeugen und den verschiedensten Formen von Ausbeutung und Terror entgegenzuwirken, das mag in manchen Augenblicken ungeheuer schwer erscheinen. Und dennoch gibt es dazu keine Alternative.»

Rudi Dutschke

Albertz, Heinrich/Gollwitzer, Helmut/Potter, Philip/Schönherr, Albrecht/Sölle, Dorothee u. a.
Zumutungen des Friedens
Kurt Scharf zum 80. Geburtstag. Herausgegeben von Volkmar Deile
(5032)

Albertz, Heinrich/Drewitz, Ingeborg/Strasser, Johana u.a.
Lokal 2000
Berlin als Testfall. Eingeleitet von Hans-Jochen Vogel. Herausgegeben von Knut Nevermann
(5134)

Bensberger Kreis (Hg.)
Frieden – für Katholiken eine Provokation?
Ein Memorandum
(5114)

Castillo, Carmen
Santiago de Chile
Ein Tag im Oktober
(4733)

Dutschke, Rudi
Die Revolte
Wurzeln und Spuren eines Aufbruchs. Herausgegeben von Gretchen Dutschke-Klotz, Jürgen Miermeister und Jürgen Treulieb
(4935)

Mein langer Marsch
Reden, Schriften und Tagebücher aus zwanzig Jahren. Herausgegeben von Gretchen Dutschke-Klotz, Helmut Gollwitzer und Jürgen Miermeister
(4718)

Eppler, Erhard
Das Schwerste ist Glaubwürdigkeit
Gespräch über ein Politikerleben mit Freimut Duve
(4355)

Fischer, Fritz
Juli 1914: Wir sind nicht hineingeschlittert
Das Staatsgeheimnis um die Riezler-Tagebücher
Eine Streitschrift
(5126)

Sinn und Politik

Havel, Václav
Versuch, in der Wahrheit zu leben
(4624)

Illich, Ivan
Die Nemesis der Medizin
(4834)

Selbstbegrenzung
Eine politische Kritik der Technik
(4629)

Vom Recht auf Gemeinheit
(4829)

Fortschrittsmythen
Schöpferische Arbeitslosigkeit – Energie und Gerechtigkeit – Wider die Verschulung
(5131)

Entschulung der Gesellschaft
(5246)

Kahl, Joachim
Das Elend des Christentums oder Plädoyer für eine Humanität ohne Gott
(1093)

Sölle, Dorothee
Im Hause des Menschenfressers
Texte zum Frieden
(4848)

Heidelberger Friedensmemorandum
Evangelische Studiengemeinschaft.
Herausgegeben von Klaus v. Schubert
(5342)

2005/5a

2070/1

2018/1